SERVICE
DU PIONNIER ALLEMAND
DE TOUTES ARMES
EN CAMPAGNE

(Projet du 12 Décembre 1911)

TRADUCTION DU TEXTE ALLEMAND FAITE A LA S. T. G.

PARIS
IMPRIMERIE NATIONALE

1915

SERVICE
DU PIONNIER ALLEMAND
DE TOUTES ARMES
EN CAMPAGNE

MINISTÈRE DE LA GUERRE

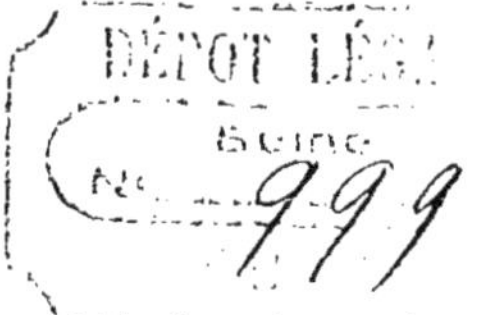

SERVICE DU PIONNIER ALLEMAND DE TOUTES ARMES EN CAMPAGNE

(Projet du 12 Décembre 1911)

TRADUCTION DU TEXTE ALLEMAND FAITE À LA S. T. G.

PARIS
IMPRIMERIE NATIONALE

1915

J'approuve le projet suivant du «Service du pionnier de toutes armes en campagne» qui m'a été présenté. J'autorise le Ministère de la Guerre à donner tous les éclaircissements et à faire toutes les modifications qui ne seraient pas en contradiction avec les principes.

Les Règlements suivants : «Règlement pour le pionnier d'infanterie» du 30 octobre 1894 et «Règlement du pionnier de cavalerie» du 24 octobre 1907 sont abrogés, de même le «Règlement de la fortification de campagne» du 28 juin 1906 sous la réserve que les articles relatifs à la guerre de siège seront maintenus jusqu'à nouvel ordre pour les pionniers, après instructions plus précises données par l'Inspection générale du Corps des pionniers et des fortifications.

Nouveau Palais, le 12 décembre 1911.

GUILLAUME R.

VON HEERINGEN.

Au Ministère de la Guerre.

TABLE DES MATIÈRES.

Pages.

REMARQUES PRÉLIMINAIRES.

I. Les figures données dans le Règlement ne sont que des indications.

II. Les mots en **caractères gras** représentent le résumé du contenu de chaque article.

III. Les numéros des articles d'autres règlements sont imprimés en *italique* (V. par ex. 11 dernière ligne).
Les numéros imprimés en *italique* **sans autre référence** se rapportent au Règlement sur les exercices de l'infanterie (V. par ex. 211 dernière ligne).

IV. Les travaux exécutés par la cavalerie seule ont été rassemblés dans un appendice spécial, imprimé sur papier *bleu clair* (424 et suiv.)

INTRODUCTION.

1. — La guerre met les troupes de toutes armes, dans l'attaque et la défense, dans les marches et pendant le repos, en présence de missions qu'elles ne peuvent remplir que si elles connaissent à fond les prescriptions du **service en campagne du pionnier.**

2. — Les principales de ces missions sont :

pour **toutes les armes :**

Améliorations simples des chemins,

Franchissement des cours d'eau avec des moyens de fortune simples,

Franchissement au moyen de canots, de bacs,

Débarquement en pleine voie (construction de rampes de circonstance),

Installations de bivouacs et de camps; en outre, pour

l'**Infanterie :**

Barrage de voies de communication (routes, chemins de fer),

Interruption des communications télégraphiques et téléphoniques, destruction du matériel d'exploitation dans les gares,

Fortification de campagne,

Franchissement des obstacles naturels et des défenses accessoires;

la **Cavalerie :**

Franchissement des cours d'eau avec le matériel de pont de la cavalerie et les chevaux à la nage,

Destructions et barrages (par les explosifs),

Travaux simples de fortification de campagne,

les **Sections de Mitrailleuses** :

Franchissement des cours d'eau avec les chevaux à la nage;

Fortification de campagne,

l'**Artillerie de campagne** :

Fortification de campagne,

pour l'artillerie à cheval, en outre: le franchissement des cours d'eau avec les chevaux à la nage,

l'**Artillerie à pied** :

Renforcement du terrain d'après le Règlement pour l'artillerie à pied;

les **Troupes de communication** :

Construction et interruption des voies de communication.

3. — Les *pionniers* doivent être à la hauteur de toutes les missions du service du pionnier en campagne, mais ils ne pourront fournir leur meilleur rendement que s'ils sont employés par le commandement suivant leurs aptitudes particulières.

Les officiers de toutes les armes devront se familiariser avec la connaissance du service du pionnier et dans ce que l'on peut attendre de ce dernier.

On devra saisir toutes les occasions telles qu'exercices, voyages d'état-major, Kriegspiele, pour développer l'instruction des officiers en ce qui concerne le règlement du service du pionnier en campagne.

4. — **La direction et l'exécution des travaux de pionniers** demandent du temps. Il est important que le commandement connaisse à temps les besoins, dirige les reconnaissances et se préoccupe d'amener ou de créer l'outillage, le matériel de pont, les matériaux et les moyens de transport.

Dans l'ordre de marche et au cantonnement, il faut tenir compte de l'emploi éventuel des pionniers.

Des instructions données en temps voulu sont aussi indispensables, si l'on doit avoir recours à la main-d'œuvre civile, en pays ennemi, par la force, sur le territoire national en se basant sur le § 3 *de la loi sur les prestations en temps de guerre.*

5. — Les **officiers de toutes armes chargés de faire exécuter les travaux** *doivent être à même par des instructions claires et pratiques, un ferme vouloir et une stricte surveillance, de venir à bout de circonstances même difficiles. De leur intelligence et de leur action personnelle dépend, en première ligne, l'entraînement de la troupe à exécuter des travaux techniques inattendus, même sans le concours des pionniers.*

Ils sont responsables de l'observation des mesures de précaution nécessitées par des circonstances spéciales et de la prévision de mesures de sauvetage.

6. — Les **officiers de pionniers** doivent soumettre des projets conformes aux intentions du commandement et les troupes doivent les aider dans l'exécution de ceux-ci. La connaissance de la tactique et de ce qu'on peut attendre des autres armes est, par suite, indispensable.

7. — Le plus ancien officier de pionniers est en communication permanente avec le commandement, il marche avec l'état-major. Si sa troupe prend part au combat ou si l'importance de la mission qu'elle doit remplir l'exige, il marche avec elle.

8. — Les **compagnies** ou les sections **de pionniers** sont employées le plus possible groupées et, suivant les besoins, avec des soutiens d'autres armes, qui restent sous les ordres de leurs propres officiers.

La répartition des pionniers en petits détachements dans les autres armes est exceptionnel.

9. — On **exercera** le plus tôt possible **les troupes** dans le service du pionnier en campagne, **dans des conditions analogues à celles de la guerre.**

Si les travaux du pionnier, par suite de considérations du temps de paix, ne peuvent être exécutés, on doit les préparer et les indiquer dans la mesure du possible. Ce qui ne correspond pas à la réalité, quant à la manière, au temps et aux moyens employés, conduit à des déceptions sur ce qu'on peut demander à la troupe et donne des idées fausses sur l'utilité du travail.

10. — Des exercices exécutés par les différentes armes avec les pionniers favorisent la coopération tactique et technique nécessaire à l'exécution des missions difficiles dans le combat autour des cours d'eau, des positions fortifiées et des forteresses. Ils offrent de même l'occasion d'exciter le courage et l'esprit de décision chez l'homme pris individuellement, la force de volonté et le goût de la responsabilité (1) chez le chef.

On trouve souvent l'occasion d'exécuter des exercices de ce genre à proximité des garnisons, sur les terrains de manœuvres ou aux manœuvres. Des exercices seront tous les ans prescrits par A.K.O (2).

---

(1) Le texte allemand porte le mot plus expressif de Verantwortungsfreudigkeit, littéralement la « joie de la responsabilité ». (N. d. T.)

(2) Probablement Allerhöchst-Kabinet Ordnung = Ordre de l'empereur. (N. d. T.)

SERVICE
DU PIONNIER ALLEMAND
DE TOUTES ARMES
EN CAMPAGNE.

CHEMINS ET AMÉLIORATION DES CHEMINS.

PRINCIPES GÉNÉRAUX

11. — Par suite d'un usage prolongé, du passage de forts charrois (artillerie lourde, poids lourds d'armée) et de circonstances atmosphériques défavorables, les routes même les meilleures, si elles ne sont pas surveillées et réparées à temps, deviennent rapidement inutilisables, complètement ou sur certaines fractions de leurs parcours. Il faut donc se préoccuper de l'**entretien du réseau de routes existant** pour l'exécution de grands mouvements d'armées, dans la marche en avant comme dans la marche en retraite, puis dans le combat autour des positions de campagne fortifiées et des forteresses ainsi que dans la zone des étapes ; on doit renforcer les ponts quand cela est nécessaire. Pour l'organisation d'un service rationnel de surveillance devant les places assiégées et dans la zone des étapes. V. K. u. F (1) *90* et K. E. O. (2) *28, 126, 187*.

12. — Une **remise en état** de fond en comble de routes endommagées exige beaucoup de temps et beaucoup de travail.

---

(1) K. u. F. = Kampf um Festungen = Règlement sur la guerre de siège. (N. d. T.)
(2) K. E. O. = Kriegsetappendienstordnung = Règlement sur le service des étapes. (— d° —).

Des **réfections** sommaires n'ont qu'une valeur temporaire. Les endroits mauvais qu'il n'est pas possible d'éviter par un détour doivent, par suite, pendant que les troupes les franchissent, être surveillés en permanence et toujours être réparés pendant les temps d'arrêt de la marche.

Des remises en état inopportunes abîment les chemins.

Les obstacles à la marche doivent être enlevés avant l'arrivée des troupes.

La **réfection des ponts détruits** prend, en général, beaucoup de temps, surtout si la chaussée est élevée au-dessus du niveau de l'eau. La construction d'un nouveau pont conduit généralement au but d'une manière notablement plus rapide. (145)

13. — Il peut être nécessaire en vue du combat de **compléter** le réseau de chemins. Il ne s'agit la plupart du temps que de reconnaître, tracer et organiser rapidement pour la marche des *chemins de colonnes* à travers champs.

La traversée d'un **terrain difficilement praticable** (pays marécageux, fourrés, à-pics, obstacles) exige des préparatifs étendus. La traversée de larges bandes de terrains marécageux à proximité de l'ennemi conduit à prendre les mêmes mesures qu'un passage de cours d'eau par surprise. (69 et suiv.)

14. — Les **plateformes de voies ferrées** sont la plupart du temps utilisables immédiatement pour les troupes à pied sans matériel et les cavaliers isolés. Pour des troupes à cheval ou sur voitures, des travaux importants — aux environs des ponts particulièrement — sont indispensables. Ils ne sont indiqués que si les autres communications ne suffisent pas.

15. — Toutes les **indications relatives aux chemins** doivent être visibles clairement, surtout de nuit. Des jalonnements défectueux peuvent être la cause d'erreurs graves. Dans certains cas, on recommande de remettre aux troupes des croquis imprimés.

16. — On déterminera par des **reconnaissances** faites en temps voulu : la nature des chemins, le développement des travaux, les matériaux nécessaires ainsi que les endroits où on les trouve, les ressources, le personnel dont il faudra pouvoir disposer et le temps que doit durer la réparation.

Les officiers de toutes armes doivent être exercés dans la reconnaissance des chemins, même la nuit, et être capables d'évaluer exactement les travaux les plus simples de remise en état et d'amélioration. Il est indispensable de parcourir à pied ou à cheval le chemin en entier et de se rendre compte par soi-même de tous les endroits douteux (marécages, gués).

EXÉCUTION.

CHEMINS DE COLONNES.

Reconnaissance des chemins de colonnes.

17. — Dans le **choix d'un chemin**, il faut considérer :

son but,
la communication la plus courte,
la manière dont il est défilé aux vues et aux coups de l'ennemi,
les fractions utilisables,
les ponts, gués et tous autres défilés,
la nature du sol et des végétaux qui le couvrent,
les pentes,
les travaux nécessaires,
le temps, le personnel et les matériaux dont on devra pouvoir disposer.

18. — Les **moyens** à employer pour maintenir la direction du chemin sont : la carte, la boussole, la position du soleil,

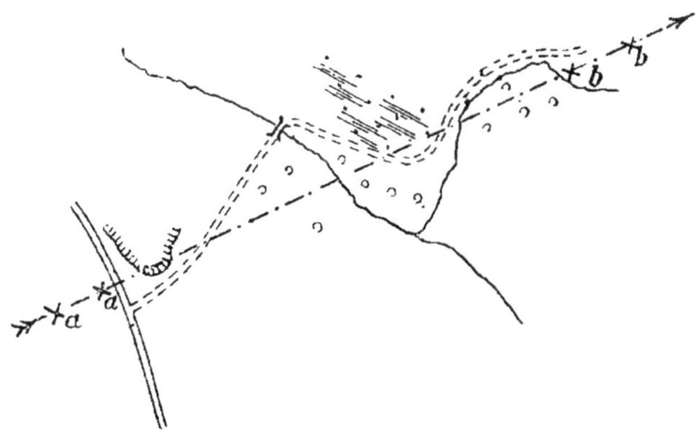

Fig. 1.

Exemple de l'emploi de lanternes pour maintenir la direction générale dans la reconnaissance et l'établissement d'un chemin de colonnes à travers un terrain coupé.

LÉGENDE.

➳ Direction principale du chemin de colonnes.
=== Chemin de colonnes reconnu.
× a × a Première paire de lanternes à l'origine de la reconnaissance du chemin de colonnes. (*Ne pas placer les lanternes trop près l'une de l'autre.*)
× b × b Deuxième paire de lanternes pour compléter la première quand celle-ci devient difficilement visible et ainsi de suite.

les étoiles, puis les lueurs, les cimes, les arbres, les tours, etc. qui surgissent dans le ciel de la nuit, les lanternes (sourdes du côté de l'ennemi, si c'est nécessaire).

19. — Les **largeurs à prévoir pour les chemins** sont les suivantes :

Infanterie en colonnes de marche..............	3 à 4 m.
Infanterie en colonnes de marche en réservant une place pour la circulation des estafettes.....	4 à 5 m.
Circulation dans les deux sens, double colonne de marche............................	5 à 6 m.
Infanterie en colonnes de compagnie à l'effectif de guerre............................	28 m.
Véhicules, au moins........................	2 m. 50

Les défilés qu'on ne peut tourner influent sur la largeur de la colonne de marche.

20. — L'utilisation des **gués** qui, la plupart du temps, se manifestent par l'existence des chemins y aboutissant, d'ornières et de traces de pas de chevaux, dépend de la nature du fond, de la profondeur de l'eau et de la vitesse de courant; la profondeur de l'eau et la vitesse du courant se modifient souvent très rapidement suivant les conditions atmosphériques.

Dans le cas d'un fond de bonne consistance et d'un courant modéré, la profondeur de l'eau ne doit pas dépasser :

Pour l'infanterie................................	1 m.
Pour la cavalerie................................	1.30
Pour l'artillerie et les mitrailleuses...............	0.60
Pour les véhicules dont le chargement ne craint pas l'eau....................................	1.30

21. — Les épaisseurs de **couches de glace**, si tant est que celle-ci repose sur l'eau et ne soit pas près de se désagréger, doivent être :

Pour les hommes et cavaliers isolés, lignes de tirailleurs, de....................	10 cm. env.
Pour les colonnes de marche de l'infanterie et de la cavalerie, de.................	15 cm. env.
Pour les colonnes de marche de l'artillerie de campagne ou analogues à celles-ci...	20 cm. env.
Pour les colonnes de marche de l'artillerie lourde..............................	30 cm. env.

Il faut prendre garde que la glace n'a pas partout la même épaisseur (souvent plus faible près de la rive, sources chaudes).

22. — Recherche des ponts : (143).

23. — Il faut joindre au **compte rendu de reconnaissance** des esquisses ou des feuilletons de cartes.

Pour le commandement, les points les plus importants sont : le tracé des chemins, la largeur minima, les besoins en personnel et le temps nécessaire à l'exécution du travail ;

Pour celui qui dirige les travaux, en outre : le nombre et l'emplacement des chantiers, la nature des travaux, les endroits où se trouvent les matériaux et les moyens de transport.

Jalonnement des chemins de colonnes.

24. — Pour jalonner les chemins de colonnes qui doivent être de préférence utilisés **le jour**, on fait des marques indicatrices à la couleur ou à la craie, comme pour les chemins de touristes, aux arbres, aux poteaux, aux pierres, aux écriteaux, on recourbe les branches, on écorce les arbres, on attache des morceaux de papier ou de toile aux branchages ou on les pose à terre; de petits tas de pierres d'une forme déterminée et toujours la même peuvent trouver également leur emploi. Si le jalonnement doit être visible de loin, on choisit de hautes perches que l'on munit de bouchons ou de bottes de paille, des fanions.

Le jalonnement des chemins qui traversent des étendues de neige (poteaux charbonnés) ou par temps de brouillard exige des mesures prises avec un soin tout particulier.

25. — Pour le jalonnement des chemins **pendant la nuit**, la tresse blanche (cordeau à tracer) ou des lanternes sont particulièrement indiquées. La couleur éclairante (transportée par les équipages de siège de pionniers) rend quelquefois de bons services.

La tresse blanche (ou les cordes et ficelles auxquelles on a attaché des chiffons blancs) doit, si elle repose sur le sol, être fixée tous les 20 à 25 mètres par des petits piquets ou de longs morceaux de fil de fer.

On installera les lanternes assez haut pour que, dans toutes les circonstances, elles soient vues par les troupes.

Les sentiers transversaux, les chemins et les ornières qui pourraient conduire à des erreurs seront barrés par des branches, des pierres, des fossés, etc.

26. — Les marques indicatrices seront complétées par des

plantons de direction qui sont placés aux points douteux ainsi qu'auprès de toutes les lanternes. Ces plantons doivent être au courant des chemins conduisant aux plantons voisins. Dans les circonstances difficiles, on les double afin que l'un d'eux puisse servir de guide jusqu'aux plantons suivants. Les plantons de direction ne doivent être relevés que sur un ordre exprès.

27. — Dans le cas d'une utilisation prolongée, les chemins de colonnes reçoivent des **poteaux indicateurs** qu'on éclaire la nuit. **L'éclairage** des ponts, des gués et des parties de chemins difficiles par des torches, des feux, des brûleurs à huile ou à gaz, etc., peut devenir nécessaire.

Organisation de chemins de colonnes.

28. — Le chemin doit être aplani autant que cela sera possible pour que les troupes puissent, même dans l'obscurité, conserver une marche d'allure normale. A cet effet, les bordures devront être recoupées en forme de rampes, les broussailles et les grosses pierres enlevées. Les fossés seront aplanis ou remplis de terre, de pierres, de broussailles, de rondins; sur les parties marécageuses, on placera des planches, des portes ou des broussailles. On pratiquera des percées dans les haies, les clôtures et les murs.

29. — On limitera les **gués** par des perches, des cordes tendues sur des piquets, des corps flottants ancrés, etc.

En cas de fort courant, on tiendra prêts en aval, des canots de sauvetage, et en amont, on tendra au-dessus de l'eau de forts cordages pour l'infanterie. On enlèvera les grosses pierres du fond, on bouchera les trous, on améliorera les mauvais passages. Passage des gués à cheval (477.)

30. — On rendra plus solides les couches de glace en étendant des broussailles, de la paille, des roseaux, des planches, des échelles, etc., et on les rendra praticables en répendant du sable (de la cendre). Pour le passage des voitures, on peut étendre des traverses de chemin de fer ou attacher des patins de traîneau aux roues. La formation de la croûte de glace nécessaire sera accélérée en l'arrosant fréquemment avec de l'eau en cas de gelée et on empêchera cette eau de s'écouler latéralement en l'arrêtant par du sable, de la paille, des perches et des planches.

31. — Amélioration des ponts (144).

2. — La construction de chemins de colonnes pour toutes troupes sur les terrains marécageux exige beaucoup de ps, de personnel et de matériaux. Elle ne peut être faite vec la coopération des pionniers.

Traversée des terrains détrempés avec des moyens de fortune.

3. — L'**infanterie sans chevaux** peut se frayer un age à travers **un terrain marécageux embroussaillé** moyens spéciaux, en débroussaillant avec la baïonnette hache et en utilisant les broussailles ainsi obtenues, à er d'un endroit solide à un autre. Des échelles et des ches qu'on aura eu soin d'emporter, faciliteront le travail.

4. — On franchira le plus facilement les **terrains ma- ıgeux inconsistants**, au moyen de passerelles en ches, pour lesquelles on pourra utiliser le matériel onts d'équipage. Si le passage doit être effectué en vue 'ennemi, les différents éléments des passerelles (fig. 2) nt assemblés dans des couverts à l'arrière, transportés is en place, l'un devant l'autre, sur-le-champ.

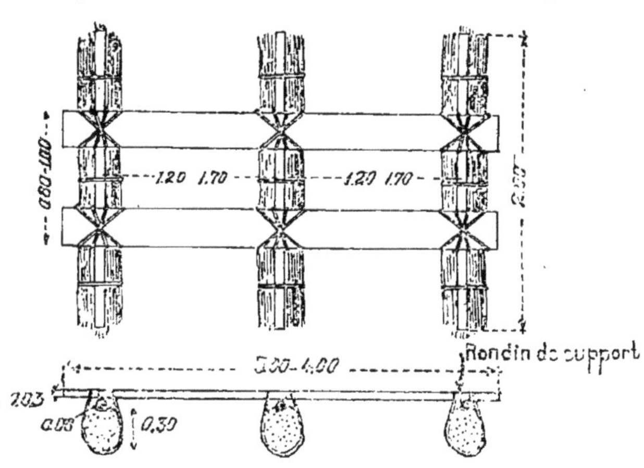

Fig. 2.

nts de passerelle avec corps de support en bottes de paille, en fagots en tuyaux. Avec les fagots et les tuyaux, il n'est pas nécessaire d'avoir rondin de support.

. — Dans le cas d'un **sous-sol qui n'est pas trop** , on peut employer des panneaux en planches (fig. 3), es panneaux sur lesquels est tendue de l'étoffe (fig. 4), es portes, ou des châssis de fenêtre, ou enfin des rou- : de tapis d'escalier, des treillis métalliques, etc. On ettit dessus des rondins servant de support sur lesquels tale des planches (fig. 5].

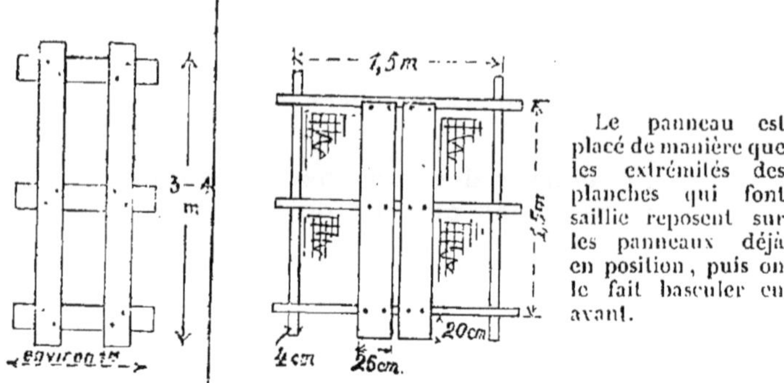

Le panneau est placé de manière que les extrémités des planches qui font saillie reposent sur les panneaux déjà en position, puis on le fait basculer en avant.

Fig. 3. — Panneau.

Fig. 4. — Panneau en étoffe tendue.

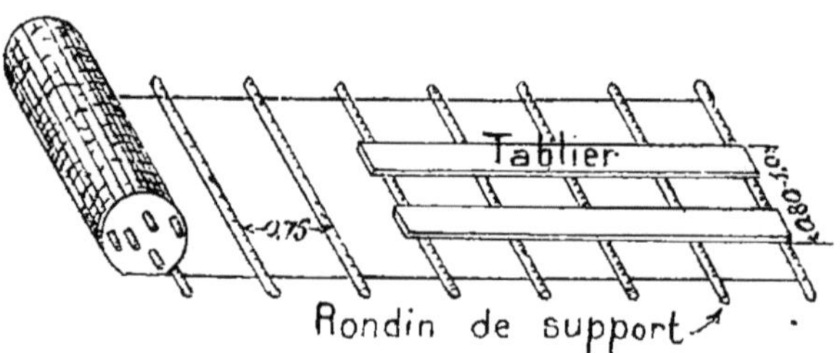

Fig. 5. — Tapis d'escalier avec rondins de support et tablier en planches.

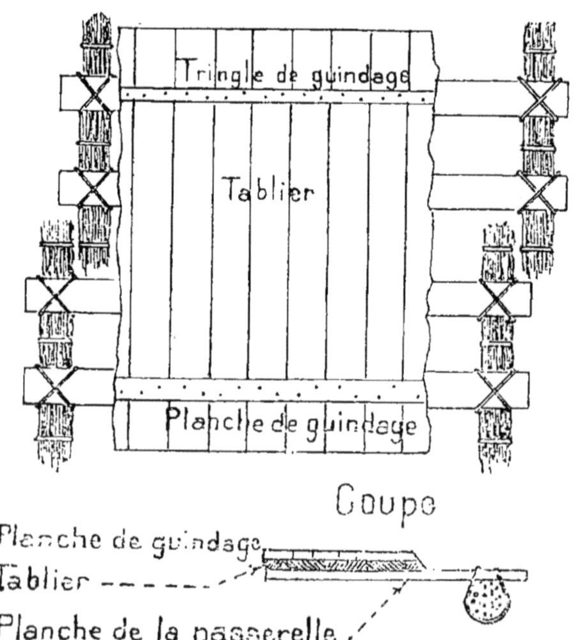

Fig. 6. — Passerelle pour chevaux.

36. — Pour les **chevaux**, on place deux éléments de passerelles côte à côte, comme l'indique la figure 6, et on les recouvre de madriers, comme un pont. Des madriers ou des tringles de guindage retiennent les madriers du tablier. En cas de nécessité des passerelles de ce genre peuvent être utilisées par des voitures légères.

Traversée des forêts.

37. — A travers des forêts de taillis épais, les colonnes d'infanterie se frayent un chemin de la manière suivante :

Un officier, muni d'une boussole, marche en avant pour déterminer la direction. Un groupe, qui renverse ou brise le sous-bois le plus épais avec des cognées et des haches, le suit. Un deuxième groupe, marchant à une distance de dix à vingt pas, coupe les branchages qui subsistent, avec des haches et la baïonnette, et débarrasse les bois plus forts qui ont été abattus par le premier groupe. Un troisième groupe nettoie. Tout le monde conserve l'allure de la marche en avant.

38. — Dans le **déboisement** des chemins pour l'artillerie, plusieurs détachements travaillent avec les intervalles nécessaires. Chaque détachement, devenu libre, est de nouveau porté en avant. On contourne les arbres les plus gros, sinon on les abat au ras du sol.

AMÉLIORATION DES CHEMINS EXISTANTS.

39. — On **respectera la superstructure** des chemins existants, si elle peut suffire pour les usages auxquels on les destine. Des fouilles et des délardements sont souvent plus nuisibles qu'utiles.

Il est toujours important de se préoccuper de l'*évacuation latérale de l'eau.* Des parties de chemins, ramollies par l'humidité, se dessèchent mieux si les fossés latéraux sont débarrassés ou approfondis. On peut même envisager la construction de tels fossés quand ils n'existent pas.

40. — On remplira les **ornières profondes** dans les chemins sur un terrain qui était solide auparavant, ou en terrain gelé, en abattant les bords, en terrain peu consistant, en les remplissant (après avoir évacué l'eau et la boue) avec des pierres, des débris de maçonnerie, des cailloux, du coke, des rondins ou des broussailles — jamais avec de la terre. — Il est nuisible d'enlever les matériaux de remplissage aux parties de la superstructure encore intactes. Les **trous** dans la superstructure seront traités comme les ornières, ou recouverts de planches, madriers, portes et châssis de fenêtre.

On recommande de placer deux files de madriers à l'écartement des roues pour les véhicules, surtout sur des chemins dans l'argile humide.

41. — Dans les **chemins raides** sans palier, il faut préparer des piquets d'arrêt. Par **temps de verglas**, il faut y répandre de la cendre ou du sable, ou les strier avec la pioche. Si on pioche trop profondément, on détruit la solidité de la route.

Circulation sur les voies ferrées.

42. — Pour les **troupes à pied**, des travaux ne sont indispensables que si la plateforme est constituée par du ballast à arêtes vives, et si les sentiers latéraux ne suffisent pas. Si on rejette de la terre prise latéralement sur le ballast, on crée un chemin utilisable qui peut, dans certaines circonstances, être employé par la cavalerie. D'importantes emprises latérales compromettraient toutefois l'exploitation.

Fig. 7. — Rendre une plateforme de voie ferrée praticable pour la marche des troupes.

Double couche de madriers parallèles aux rails, cloués sur les traverses. L'exploitation peut continuer.

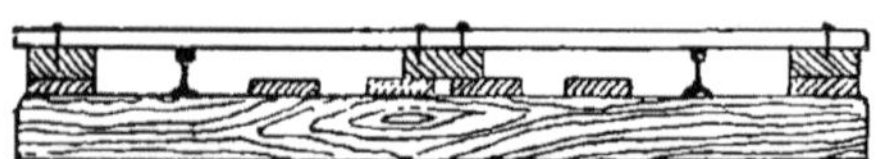

Fig. 8. — Rendre un pont de chemin de fer praticable pour la marche des troupes.

Planches comme pour un tablier de pont, placées sur les têtes des rails et soutenues par des supports ; l'exploitation est interrompue.

En recouvrant la voie comme il est indiqué sur les figures 7 et 8, la plateforme est praticable **pour toutes les armes** ; mais cela nécessite beaucoup de temps et de matériaux.

CHEMINS POUR AUTOMOBILES.

43. — Des automobiles pour le transport des personnes peuvent circuler, dans de petits parcours, sur des chemins peu solides, pas trop inégaux.

Les automobiles pour poids lourds, particulièrement celles d'armée, doivent se limiter aux routes solides. La largeur de la voie solide doit être d'au moins 2 m. 50, elle doit être de 5 mètres pour les gares d'évidement. Pression maxima par essieu, 7 T.

Il faudra examiner les ponts en ce qui concerne leur utilisation dans ce but (143).

RAMPES DE CIRCONSTANCE.

PRINCIPES GÉNÉRAUX.

44. — *En cas de nécessité* (dans des arrêts de l'exploitation, accidents, destructions à proximité de l'ennemi), il faut débarquer les trains militaires en pleine voie. A cet effet, ceux-ci sont munis de rampes de circonstance.

Le commandant du transport décide, après entente avec le chef de train, si on doit opérer le débarquement immédiat ou si l'on doit poursuivre ou rétrograder sur un emplacement meilleur ou sur la prochaine station et, surtout, si on doit décharger les chevaux et les véhicules.

Les endroits les plus propices au débarquement sont ceux où la plateforme de la voie et le terrain adjacent sont à peu près de niveau, et surtout là où des chemins côtoient la voie ou la croisent. Il ne faut pas débarquer sur des remblais élevés, dans les tranchées profondes, sur les ponts ainsi que dans les fortes pentes.

45. — Le chef de train organisera la marche du train jusqu'au lieu de débarquement et le couvrira contre les dangers de l'exploitation.

Le chef du transport prendra les dispositions concernant la sécurité tactique et la suite des opérations du débarquement.

46. — La construction des rampes de circonstance sera notablement accélérée si les équipes de montage sont désignées, dès l'embarquement ou en cours de route, et sont avisées de l'endroit où le matériel a été entreposé dans le train.

Ce matériel est, la plupart du temps, réparti dans tout le train, puisqu'il est employé en partie par l'administration des chemins de fer pour l'équipement des wagons à marchandises. Dans un terrain favorable, on peut construire plusieurs rampes latérales pour un débarquement simultané.

47. — Les wagons isolés peuvent être amenés devant les rampes et évacués par les hommes (jusqu'à 8 pour chaque wagon); les différentes rames, par la locomotive.

Les hommes poussent ou tirent les wagons en se plaçant contre les grands côtés, jamais contre ou entre les tampons, et dans les pentes très lentement. Les wagons ne doivent pas être arrêtés en les étayant l'un contre l'autre, mais être retenus progressivement jusqu'à l'arrêt complet. On emploiera les freins pour arrêter et maintenir les wagons en place; s'il n'y en pas, on placera des cales devant la première paire de roues.

48. — Même pendant le travail près des wagons arrêtés, les hommes ne devront pas circuler sur la voie ou sur l'entre-voie. Dans le cas de l'établissement de rampes de front, le commandant du transport, après entente avec le chef de train, décide dans quelle mesure il y a lieu de s'écarter de ces prescriptions.

L'accouplement et le découplement des wagons de même que le maniement des freins sont exécutés par des employés de chemin de fer.

49. — Débarquement des chevaux en pleine voie sans rampes de circonstance F. O. (1) *548*.

EXÉCUTION.

50. — Chaque train militaire comporte comme matériel de rampes de circonstance :

10 poutres longues (2) de 6,00 de 10/10 cm. d'équarrissage.

10 — courtes (2) de 2,25 —

24 panneaux en planches de 2 m. 25 de longueur et 0 m 60 de largeur, munis en dessus de 2 tringles de retenue et en dessous de 2 lisses.

20 clameaux.

Les rampes de circonstance seront complétées sur-le-champ par des moyens de fortune. (Piquets pour maintenir le pied de la rampe, coins pour les supports intermédiaires, etc.) En cas d'urgence, on emploiera, à cet effet, des éléments pris dans le matériel de campagne (haches-pics, pioches, piquets de campement) (3).

Les rampes de circonstance sont placées librement contre les wagons ou à demeure.

(1) F.O. = Felddienstordnung (N. d. T.)

(2) On emploiera dans la suite du discours les abréviations suivantes
l = longues } poutres.
c = courtes }

(3) Ceci est interdit en temps de paix.

RAMPES MOBILES.

Rampes mobiles latérales étroites pour chevaux (fig. 9).

51. — Les poutres l. sont placées de telle sorte qu'elles pénètrent de 10 cm. à l'intérieur du wagon et que les deux poutres extérieures reposent à l'intérieur et contre les lisses des panneaux, autant que le permet l'ouverture de la porte.

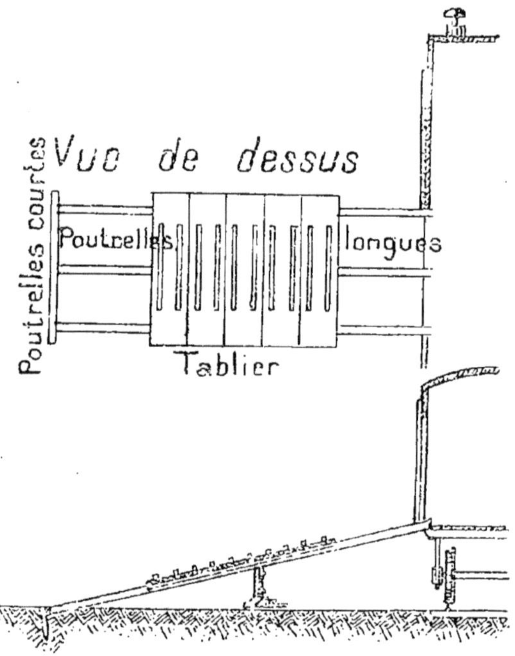

Fig. 9. — Rampe mobile latérale étroite pour chevaux.

Une poutre c. légèrement enterrée et retenue par des piquets forme le pied de la rampe. Celle-ci reçoit un support intermédiaire, constitué soit avec du matériel de rampes de circonstance comme, l'indique la figure 10, soit en maçonnerie, soit par une pile de bois, etc.

La rampe est couverte avec des panneaux, en commençant par le haut, le panneau supérieur est poussé tout contre le wagon et, en cas de forte inclinaison, relié avec le sol du wagon par deux clameaux, légèrement enfoncés. S'il y a un jeu, on le bouche avec des panneaux qui pénètrent dans le wagon par leur grand côté.

Le panneau inférieur s'appuie sur les poutres ou est assujetti par des clameaux ou des piquets.

En cas d'inclinaisons très fortes, les panneaux sont maintenus en place par deux poutrelles fortement clameaudées à la manière des poutrelles de guindage (fig. 25). Si les chevaux ne sont pas tranquilles, on peut placer contre les montants de l'ouverture, deux panneaux de champ reposant sur la rampe.

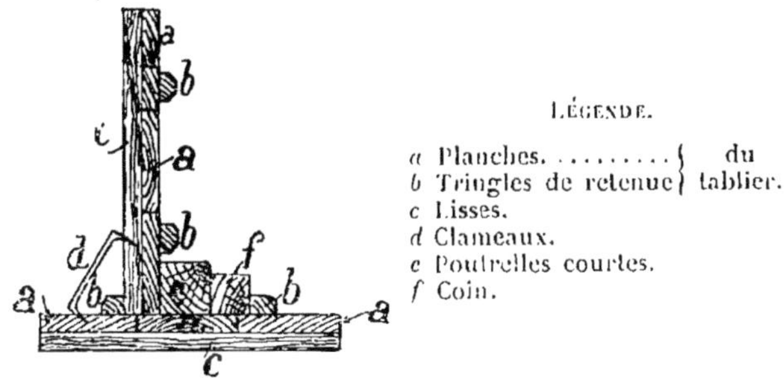

Fig. 10. — Support intermédiaire de la figure 9.

Matériel et personnel nécessaires (52).

Rampes mobiles latérales étroites pour véhicules (fig. 11).

52. — La rampe reçoit 4 poutres L, qui sont placées à l'intérieur des lisses et tout contre celles-ci.

La différence de hauteur entre le plancher du wagon et l'arête supérieure de la rampe est compensée en plaçant un panneau qu'on inclinera et qu'on clameaudera solidement sur le panneau supérieur de la rampe après l'avoir bourré par en dessous.

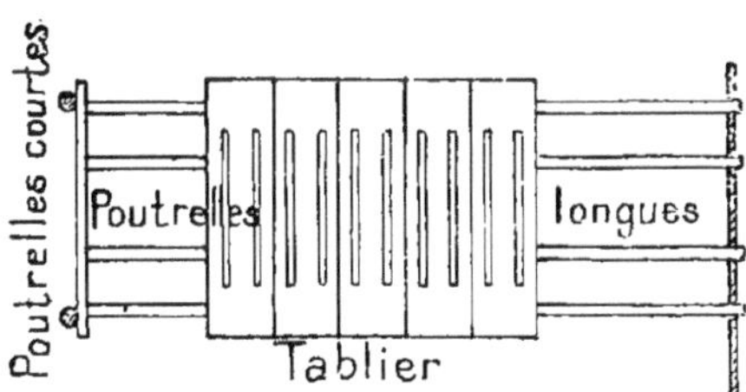

Fig. 11. — Rampe mobile latérale étroite pour véhicules.

Matériel nécessaire : rampe pour chevaux, 3; pour véhicules, 4 poutres l. et 2 c., 12 à 14 panneaux, 4 à 6 clameaux; en outre, 1 poutre l. pour soulever la rampe.

Personnel : 1 s.-offic., 6 à 10 h.; durée d'exécution, 5 minutes.

Rampes mobiles latérales larges pour véhicules (fig. 12).

53. — Pour les véhicules longs et lourds, il est nécessaire de juxtaposer deux rampes étroites.

Pour que les panneaux ne basculent pas, au point où ils se rejoignent, on les soutient encore par 2 poutres l. *a* dans la figure 12.

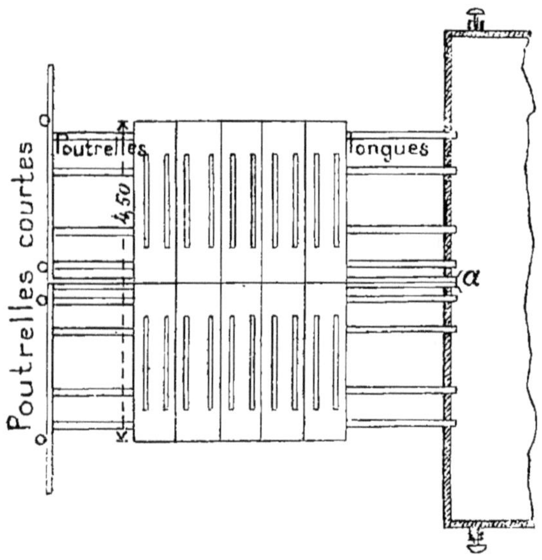

Fig. 12. — Rampe mobile latérale large pour véhicules.

Matériel nécessaire : 10 poutres l., 2 poutres c., 24 à 26 panneaux, 8 à 12 clameaux.

Personnel : 1 s.-offic., 12 h.; durée d'exécution, 10 à 15 minutes.

Maniement des rampes.

54. — Après l'évacuation d'un wagon, la rampe étroite est soulevée par 4 ou 6 hommes, la rampe large par 9 ou 12 hommes à l'aide d'une poutre l. ou d'une forte perche que l'on engage sous la partie supérieure et transportée sur le wagon qui vient d'être amené.

55. — Des déplacements fréquents de rampes fatiguent les hommes; on recommande, par suite, au cas où l'on dispose d'une voie latérale, d'appuyer la rampe sur un truc qui est relié au wagon à décharger par un pont (2 panneaux) fig. 13.

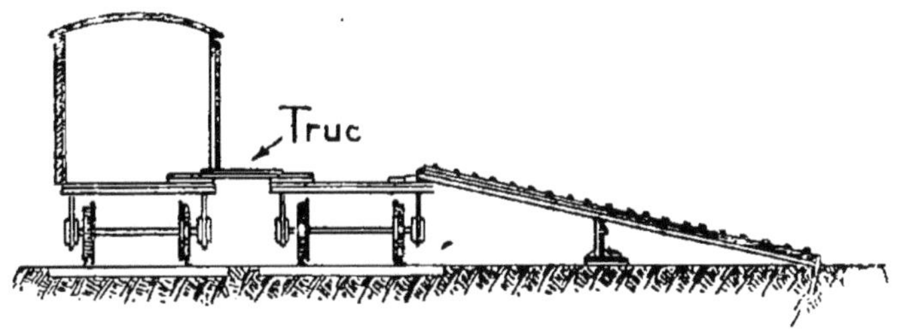

Fig. 13. — Le truc est maintenu avec des cales.

Rampes mobiles dans des cas spéciaux.

56. — **Dans le cas où les portes de wagons sont remarquablement basses**, on s'efforce d'asseoir la rampe dans la porte, le plus bas possible, à peu près comme l'indique la figure 14.

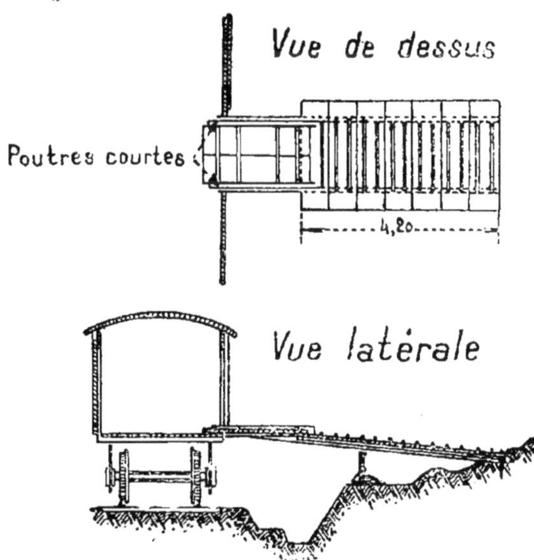

Fig. 14. — Rampe mobile dans le cas de portes de wagon basses.

La rampe ne reçoit que 2 poutres l., qui sont placées avec un intervalle tel que les 2 panneaux formant le pont avec les deux poutres c. y trouvent juste place. Les panneaux sont placés d'abord comme il est dit à 51 et ensuite les deux supérieurs sont enlevés. Dans le trou ainsi formé, on place longitudinalement deux panneaux, exceptionnellement avec leurs lisses en haut, de manière qu'ils butent avec leurs tringles de retenue contre le panneau supérieur. Le jeu qui existe des deux côtés est rempli par une poutre c.

57. — Des trucs munis de parois transversales mobiles peuvent être **déchargés par groupes** au moyen de ponts. La rampe est installée contre un des wagons de queue du groupe (fig. 15).

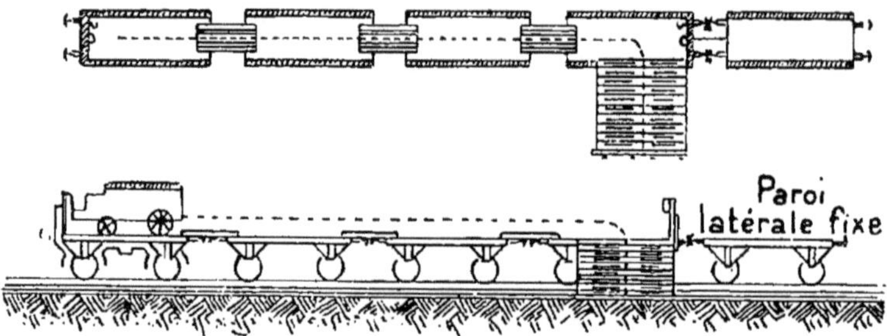

Fig. 15. — Rampe pour déchargement par groupes de wagons

Rampes mobiles de front.

58. — L'installation de rampes mobiles de front (1) d'après les indications de la figure 16 peut être avantageuse, si un

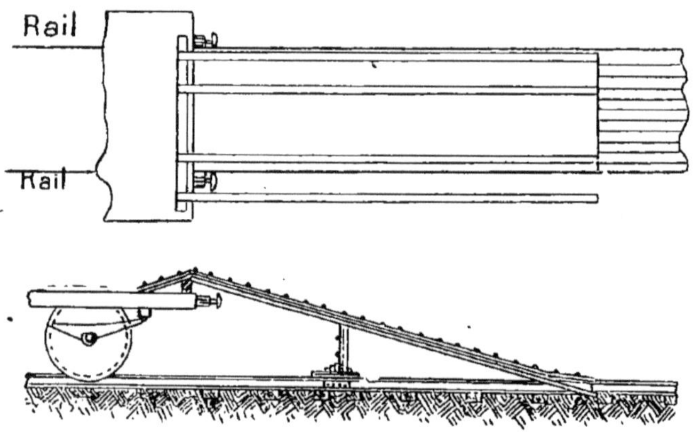

Fig. 16. — Rampe mobile de front.

(1) Dans les exercices du temps de paix, l'installation de rampes de front sur les rails en pleine voie est interdite.

grand nombre de trucs placés l'un derrière l'autre ont leurs parois transversales mobiles.

Il faudra surélever le point d'appui de la rampe sur le truc, en cas de besoin, d'une manière telle que le tampon recouvert ne puisse pas être touché quand les fardeaux passent sur la rampe. Les poutres l., la plupart du temps, devront prendre appui à leur partie inférieure sur une traverse. L'entre-rails sera rempli par des poutres, des panneaux, des traverses, etc., de manière à ce qu'on puisse sortir plus facilement les véhicules des rails.

Matériel nécessaire : 4 poutres l., 3 à 4 c., 13 panneaux, 6 à 8 clameaux.

Personnel : 1 s.-offic., 10 h. ; durée d'exécution : 5 à 10 minutes.

RAMPES FIXES.

59. — Les rampes fixes sont toujours des rampes latérales.

La rampe (fig. 17) est, suivant sa largeur, soutenue par 2 ou 3 supports intermédiaires ; chaque support intermédiaire

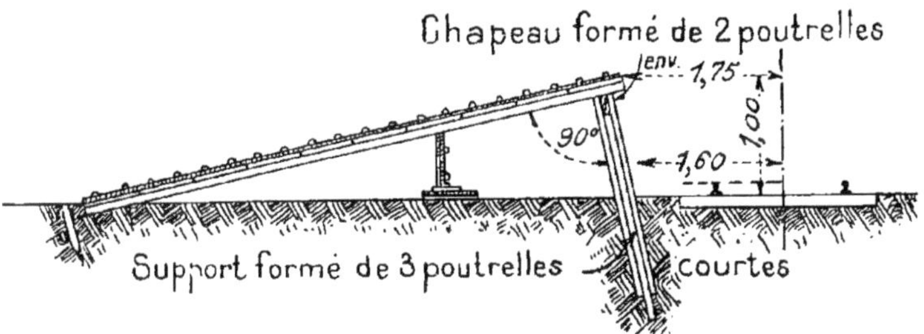

Fig. 17. — Rampe fixe.

consiste en 3 poutres c. qui sont enfoncées de façon à former en haut une fourche sur laquelle on vient placer le chapeau (2 poutres).

Entre la rampe et le wagon, on peut placer un pont (fig. 13).

60. — Une **plateforme de chargement** facilite le chargement et le déchargement (fig. 18).

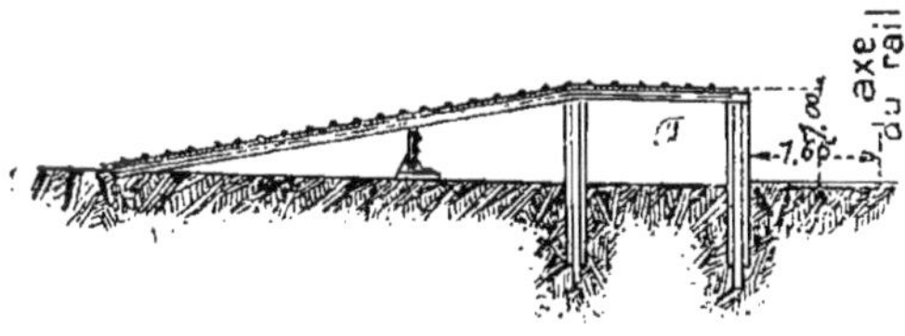

Fig. 18. — Plateforme de chargement.

RAMPES DE CIRCONSTANCE AVEC DES MOYENS DE FORTUNE.

61. — En ce qui concerne les rampes fixes faites de rails et de traverses, la fig. 19 donne des indications; pour celles faites de traverses et de terre, voir la fig. 20.

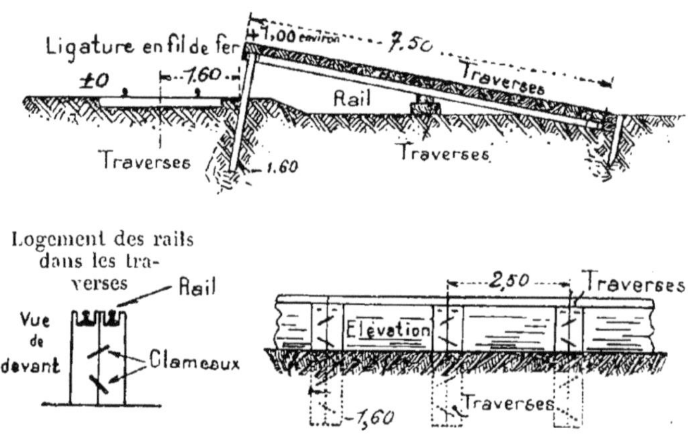

Fig. 19. — Rampe latérale fixe en rails et traverses.

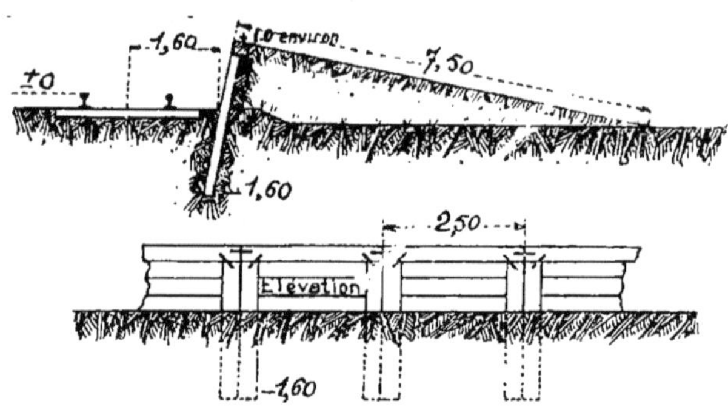

Fig. 20. — Rampe latérale fixe en traverses et en terre.

PASSAGE ET DÉFENSE DES RIVIÈRES ET AUTRES COURS D'EAU.

PRINCIPES GÉNÉRAUX.

62. — Si les opérations dans le rayon d'action de l'ennemi conduisent à un cours d'eau, il est indispensable de *jeter en temps opportun un coup d'œil sur le terrain en arrière du cours d'eau.* (Dirigeables et avions!). Si pour les détachements de découverte, les points de passage font défaut, la cavalerie doit gagner la rive opposée avec son matériel de pont ou par des moyens de fortune en remontant assez loin, suivant les circonstances.

On devra préparer, en utilisant toutes les ressources techniques, une transmission rapide et sûre des renseignements depuis le cours d'eau (rive opposée) jusqu'au commandement. Pour la sécurité des emplacements où on rassemble les renseignements au bord de la rivière ainsi que pour la coopération **dans la découverte** et **dans la dissimulation de l'opération**, on recommande d'amener de l'infanterie, surtout s'il s'agit de protéger les reconnaissances et de rendre inoffensives celles de l'ennemi.

63. — Une **reconnaissance** faite suffisamment à temps par la cavalerie et par des officiers de toutes armes de manière à se rendre compte des points les plus favorables pour le passage et pour l'efficacité du feu, devra toujours précéder un changement de rive. La carte, les notices statistiques et les renseignements fournis par ceux qui connaissent le pays donnent des indications générales. Des reconnaissances réglées dans tous leurs détails favorisent le résultat et épargnent des forces.

Même pour la défense, il est important de reconnaître à temps les points où un changement de rive par l'ennemi serait favorable.

64. — Le **matériel de batellerie** trouvé sur place sera mis en sûreté en temps voulu ou détruit s'il ne doit pas être employé par les troupes amies.

PASSAGE DES COURS D'EAU DANS LA MARCHE EN AVANT.

65. — Le changement de rive peut s'effectuer par un franchissement suivi d'un lancement de pont ou dans le cas de petits détachements, uniquement par franchissement.

Le lancement d'un pont sera seul à même de fournir une base suffisante pour la continuation des actions de guerre sur la rive opposée.

66. — **Loin de l'ennemi,** il ne s'agit que de rassembler le personnel et les moyens techniques assez à temps pour éviter les pertes de temps.

67. — Si l'on est en droit d'espérer qu'on pourra **atteindre la rive opposée avant l'ennemi** et s'y établir solidement, on doit avant tout *utiliser l'avance dont on dispose* sur l'adversaire pour un franchissement immédiat. A cet effet, on fera approcher aux allures vives les équipages de pont, en y faisant monter des pionniers, si possible (1).

Si la crainte d'un contact avec l'ennemi peut subsister, une partie des forces doit être tenue prête sur la rive, de manière à pouvoir, en cas de besoin, soutenir par le feu les troupes qui auraient franchi le cours d'eau.

68. — Le **passage s'exécute de vive force**, quand l'ennemi peut être contre-battu par un feu supérieur ou s'il est déprimé au point qu'il ne puisse prendre sous un feu efficace les points de passage. En particulier, contre un adversaire ébranlé par des combats précédents, une attaque de vive force ainsi exécutée offre des perspectives de succès.

69. — Dans les autres cas, ce n'est qu'un **passage par surprise** avec la coopération d'importants effectifs de pionniers — souvent seulement en profitant de l'obscurité ou de circonstances atmosphériques qui auraient troublé la visibilité — qu'on peut obtenir le succès. Cette opération exige chez le chef, comme les renseignements certains sur l'ennemi font souvent défaut, à côté d'une *supériorité de calme et de compétence, le goût de la responsabilité* (2) *et une énergie indomptable.* L'exécution de l'opération doit être reconnue et préparée soigneusement, tenue secrète et dissi-

---

(1) Les équipages de ponts divisionnaires, nouveau modèle, avec 60 pionniers, même en dehors des routes.

(2) Voir la note au bas de la page 4.

mulée. L'ennemi doit être trompé par des ruses de toutes sortes: marches feintes, attaques simulées et accessoires, et amené à faire des mouvements dans une fausse direction ou à éparpiller des forces. — Enfin, le passage doit être exécuté *rapidement* et énergiquement après avoir amené les troupes et préparé le matériel *sans bruit* et par surprise.

70. — Il faut procéder avec précaution à la **reconnaissance des points de passage**, afin de ne pas attirer l'attention de l'ennemi. Les points de passage les plus favorables seront au préalable surveillés soigneusement (94). On trompera l'ennemi par des reconnaissances simulées.

71. — L'*emplacement du pont* est la plupart du temps relié au réseau routier. Dans le choix des points de franchissement, les circonstances tactiques et locales seront décisives. Les chemins ne seront considérés qu'au point de vue de la facilité qu'ils offrent pour amener les équipages de pont aux emplacements de déchargement.

72. — Les reconnaissances porteront spécialement sur :

la possibilité de trouver des couverts pour la marche vers les points d'embarquement, pour les emplacements de rassemblement et pour l'embarquement lui-même (les affluents, bords de rivières, baies et îles permettent souvent un embarquement dérobé),

l'efficacité de l'emploi des armes depuis la rive amie,

l'existence de points d'appui et d'obstacles au mouvement (marais, cours d'eau) sur la rive ennemie et la possibilité de les développer,

la plus ou moins grande facilité d'accéder aux rives,

la largeur, la force du courant, la profondeur et la nature du lit,

la réunion de matériel auxiliaire et de matériaux de construction.

73. — La reconnaissance et les propositions techniques servent de **bases aux ordres** donnés par le commandement.

Les officiers de pionniers rendront compte :

du nombre, de l'emplacement et de l'état des points d'embarquement, de la contenance des bateaux à tenir prêts aux différents points d'embarquement (bateaux d'équipage, canots), en gros et en détail,

du temps nécessaire pour le franchissement en supposant qu'il s'exécute d'emblée,

de l'éventualité que les bateaux pourront être entraînés

par le courant pendant le franchissemennt et de l'influence que ce fait pourra avoir sur les emplacements des troupes et leur embarquement,

des emplacements les plus appropriés pour rassembler les troupes et le matériel à proximité des points d'embarquement,

des nécessaires en pionniers, en auxiliaires (par exemple pour ramer et porter les bateaux) et en matériel.

74. — La **préparation** et l'exécution du passage doivent être réglées en tous détails. La marche des différents détachements vers les points de rassemblement, doit se faire d'un commun accord. Le lieu et le moment du passage doivent être tenus secrets le plus longtemps possible.

75. — Les **chemins d'accès** aux emplacements de rassemblement, et de là aux points d'embarquement, seront jalonnés, si c'est nécessaire, de manière à ce qu'on puisse les trouver, même dans l'obscurité (24 à 27).

Les routes dures seront, suivant les circonstances et en vue de diminuer le bruit, recouvertes de paille, de fumier, etc.

76. — Les **emplacements de rassemblement** des troupes et du matériel seront reliés au commandement par le téléphone ou le télégraphe.

Il faudra tenir compte de la dérive des bateaux sous l'influence du courant dans le choix des emplacements des troupes chargées de protéger le passage par leur feu.

77. — Les officiers de pionniers sont responsables de la manière dont s'exécute l'embarquement et le **franchissement** (165).

78. — Le premier franchissement commence simultanément (montres réglées à l'avance, message téléphonique ou télégramme) autant que possible *sur plusieurs points*, pour profiter de la première surprise de l'ennemi et pour prendre pied en même temps sur la rive opposée, suivant un *large front*. Les bateaux isolés traversent pour leur propre compte avec le maximun de vitesse, sans s'attendre les uns les autres. L'emplacement du pont doit demeurer libre pour que le lancement puisse commencer le plus tôt possible.

La situation fait décider dans quelle mesure et quand on devra amener les bateaux pour la construction du pont. En aucun cas, la force combative des troupes ayant traversé ne devra être compromise par l'absence des soutiens indispensables.

Si l'ennemi s'est rendu compte de l'opération de franchissement, toute autre considération doit céder le pas au devoir de *forcer* le passage dans toutes les circonstances, on ne doit pas attendre des ordres. Chaque subordonné agit d'une manière indépendante.

79. — En général, l'infanterie **traverse d'abord**, elle est largement dotée de munitions (mitrailleuses sans caissons); puis, en cas de besoin, suivent les patrouilles de cavalerie, les chevaux des officiers et les caissons des mitrailleuses. L'artillerie ne suit que si elle ne peut entrer suffisamment en action de la rive amie.

Il est d'une grande importance de maintenir des communications permanentes avec les troupes qui ont traversé, au moyen de canots de patrouille, du téléphone, de signaleurs et de signaux éclairants.

80. — Les **troupes qui ont traversé** gagnent le plus rapidement possible le terrain nécessaire pour couvrir le passage et s'y installent. L'emplacement du pont reçoit lui-même une protection particulière.

Il faut se préoccuper immédiatement de s'éclairer du côté de l'ennemi et de se relier avec les fractions voisines. Toutes les fractions ne doivent pas hésiter à se soutenir mutuellement, mais elles ne doivent pas rechercher le combat avec l'adversaire plus tôt que ne le comportent leur propre situation ou celle des fractions voisines. Une marche en avant prématurée de fractions isolées contre l'ennemi, compromet l'unité de combat et peut transformer en un échec une opération bien commencée.

81. — Le **lancement du pont** commence dès que la sécurité locale le permet, et autant que possible sur les deux rives. Des mesures contre les tentatives de destruction de l'ennemi (mines flottantes, radeaux, brûlots), peuvent devenir nécessaires.

82. — Conduite à tenir par les troupes dans le passage ur les ponts (162 à 164).

83. — Le commandement décide si le pont doit être remplacé, après le passage des troupes, par un pont de circonstance, de manière que le matériel de ponts militaires puisse devenir disponible pour des opérations ultérieures, ou si on doit le laisser subsister et le transformer en pont lourd de campagne (par exemple pour convois lourds d'armée) (43 et 166). On ne doit enlever du pont aucune partie du matériel, sans l'assentiment de l'autorité qui a ordonné le lancement du pont.

84. — Si l'on manque de matériel, au lieu d'un pont fixe, des **ponts volants** ou des bacs à traille, peuvent suffire dans le cas de petites opérations.

PASSAGE DE PETITS COURS D'EAU.

85. — Les principes donnés pour les grands cours d'eau trouvent leur emploi dans leur esprit.

Il sera fréquemment plus facile que dans le cas de larges cours d'eau, de forcer le passage par la supériorité des armes ou en surprenant l'adversaire — même le jour.

86. — Les reconnaissances devront établir s'il y a des gués, ou si à proximité de l'obstacle, on peut trouver ou créer des moyens de passage.

Des **ponts rapides** transportables (114) demandent, à la vérité, un certain temps pour leur montage, mais ils permettent d'exécuter le passage rapidement, surtout si l'on peut en juxtaposer plusieurs. On peut utiliser le matériel des ponts militaires à la construction de ponts rapides.

PASSAGE DES RIVIÈRES DANS LA MARCHE EN RETRAITE.

87. — Dans la marche en retraite, toute perte de temps peut être grosse de conséquences. Il faudra donc **reconnaître** à temps les emplacements de ponts et y envoyer à l'avance les pionniers et les équipages de pont. Il est désirable qu'il y ait le plus grand nombre possible de ponts se reliant au réseau routier, un terrain favorable pour les troupes chargées de couvrir le passage et de bonnes positions d'artillerie sur la rive opposée.

88. — On doit **rendre compte au commandement** des points de passage à organiser sûrement, eu égard à la situation et, à bref délai, du moment où ils seront utilisables au plus tard. On demandera les auxiliaires et les troupes de couverture, suivant les besoins.

89. — Pour le gros des troupes, le passage sur des **ponts** doit seul être envisagé. Seules, les fractions restées les dernières au contact de l'ennemi et qui ne pourront plus utiliser les ponts, s'échapperont en **franchissant le cours d'eau sur des bateaux** ou sur des **ponts rapides,** sous la protection du feu des troupes déjà passées.

Les ponts doivent être construits d'une manière particulièrement solide et préparés pour être repliés rapidement, enlevés ou détruits. Les chemins d'accès et les ponts devront être jalonnés clairement, même la nuit (24 à 27).

90. — Pour le maintien de l'ordre **pendant le passage**, on mettra à la disposition des commandants des ponts des *officiers spéciaux* et des auxiliaires. On devra *prendre des mesures énergiques* pour prévenir les à-coups, surtout dans les trains de combat, les colonnes et les convois.

91. — Les **moyens de passage pour** les troupes qui couvrent dans des **positions d'arrière-garde ou de repli**, le passage du gros ou le repliement du pont, devront être tenus prêts, le long de la rive en plusieurs points clairement désignés, afin que la retraite puisse s'effectuer sur un large front.

92. — On devra faire échapper, autant que possible le **matériel des ponts militaires;** on ne devra pas craindre des pertes, si grâce à elles, on peut assurer le sauvetage des dernières troupes. Il faudra protéger le difficile travail des pionniers en prenant position sur la rive qu'on a gagnée.

DÉFENSE DES COURS D'EAU

93. — La réussite de la défense d'un cours d'eau dépend essentiellement de la rapidité avec laquelle les renseignements concernant l'ennemi parviennent au commandement, de manière à ce que celui-ci puisse prendre des contre-mesures en temps voulu.

Par suite, on devra ordonner une **reconnaissance** étendue de terrain au delà du cours d'eau et organiser un service de renseignements sûr et rapide, de jour et de nuit, en employant le téléphone, le télégraphe, les relais, les postes de signaleurs, les signaux lumineux, les feux.

94. — La plupart du temps, il faudra surveiller au loin toute l'étendue du cours d'eau.

La **surveillance** s'exécute par secteurs d'après les principes du service des avant-postes.

Il faudra se soucier particulièrement des points qui favorisent un changement de rive à l'ennemi (70).

La surveillance est facilitée par des projecteurs, des pistolets éclairants et des patrouilles en canot; ces dernières porteront leur principale activité sur les îles, les baies ainsi que sur la végétation du cours d'eau et de ses rives.

95. — En général, les **avant-postes** qui se tiennent près de la rive — comme dans le combat autour des forteresses — constituent la *ligne de combat* avancée. Ils s'organisent pour une défense opiniâtre, de manière qu'ils puissent se défendre, jusqu'à l'arrivée des renforts, même contre les attaques de flanc de forces ennemies qui auraient franchi le cours d'eau sur les ailes de la position. Par suite, de petits ouvrages de campagne auront là leur importance. Des abatis et des fils de fer tendus dans l'eau rendront l'abordage difficile à l'adversaire.

Les emplacements des réserves d'avant-postes seront choisis de manière que celles-ci puissent intervenir sans délai sur tous les points menacés.

On affectera aux avant-postes, suivant les besoins, des pionniers, des mitrailleuses et de l'artillerie de campagne (même par sections et par pièces).

96. — On **barrera**, on **détruira** (173, attention!) on préparera pour la destruction (185 à 191) les **points de passage** qui existent sur le cours d'eau, on rendra les gués impraticables (204). On ramassera toute la batellerie ou on l'anéantira, on tiendra prêts des radeaux, des canots lestés, des mines flottantes, des brûlots pour déranger le lancement d'un pont par l'ennemi.

97. — L'emplacement des **forces principales** du défenseur, — en masse ou par groupes — se détermine d'après le but du combat, l'étendue du cours d'eau et le terrain. Il est particulièrement important de tenir prêtes de l'artillerie et des mitrailleuses pour battre le cours d'eau et le terrain des approches de l'ennemi.

Pour masquer les emplacements des gros détachements, il y a lieu de prendre des dispositions spéciales. On devra se préoccuper d'assurer de bonnes communications entre le commandement et toutes les parties de la position, de rendre possible l'amenée rapide des troupes en perfectionnant le réseau routier et en tenant prêts tous les moyens de communication dont on dispose.

EXÉCUTION.

PONTS DE CIRCONSTANCE.

Choix de l'emplacement du pont.

98. — Des accès commodes vers le pont,
la proximité des matériaux,
des parties du cours d'eau étroites ou parsemées d'iles,
des rives plates et solides.
un courant modéré,
un lit solide, uni, avec une faible profondeur pour les ponts à supports fixes,
un bon terrain d'ancrage pour les ponts à supports flottants,
favorisent la construction des ponts.

Différentes espèces de ponts.

99. — D'après leur largeur et leur capacité portante, on distingue :

Les **passerelles** et **ponts rapides : larges de 0 m. 50 à 1 m. 00** pour hommes isolés à pied.

Les **ponts-passerelles : larges d'environ 2 m. 00** (1), pour l'infanterie en rangs, pour les cavaliers ayant mis pied à terre et par un, exceptionnellement pour les pièces dételées (affût et avant-train la plupart du temps séparés), mitrailleuses et voitures légères.

Les **ponts de colonne : larges d'environ 3 m. 00** pour le passage en ordre de l'armée sans mortiers de 21 cm.

Les **ponts de colonne lourds** (2) pour les grosses pièces de siège, foule d'hommes pressés, convois lourds d'armée.

Différentes parties d'un pont.

100. — Tous les ponts comprennent une superstructure et des corps de support.

A la **superstructure** appartiennent : les poutrelles, le tablier (madriers ou planches, en cas de nécessité : perches, rondins), les poutrelles de guindage, c. a. d. les poutrelles qui limitent le pont de chaque côté et maintiennent le tablier (fig. 25) et le garde-fou.

Les **corps de support** portent la superstructure. Ce sont : les culées, les échafaudages (palées, chevalets, etc.) ou les bateaux et les supports flottants.

Un pont se compose d'une ou de plusieurs **travées.** La travée est mesurée du milieu d'un corps de support au milieu du suivant. La longueur d'une travée s'appelle la **portée** (fig. 74).

Assemblage des différentes parties d'un pont.

101. — Pour les assemblages, on emploie le fil de fer et les commandes, le fer plat, les clameaux et les clous. Les assemblages en fil de fer ne se plient pas aussi facilement que les assemblages faits avec des commandes; les deux espèces d'assemblages peuvent être tendues au moyen de

---

(1) La cavalerie peut avec son matériel construire aussi un pont passerelle (renforcé) de 3 mètres de largeur (165, 465).

(2) sont établis par les pionniers d'après le règlement des ponts de circonstances et le règlement des pontonniers.

coins qu'on y chasse. On empêche le glissement des assemblages en y enfonçant des clous (fig. 27).

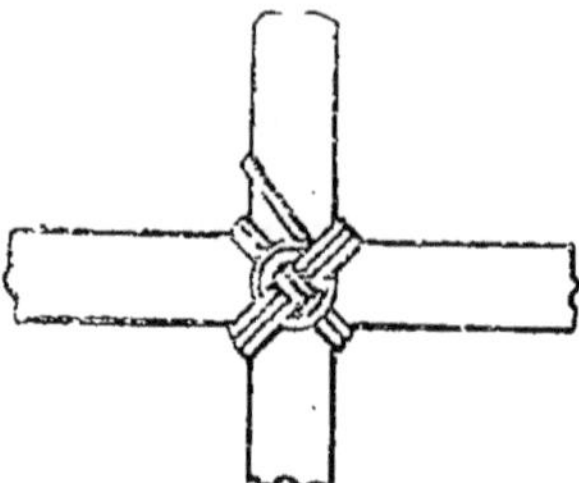

Fig. 21. — Brêlage en croix.
(Vue de dessus).

Vue de dessus.

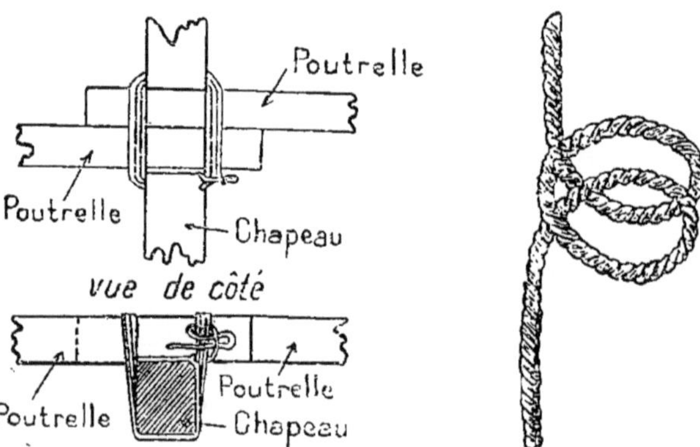

Fig. 22. — Brêlage de chevalet.

Fig. 23. — Nœud de batelier pour fixer les cordages à un piquet ou à un anneau.

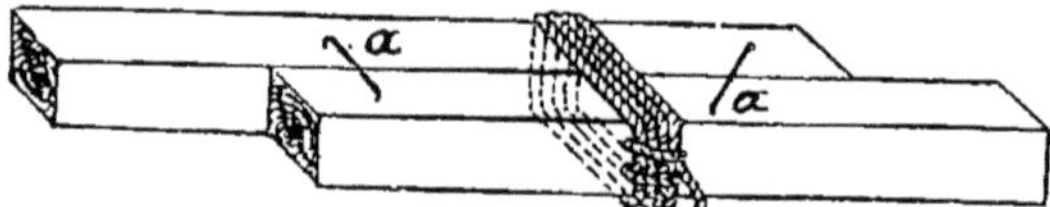

Fig. 24. — Brêlage de deux poutrelles.
Les clameaux (*a a*) destinés à renforcer le brêlage doivent être enfoncés en dessus et en dessous.

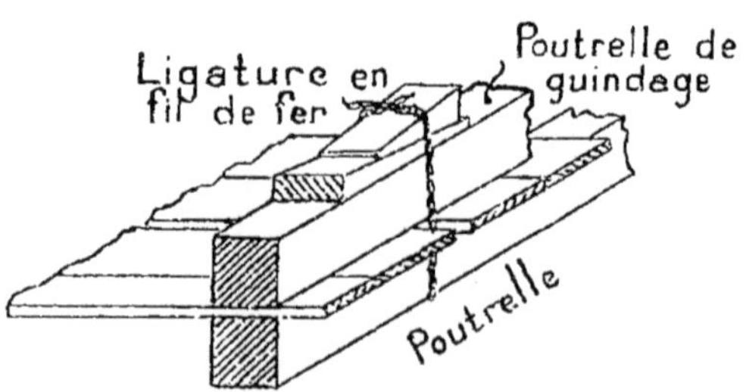

Fig. 25. — Guindage.

Les figures 21 à 24 montrent les assemblages les plus importants.

La figure 25 montre la manière de fixer la poutrelle de guindage, qui doit être placée sur les poutrelles extrêmes.

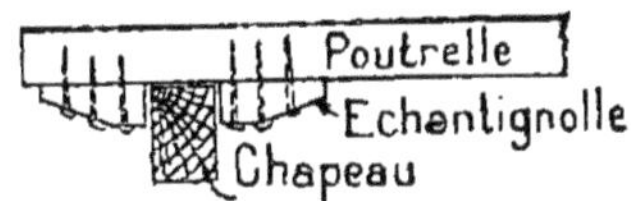

Fig. 26 *a*.

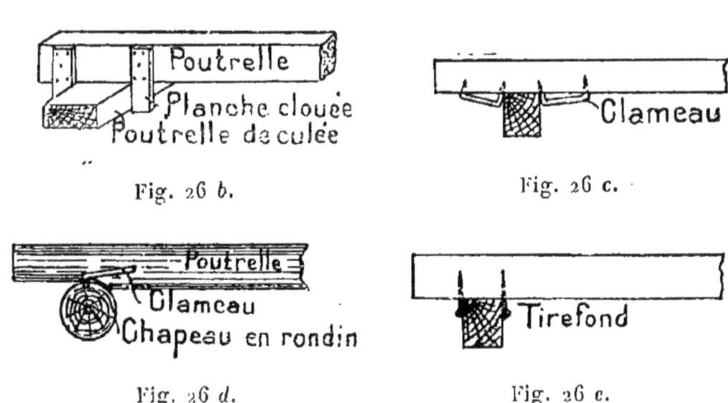

Fig. 26 *b*.

Fig. 26 *c*.

Fig. 26 *d*.

Fig. 26 *e*.

Fig. 26. — Assemblage des poutres sur les supports.

On empêche les poutres de quitter leur emplacement, par des échantignolles ou des bouts de planches clouées, par des clameaux, par des tirefonds (fig. 26 de *a* à *e*). On obtient ainsi en même temps un contreventement longitudinal précieux pour la solidité du pont.

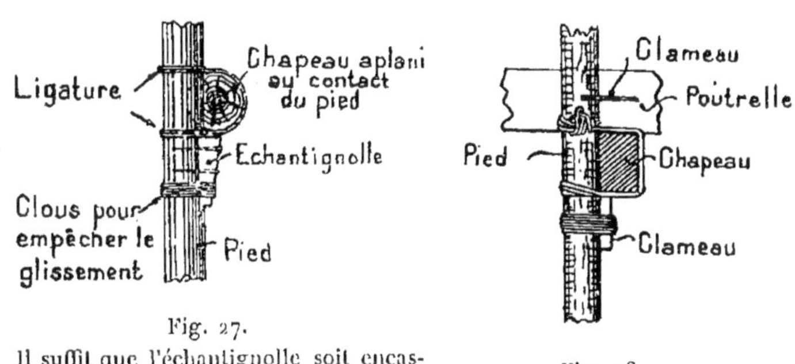

Fig. 27.
Il suffit que l'échantignolle soit encastrée dans le pied par sa partie inférieure.

Fig. 28.

Fig. 27 et 28. — Assemblage du chapeau avec les pieds du chevalet.

Pour **supporter les bois** on se sert d'échantignolles, et, en cas d'urgence, de clameaux (fig. 27 et 28).

Mesures préparatoires.

102. — Avant de **construire un pont**, il faut **déterminer** :

sa longueur,

la profondeur de l'eau,

la nature du lit (fond d'ancrage),

la vitesse du courant et sa direction,

les travaux nécessités par les chemins d'accès,

les endroits où l'on trouve et on peut se procurer les matériaux, le matériel et les outils.

103. — La **longueur du pont** peut, la plupart du temps, être mesurée par une ligne (fil de fer), qui, si cela est nécessaire, est supportée à des distances convenables par des perches ou des canots.

La détermination précise de la **profondeur de l'eau** (avec des perches) et de la **nature du fond** n'est indispensable que pour les supports fixes; dans le cas d'emploi de chevalets, on ne mesurera la profondeur qu'aux emplacements problables des pieds. Les supports flottants ont besoin d'une profondeur d'eau telle qu'ils ne reposent pas sur le fond au moment où ils sont chargés.

104. — Les **emplacements où l'on trouve des matériaux** sont les fermes, localités, gares, constructions en cours, dépôts de marchands de bois et charpentiers, scieries, forges, usines, commerces de fer.

On trouvera les supports flottants sur l'eau, dans les chantiers, les brasseries et les distilleries (tonneaux, fûts).

Les peuplements de conifères fournissent des poutrelles, des supports et des perches utilisables. Les chevrons de toitures, les parquets et les portes, s'ils ne sont pas entièrement neufs, ne seront employés qu'en cas de nécessité et, avant leur emploi, on les essaiera au point de vue de leur résistance. Les bois pourris ou piqués des vers, les bois avec des assemblages ou des mortaises, des trous et des crevasses profondes ne seront pas utilisés.

Dans les cas douteux, on placera la poutre (recouverte avec des madriers) à terre sur des supports bas. Elle doit supporter pour les portées données à 127, colonne 1, le nombre d'hommes donné dans la colonne 2; pour les *passerelles*, la moitié.

Différentes opérations de la construction des ponts et Répartition du personnel.

105. — En vue des mesures préparatoires, il faut déterminer :

La situation exacte du pont,
Les portées (100),
Le nombre, la nature et les dimensions des supports,
La manière d'ancrer les supports flottants,
La nature de la superstructure, le nombre des poutrelles,
Les emplacements où l'on ajustera la superstructure et l'infrastructure,
L'organisation des accès au pont.

Répartition des travailleurs.

Détachements pour :

Aller chercher les matériaux et les outils,
Construire et organiser les corps de support,
Ajuster la superstructure (poutrelles, madriers, etc.),
Organiser les chemins d'accès,
Construire les supports,
Apporter les poutrelles et les madriers, les mettre en place,
Fixer le tablier et poser le garde-fou.

Si on ne dispose que de peu d'hommes, plusieurs de ces missions peuvent être confiées au même détachement.

106. — Pour les ponts-passerelles très longs, on établit un *croquis de pont* qui contient les renseignements ci-dessus.

Il est important d'évaluer exactement le temps nécessaire pour la construction des ponts de circonstance.

Construction de ponts.

CONSTRUCTION DE PASSERELLES ET DE PONTS-RAPIDES.

SUPPORTS FIXES.

107. — Le premier et le dernier corps de support sont constitués par la rive elle-même (points d'appui des poutrelles). — **Culée.** — Pour une passerelle, un madrier suffit; on y assujettit les poutrelles (fig. 29). On peut essayer de franchir les obstacles de peu de largeur avec une seule travée; si la passerelle s'infléchit trop, on peut disposer un support intermédiaire comme l'indiquent les figures 34 et 67.

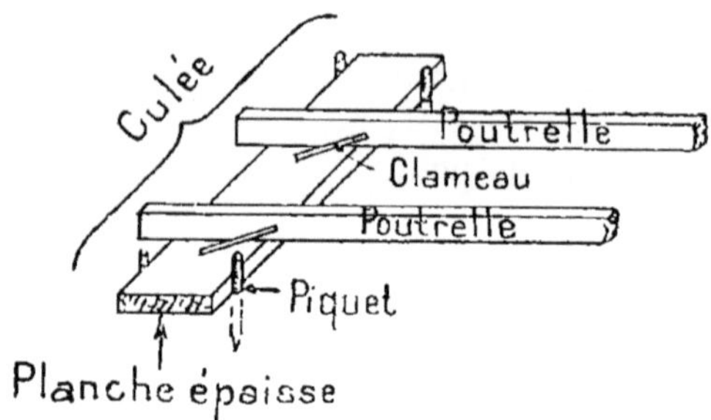

Fig. 29.

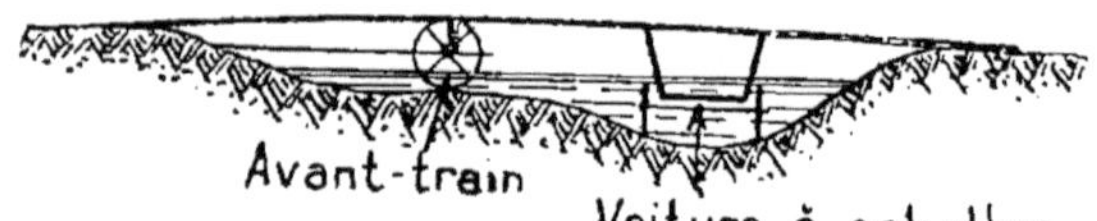

Fig. 30. — Passerelle sur voiture ou sur avant-train.

108. — Puis, peuvent servir de **supports :** des voitures ou des avant-trains (fig. 30), des **chevalets** (fig. 31, 32), des pieux **(palées)** (fig. 33, 34), de lourdes caisses, des meubles,

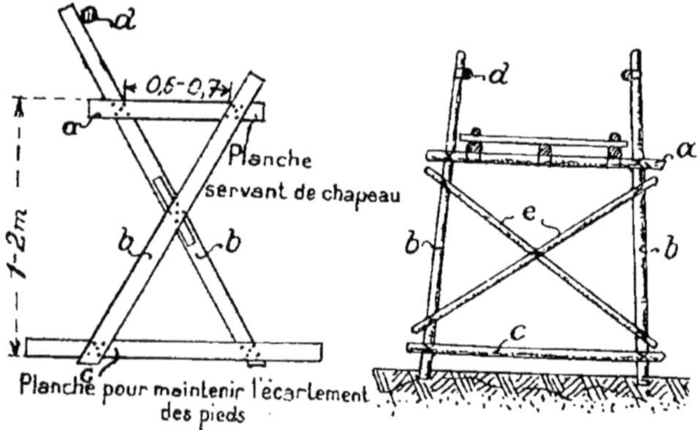

Fig. 31. — Chevalet en planches pour passerelle.

Fig. 32. — Chevalet en perches pour passerelle et pont-passerelle.

LÉGENDE.

a Chapeau (poutrelle, perche, planche).
b Pied (perche, planche).
c Tringle ou planche pour maintenir l'écartement des pieds.
d Perches de garde-fou.
e Perches de contreventement pour empêcher les oscillations latérales.

des tonneaux et des supports constitués d'après les figures 35 et 36; la dernière en particulier s'applique en cas d'un fond inconsistant.

Battage des pilots et construction des chevalets 119, 123, 124.

Pour les **pilots**, les **pieds** et les **chapeaux de chevalets**

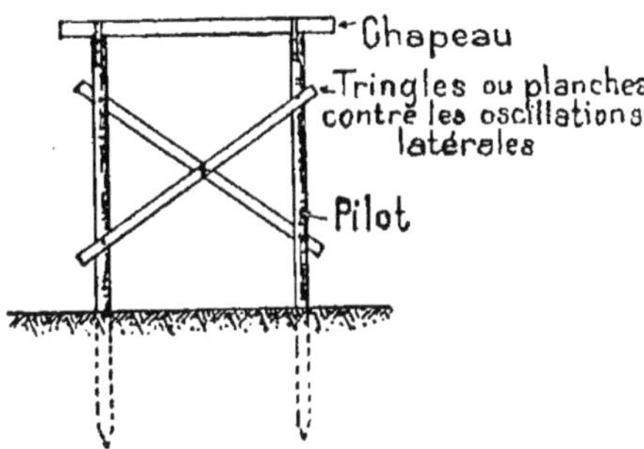

Fig. 33. — Palée.

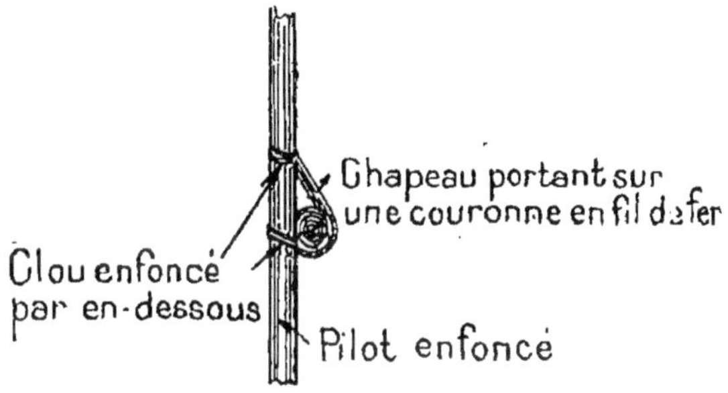

Fig. 34. — Brélage de chapeau à un pilot (seulement dans le cas d'une passerelle).

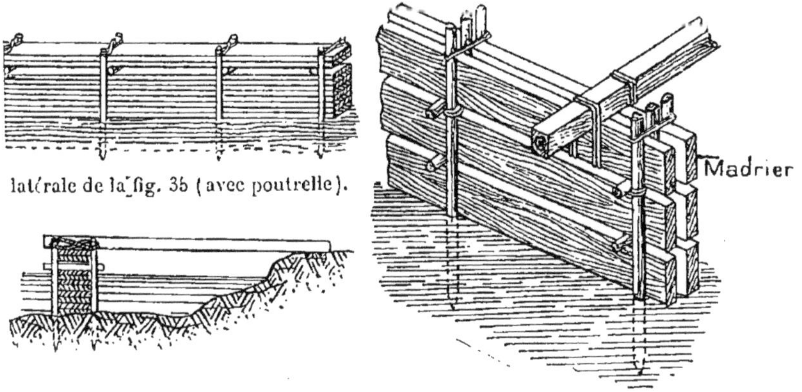

Fig. 35. Fig. 36.

Fig. 35 et 36. — Corps de support intermédiaire en piles de planches ou de madriers.

des *passerelles*, pour toutes les portées et les hauteurs de supports (mesurées du fond du cours d'eau jusqu'à l'arête inférieure du chapeau), il suffit de prendre des bois d'environ 10 cm. de diamètre ou de côté.

109. — Le **nombre des supports** (et par suite les portées) se déterminent principalement d'après la longueur et l'équarrissage des poutrelles que l'on peut trouver (112).

SUPPORTS FLOTTANTS.

110. — Les embarcations, canots et nacelles sont utilisables immédiatement; on n'a qu'à se préoccuper d'enfoncer de forts clous ou des clameaux ou bien de clouer des tringles de manière à pouvoir brêler les poutrelles (fig. 37, 59 et 74).

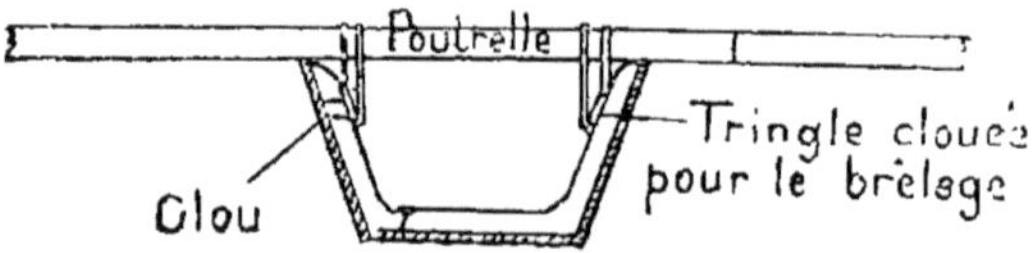

Fig. 37. — Assemblage des poutrelles sur un bateau.

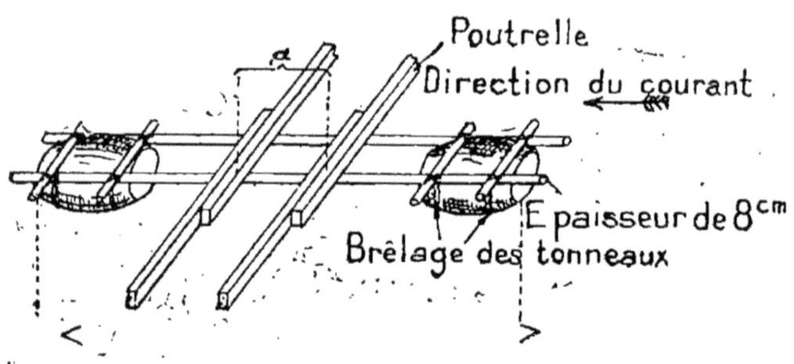

Fig. 38. — Radeau de tonneaux légers comme corps de support.

Dans les passerelles et les ponts rapides, la distance entre les fonds postérieurs des tonneaux doit être $\geqslant$ à 4 fois *a*.

Les **tonneaux** et les **fûts** sont bons à utiliser quand le courant n'est pas trop fort. Les disposer d'après les indications des figures 38 et 39. Au lieu de tonneaux, on peut aussi employer des sacs imperméables ou des supports flottants faits avec des toiles de tente (153) ou de petites caisses

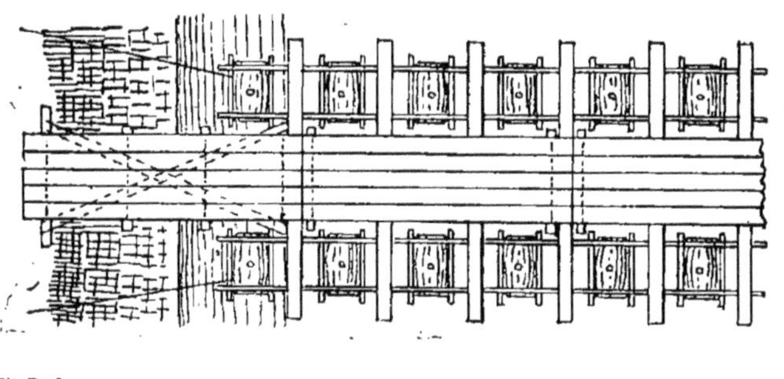

Fig. 39. — Passerelle sur tonneaux.

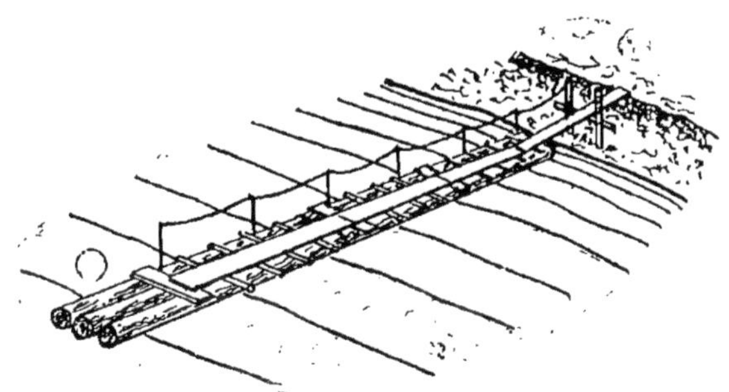

Fig. 40. — Passerelle sur train de bois.

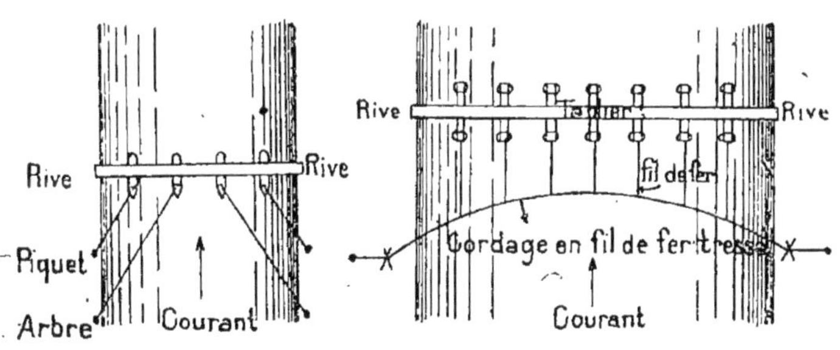

Fig. 41.
Ancrage à la rive.

Fig. 42.
Ancrage d'une passerelle à un cordage tendu en travers du cours d'eau.

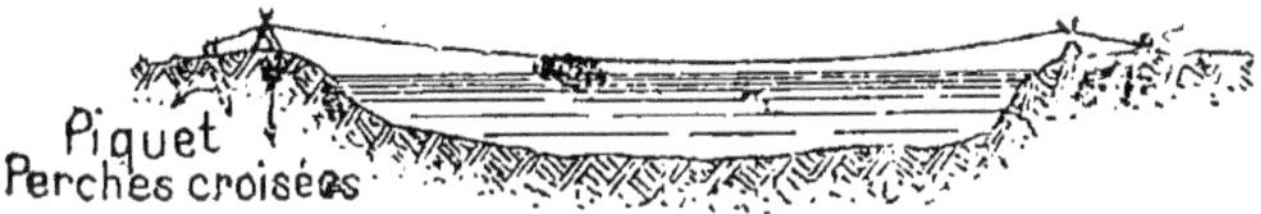

Fig. 42 *bis*. — Cordage tendu en travers du cours d'eau.

entourées de toile de tente (fig. 46). Sur des eaux tranquilles, on peut installer, en peu de temps, des passerelles sur trains de bois d'après les indications de la figure 40.

111. — Les supports flottants pour des ponts de peu d'importance peuvent être **ancrés** aux rives avec des commandes, des cordages et du gros fil de fer (fig. 41). Au lieu d'ancres, on peut employer des charrues, des caisses ou des tonneaux lestés avec des pierres, de lourds morceaux de fer; dans des eaux calmes, des piquets enfoncés dans le sol; on peut aussi remplacer l'ancrage par un cordage tendu au-dessus de l'eau, d'après les indications de la figure 42.

SUPERSTRUCTURE.

112. — Pour chaque travée, la plupart du temps, il suffit de placer deux poutrelles de champ (perches ou poutres). Si on ne dispose que de perches plus faibles que ne l'exige le tableau ci-dessous, on prend 3 ou 4 poutrelles par travée ou on utilise des assemblages de perches (brêlées avec du fil de fer) comme poutrelles. De même, les échelles, les timons et des madriers cloués ensemble peuvent être utilisés en cas de besoin. Les **poutrelles** sont fixées sur les supports (culées, chapeaux, plats-bords des canots) [fig. 26 *a* à *e*]. Dans les supports flottants, il suffit de brêlages avec des commandes ou du fil de fer.

Équarrissage des poutrelles pour passerelles.

PORTÉE EN *m.*	*d* ou *h* ○ □ en centimètres.
3	9
4	10
5	10
6	11

113. — Le **tablier** peut consister en madriers, châssis de fenêtre, portes étroites, bois refendus et rondins, et, en cas de nécessité, se composer de fortes broussailles. On place les madriers comme l'indique la figure 43. Là où les madriers se rejoignent, il faut brêler par en dessus une planche plus mince parallèle aux traverses (*b*, fig. 43).

Les rondins, les bois refendus et les broussailles sont placés en travers des poutrelles et cloués solidement ou maintenus par des perches ou des tringles de guindage brêlées pardessus.

Si l'on dispose de poutres en quantité suffisante, on les place l'une contre l'autre, et il n'y a alors pas besoin de tablier.

Fig. 43. — Platelage placé suivant la longueur du pont.

114. — On appelle **ponts rapides** des passerelles construites le plus légèrement possible qui peuvent être portées et poussées rapidement au-dessus de l'eau. Ils consistent en corps flottants de support, en liaisons transversales (dans la fig. 46 par ex., un madrier) et en un tablier.

On utilise comme **supports flottants :** des fûts (fig. 44), des doubles ballots de toiles de tente (153 et fig. 45), des réci-

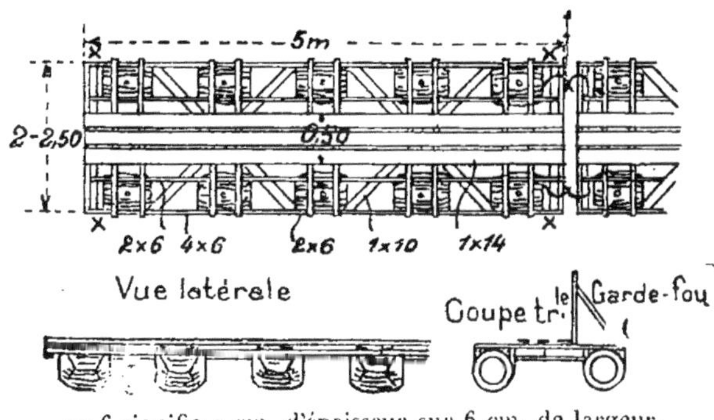

2× 6 signifie 2 cm. d'épaisseur sur 6 cm. de largeur.

Fig. 44. — Ponts rapides avec petits tonneaux.

pients métalliques étanches, des caisses entourées de toile de tente, des sacs à fourrage (154), des bâches de voiture (156), et, en cas de nécessité, des bottes de paille longue.

Comme **liaisons transversales :** des madriers (fig. 46), des perches (fig. 45) et des échelles courtes sont indiqués.

Le **tablier** peut consister en madriers, en perches accolées (pieux), en échelles sur lesquelles on a cloué de petites planches; on le munit avantageusement d'un garde-fou léger (fig. 44, à droite en bas).

Si un pont rapide est trop rigide pour être manié dans son ensemble, on le porte, partagé en parties (éléments, fig. 45) et on ne l'assemble que dans l'eau ou on le construit assez flexible pour qu'on puisse porter le pont, même sur un terrain inégal, d'une seule pièce et le mettre à l'eau facilement.

Cf. figures 44 à 46. Il est particulièrement important d'exécuter soigneusement les assemblages des différents éléments de passerelles.

Dans la **poussée en avant**, un ou deux hommes s'asseyent ou se couchent sur l'élément de tête (et, en cas de besoin, aussi sur les suivants), et, gouvernant avec des perches ou

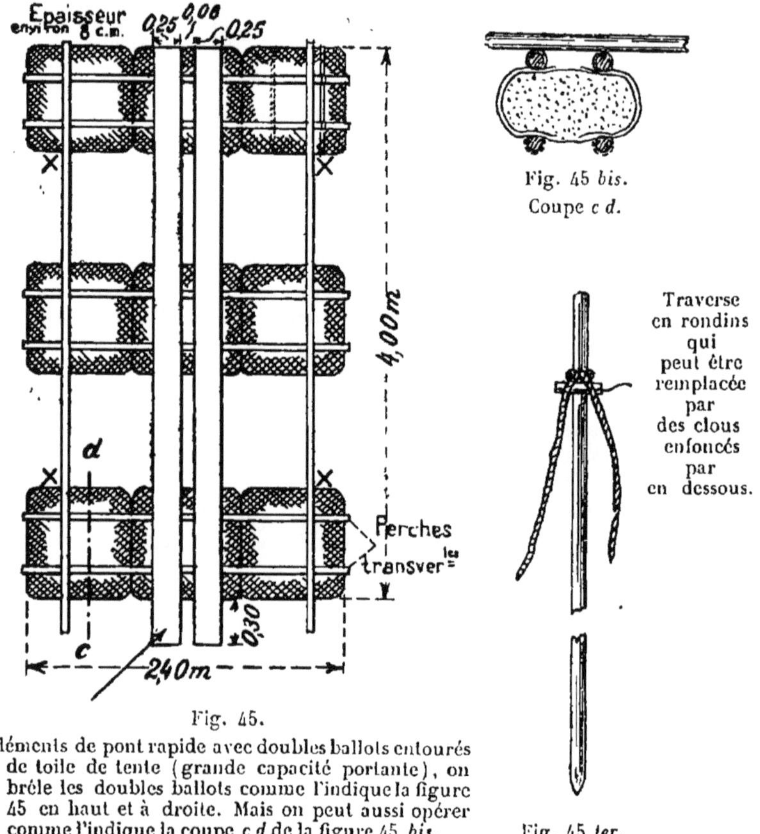

Fig. 45 bis.
Coupe *c d*.

Fig. 45.
Éléments de pont rapide avec doubles ballots entourés de toile de tente (grande capacité portante), on brêle les doubles ballots comme l'indique la figure 45 en haut et à droite. Mais on peut aussi opérer comme l'indique la coupe *c d* de la figure 45 *bis*.

Les extrémités extérieures des planches sont poussées sur l'élément voisin, puis les deux éléments sont brêlés solidement, comme l'indique la figure 44 ou la figure 46.

Fig. 45 *ter*.
Pilot préparé pour la fixation des éléments de la passerelle.

des pelles, ils donnent au pont rapide la direction convenable. Cette manœuvre réussit encore mieux si de bons nageurs tirent le pont au moyen de cordages de la rive opposée.

Après cette opération, l'élément de tête du pont est fixé avec des cordages préparés à l'avance sur la rive opposée et réuni par un tablier. Ce tablier est avantageusement placé sur l'élément de tête et rabattu.

La solidité de tels ponts est notablement accrue si on

enfonce après la poussée en avant des pieux préparés à l'avance (fig. 45 a) aux endroits marqués × sur les figures 44,

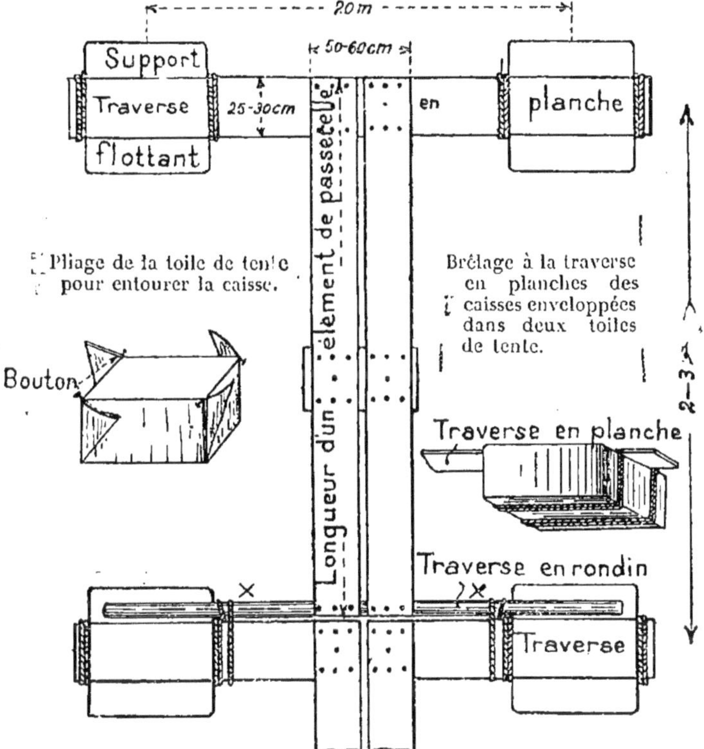

Comme supports flottants, on emploie des caisses d'environ 60 × 60 × 40 cm. ou plusieurs petites présentant ensemble ces dimensions; avant de brêler avec les traverses ces planches, on enveloppe les caisses avec deux toiles de tente à la manière des ballots (153).

Fig. 46. — Ponts rapides avec des caisses enveloppées dans des toiles de tente.

45, 46 et si on y fixe les divers éléments ou si l'on brêle de longues perches sur les liaisons transversales au-dessus des assemblages des éléments de chaque côté du tablier.

CONSTRUCTION DE PONTS-PASSERELLES.

SUPPORTS FIXES.

115. — Les **culées** doivent être construites plus solidement que dans le cas des passerelles. Les poutrelles sont supportées par une poutrelle de culée et leurs extrémités viennent buter contre un corps mort (fig. 47).

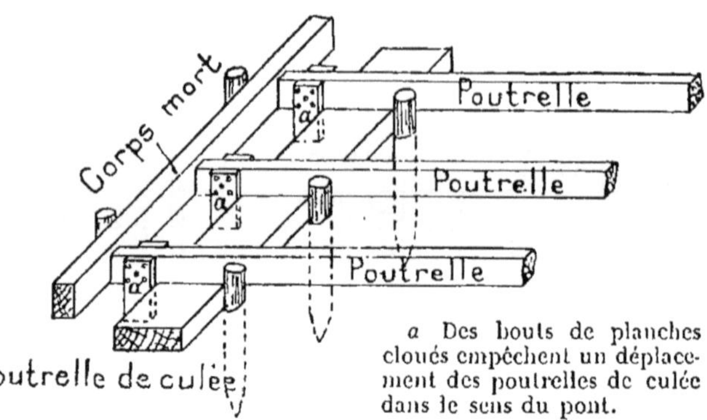

Fig. 47. — Culée d'un pont-passerelle.

116. — Les **palées** constituent les corps de support les plus sûrs; elles sont toujours employées, si le fond permet l'enfoncement des pilots et si le matériel nécessaire pour le fonçage des pilots peut être amené ou créé.

Pour les ponts-passerelles, on emploie la plupart du temps deux (fig. 33), et dans les terrains inconsistants, trois pilots.

117. — L'équarrissage des bois (d ○ h □) pour les pilots et les pieds de chevalets est de :

Pour toutes les portées et jusqu'à 2 m. de hauteur (1) : 8 cm.
— 4 m. — 10 cm.

118. — Équarrissage des **chapeaux** pour palées et chevalets. Si on trouve des poutres à section carrée dans lesquelles la hauteur h est = à la largeur b □, on peut diminuer de $\frac{1}{7}$ la valeur de h trouvée dans le tableau ci-dessous; par exemple, au lieu de 14 cm. ne prendre que $14 - \frac{14}{7} = 12$ cm.

PORTÉES EN *m*.	DANS DES PALÉES	
	AVEC 2 PILOTS ou dans les chevalets.	AVEC 3 PILOTS.
	d ou h ○ □ en cm.	
3	17	12
4	18	13
5	19	14
6	20	14

(1) Mesurée du fond au chapeau.

Si, au lieu d'un chapeau, on en emploie deux juxtaposés, ou placés l'un au-dessus de l'autre, on peut prendre pour ces

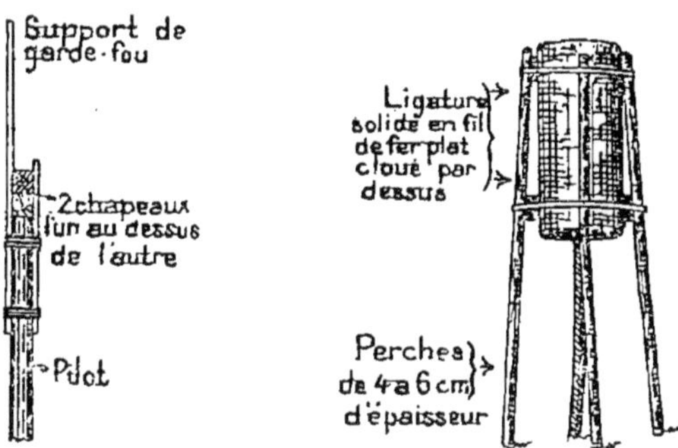

Fig. 49. Mouton à bras.

Fig. 48. — Assujettissement de deux chapeaux sur un pilot.

chapeaux les valeurs du tableau 118 diminuées de 1/5. Assujettissement : figure 48; assujettissement d'un chapeau simple : figure 33.

119. — Les perches et les pieux peuvent être chassés **(foncés)** avec de lourds marteaux, des masses ou des moutons à bras. On peut improviser un mouton à bras avec un fort tronc d'arbre de bois dur d'après les indications des figures 49 et 50.

Fig. 50. Mouton à bras.

Avant le fonçage, les pilots seront appointés; la longueur de la partie appointée sera le double de l'équarrissage du pilot.

Dans l'opération du fonçage, les hommes se tiendront sur des échafaudages (de caisses, de tonneaux, etc.), sur des voitures, des avant-trains ou des passerelles légères, ou encore sur des canots simples ou accouplés (fig. 51).

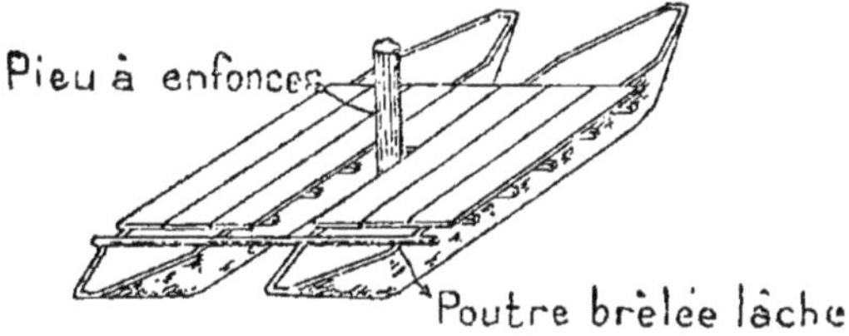

Fig. 51. — Dispositif pour enfoncer les pieux.

Les pilots d'une palée doivent être enfoncés solidement et également. Un pilot est suffisamment enfoncé, si, après avoir été battu vigoureusement quinze fois consécutives, il ne s'enfonce plus d'une manière appréciable.

120. — Ce n'est que dans le cas d'un lit solide et uni, d'une profondeur d'eau et d'un courant modérés que l'on peut employer des **chevalets** sans grandes difficultés et sans perte de temps. Il faudra déterminer soigneusement, avant la construction des chevalets, la longueur de leurs pieds (103).

121. — Les chevalets seront construits d'après les indications de la figure 32; il faudra faire en sorte que tout le poids supporté par le pont soit transmis des poutrelles au chapeau et de celui-ci aux pieds. Par suite, il faudra soigner

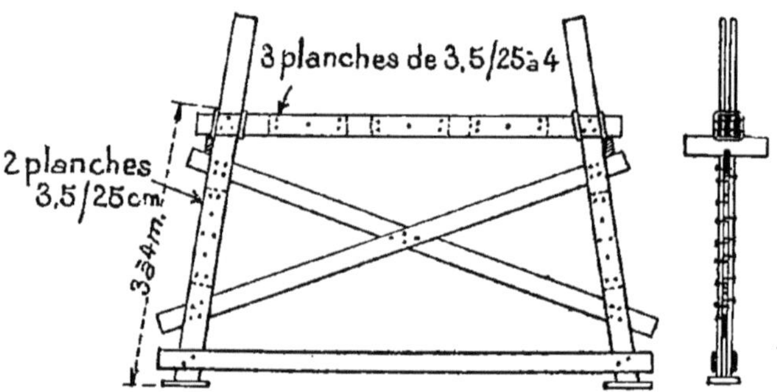

Fig. 52. — Chevalet en planches pour pont-passerelle.

les assemblages du chapeau avec les pieds; on les constituera par des brêlages et des échantignolles ou des clameaux (fig. 27, 28). La figure 52 montre un chevalet fait de madriers.

122. — Dans la confection des chevalets, on indique sur le chantier les points principaux A B E F (fig. 53) par de petits piquets et on marque la ligne médiane C D. Puis sur celle-ci on mesure la hauteur prévue du chevalet (depuis l'arête supérieure du chapeau) et on y ajoute l'enfoncement probable.

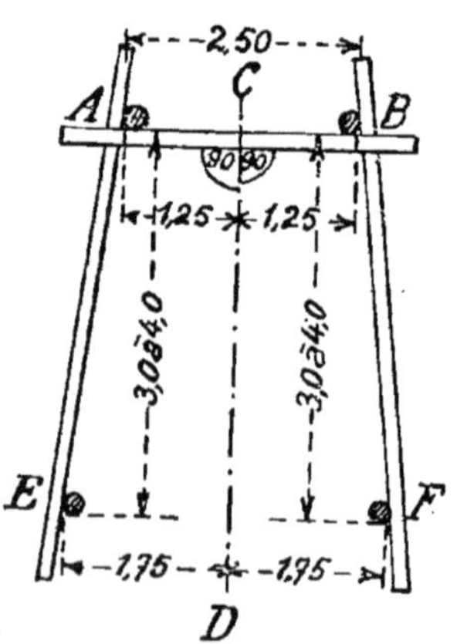

Fig. 53.

123. — C'est à la main qu'**on met les chevalets en place** le plus rapidement et le plus facilement. Si en raison de la profondeur, il n'est pas possible d'opérer ainsi, on les met en place au moyen de deux canots accouplés (fig. 54).

Les poutrelles sont, à cet effet, brêlées d'une manière lâche sur le chevalet et celui-ci est empêché de se renverser par deux commandes passant sur les tringles des pieds c (voir aussi fig. 32).

Puis, on pousse dans l'eau avec précaution le chevalet suspendu au canot de service en agissant sur les poutrelles qui ont été brêlées d'une manière lâche, jusqu'à ce que la portée

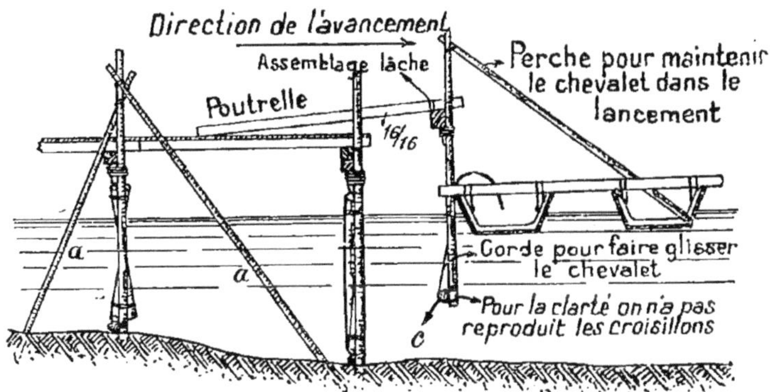

Fig. 54. — Mise en place d'un chevalet au moyen d'un bac.

LÉGENDE.

a Contrefiche s'opposant aux oscillations longitudinales du pont.
c Tringle inférieure.

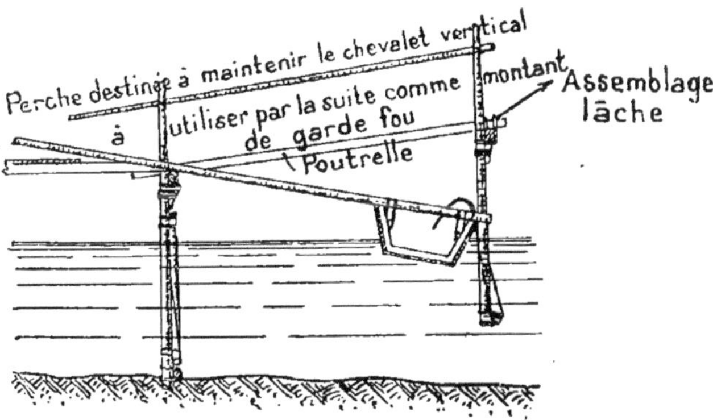

Fig. 55. — Mise en place d'un chevalet avec une seule embarcation.

exacte soit atteinte et on laisse filer les commandes de manière que le chevalet atteigne le fond simultanément avec les deux pieds.

Si on ne dispose que d'un grand canot, on met les chevalets en place, comme l'indique la figure 55.

124. — Si l'on ne dispose pas de canots, on fait glisser les chevalets sur des poutrelles-guides et on les dirige avec des perches et des cordages (fig. 56 et 88, p. 73), ou on met en place les chevalets avec de longs leviers (troncs d'arbres ou poutres), d'après les indications des figures 57

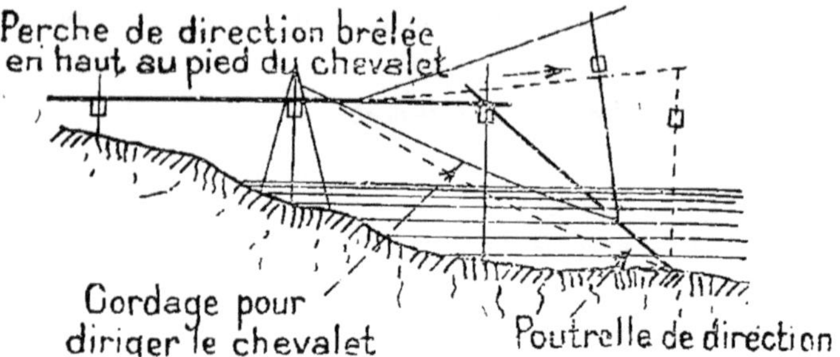

Fig. 56. — Mise en place d'un chevalet au moyen de poutrelles de direction. (Voir aussi fig. 88, p. 73).

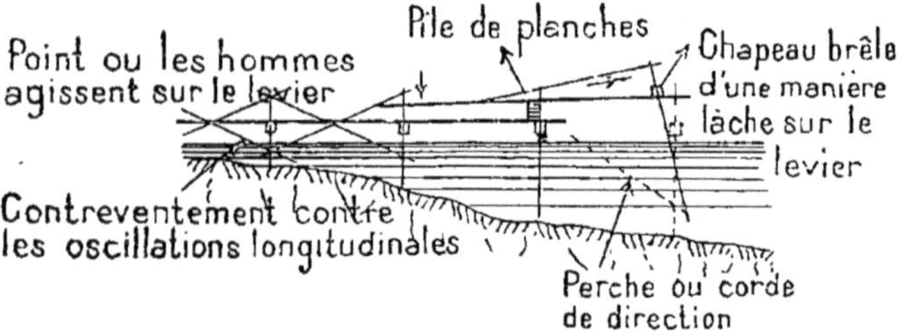

Fig. 57. — Mise en place d'un chevalet avec des leviers. (Voir aussi fig. 89, p. 73).

et 89. p. 73). Ils sont, à cet effet, ou poussés du pont en agissant sur les leviers ou amenés en les faisant flotter devant le dernier chevalet placé, ensuite saisis par les leviers sous le chapeau, soulevés, dressés et guidés par les perches de direction. Ces deux méthodes sont difficiles et ne peuvent être employées qu'en cas de courant modéré; mais on n'a souvent pas le choix.

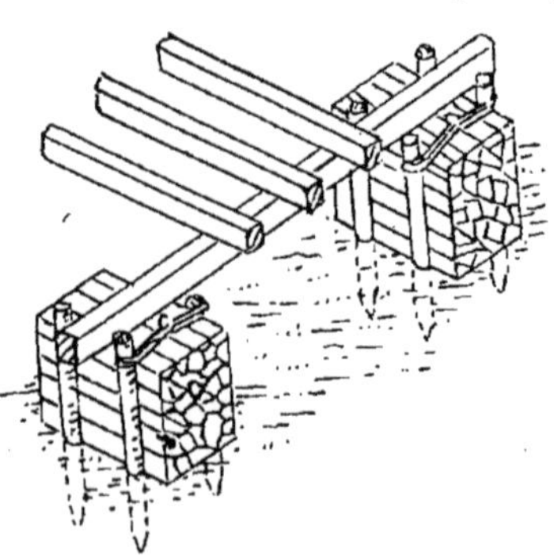

Fig. 58. — Corps de support à utiliser dans le cas d'un fond peu consistant.

125. — Déjà pendant la construction du pont de chevalets, il faut assurer les chevalets de 2 en 2 contre une **instabilité dans le sens longitudinal du pont**, comme l'indique la figure 54 (partie gauche). On y arrive au moyen de perches inclinées qui sont solidement fixées des deux côtés du pont d'après les indications de la figure 57 (partie gauche).

126. — On emploiera avantageusement, au lieu de palées basses ou de chevalets bas, des corps de support qu'on établira d'après les indications des figures 35, 36 et 58.

SUPPORTS FLOTTANTS.

127. — On déterminera la capacité portante des supports flottants trouvés sur place (bateaux, radeaux), par des épreuves de charge exécutées avec des hommes en eau peu profonde, d'après le tableau suivant :

Épreuves de résistance des supports flottants pour ponts-passerelles.

LE CORPS DE SUPPORT DOIT POUVOIR PORTER :		À LA CAPACITÉ PORTANTE CI-CONTRE correspond un nombre de tonneaux de :		
pour une portée en *m* de	hommes sans équipement.	Tonneaux à pétrole de 180 litres.	Tonneaux à vin de 220 litres.	Tonneaux à alcool de 600 litres.
1	2	3	4	5
3	18	10	8	3
4	24	13	10	4
5	30	15	12	5
6	36	18	15	6

Les canots doivent, **sous la charge d'épreuve,** avoir encore 25 cm. de hauteur de plat-bord au-dessus de l'eau ; les radeaux de tonneaux et les trains de bois ne doivent plonger dans l'eau qu'aux trois quarts.

128. — Les canots et nacelles sont disposés comme dans les passerelles (110).

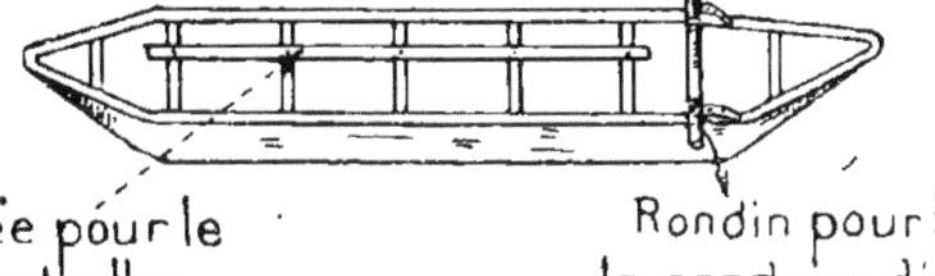

Fig. 59. — Embarcation organisée comme support flottant.

Pour fixer les cordages d'ancre, de forts rondins courts seront disposés comme l'indique la figure 59.

129. — On s'assurera avant leur emploi de l'étanchéité des tonneaux et des fûts. On bouchera les trous des bondes et des cannelles avec des bouchons en bois ou en liège recouverts de plaques de plomb clouées par-dessus. Pour calfater les endroits défectueux (voies d'eau), on emploiera de l'étoupe ou de la toile avec du goudron ou de la poix.

On assemble les tonneaux pour faire un **radeau de tonneaux** d'après les indications de la figure 60.

La longueur d'un tel radeau doit être le triple de la largeur du tablier (par conséquent, dans les ponts-passerelles de 4 m. 50 à 6 mètres) [fig. 63], pour éviter autant que possible les oscillations latérales du pont. Si le tableau 127 ne donne que peu de tonneaux (fûts), on répartira ceux-ci avec des intervalles dans les cadres afin que la longueur minima soit atteinte.

130. — Pour construire un **radeau de tonneaux**, on dispose d'abord les deux cadres (fig. 60) entre lesquels reposent les tonneaux ; sur le cadre inférieur, on place les tonneaux (fûts), la bonde en dessus, et sur ceux-ci l'autre cadre (fig. 60, vue d'en haut), parallèle au cadre inférieur.

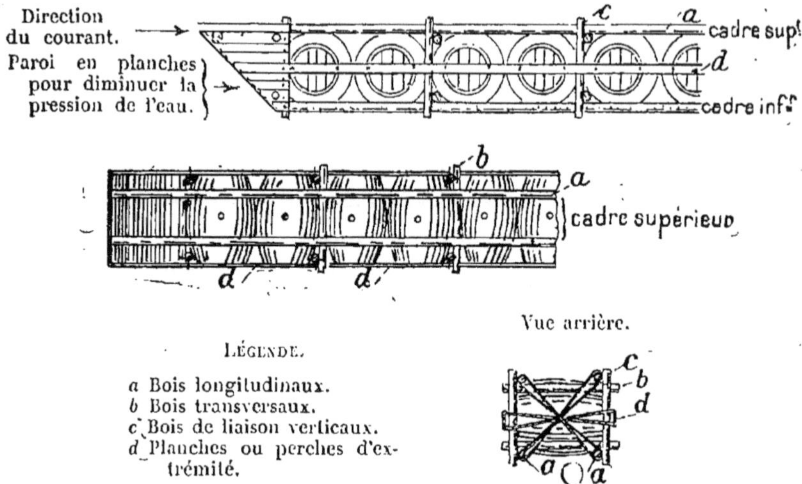

Fig. 60. — Radeau de tonneaux.

On relie ensuite les deux cadres par des bois verticaux *c* et on assujettit sur ceux-ci les madriers ou perches *d* servant à contrebuter les tonneaux. On obtient la réunion des cadres entre eux, soit en les clouant, soit, plus rarement, en les brêlant avec des commandes ou du fil de fer. On augmente souvent la solidité du radeau en brêlant entre eux les madriers *d* et les bois longitudinaux *a* des cadres, comme l'indique la figure 60 (vue arrière).

131. — Mais **si l'on manque de temps** ou si les bois de cadres sont en quantité insuffisante et que, par contre, on est largement doté en fil de fer et en commandes, on peut, en cas de faible courant et d'une eau peu agitée, construire les radeaux de tonneaux d'après les indications de

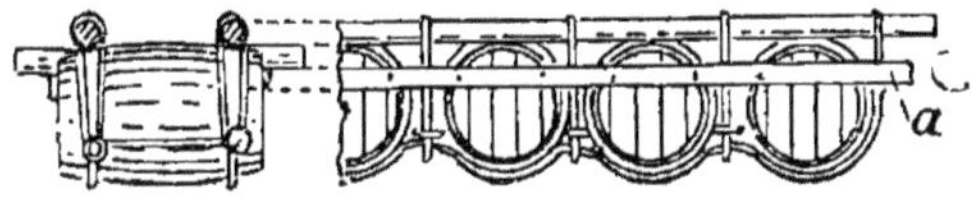

Fig. 61. — Radeau de tonneaux léger pour faible courant.

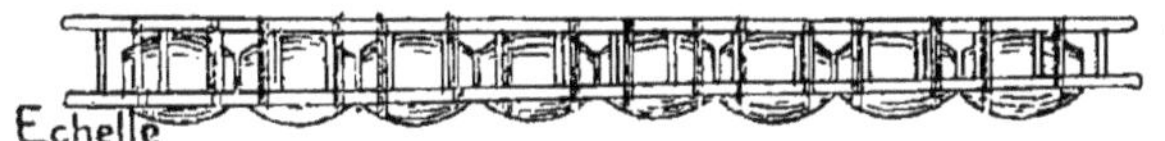

Élévation longitudinale.

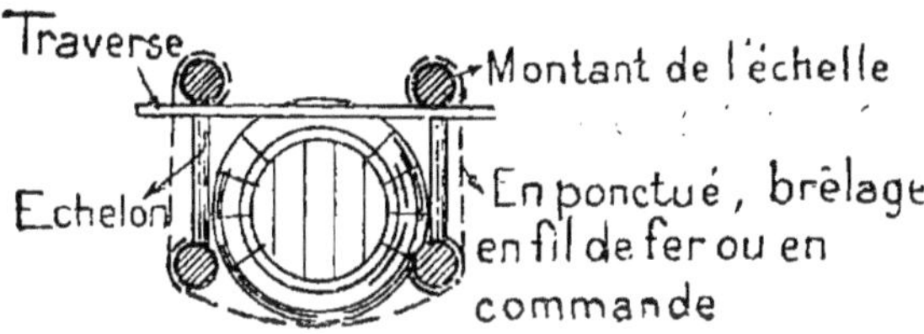

Élévation arrière.

Fig. 62. — Radeau de tonneaux, le tonneau entre deux échelles.

la figure 61. Les assemblages devront être faits de telle sorte qu'aucun tonneau ne puisse sortir du cadre.

Emploi d'échelles, voir figure 62. Il sera, dans ce cas, plus avantageux d'attacher solidement les échelles latéralement, pas en dessus ni en dessous.

132. — Si on attache sur les extrémités des radeaux de fortes perches ou un cordage continu fixé à la rive comme les perches, on donne au pont plus de fixité (fig. 63).

133. — On n'emploiera les **trains de bois** que dans les cours d'eau à faible courant. Disposition d'après la figure 65.

134. — L'**ancrage** des *supports flottants* se fait d'après 111.

Outre l'ancrage qui s'oppose à la poussée du courant, dans les ponts d'une certaine longueur, un ancrage contre le vent peut devenir nécessaire (fig. 64). Cet ancrage donne aussi plus de fixité contre les oscillations qui se produisent au moment du passage des troupes. Seuls, les supports flottants, qui ont déjà un cordage d'ancre contre le courant,

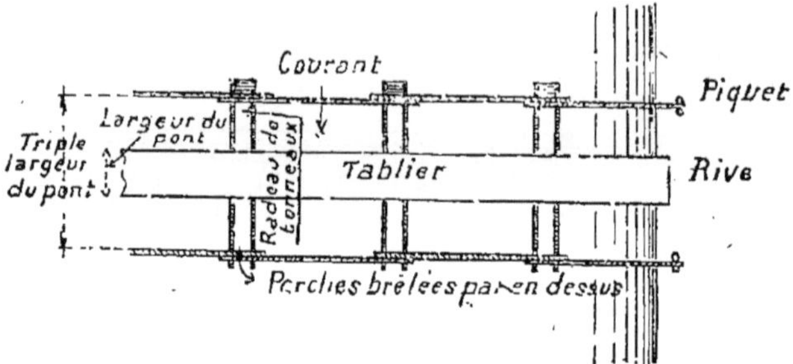

Fig. 63. — Pont-passerelle sur radeaux de tonneaux.

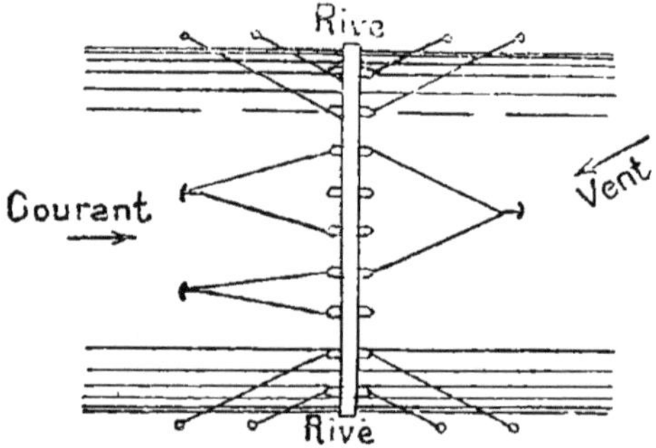

Fig. 64. — Ancrage contre le courant et le vent.

reçoivent un cordage d'ancre contre le vent. En général, ce n'est que de 4 en 4 que les supports flottants reçoivent un cordage d'ancre contre le vent.

135. — On devra ancrer les *trains de bois* d'une manière particulièrement solide ; dans le cas d'une eau peu profonde, on remplace l'ancrage par des pieux placés contre les trains de bois et enfoncés obliquement dans le fond de l'eau.

136. — **Amarrage des cordages d'ancre** à des canots, etc., figure 59. Dans les radeaux de tonneaux, on fixe les cordages d'ancre aux bois transversaux et longitudinaux du cadre supérieur; dans les trains de bois, d'après les indications de la figure 65.

SUPERSTRUCTURE.

137. — Pour chaque travée d'un pont-passerelle, il suffit de trois à quatre *poutrelles* de l'équarrissage donné au tableau de la page 56. Si on doit faire passer des véhicules (99) et si les madriers ne sont pas épais d'au moins 4 cm., ou

Vue de dessus.

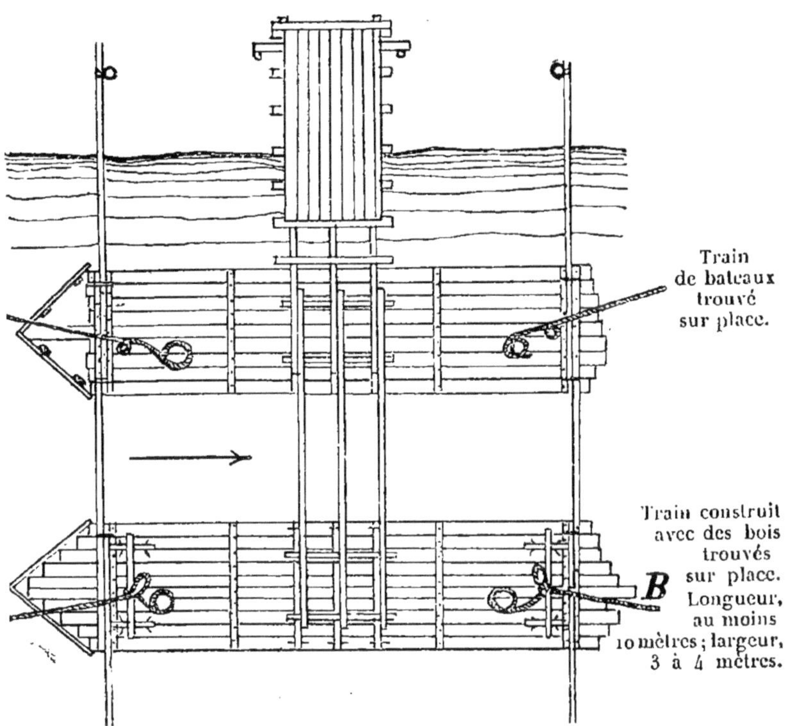

Élévation latérale.

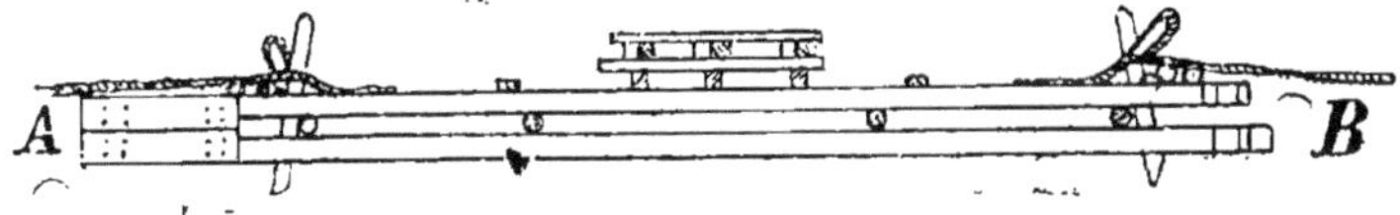

Fig. 65. — Pont-passerelle sur train de bois.
Vue de dessus.

Double couche de poutres, seulement dans le cas où les épreuves de charge ne donnent pas pour les poutres simples une capacité portante suffisante. Les poutres sous la charge prévue ne doivent plonger qu'aux 3/4.

encore s'il n'y a pas en suffisance des madriers plus faibles (de 2,5 à 3 cm.) pour construire un double tablier, on emploiera *quatre poutrelles.*

Équarrissage des **poutrelles** *de ponts-passerelles.*

PORTÉES EN *m.*	DE 3 A 4 POUTRELLES par travée. *d* ou *h* ○ □ en cm. 2	SI ON N'A QUE DE FAIBLES POUTRES, il suffira de 5 poutrelles par travée. *d* ou *h* ○ □ en cm. 3
3	16	13
4	18	15
5	19	16
6	22	18

Si on trouve des poutres de section carrée □ (dont la hauteur *h* est = à la largeur *b*), on doit prendre pour *h* une valeur de 1/7 plus faible que celle donnée dans le tableau ci-dessus; par exemple, au lieu de 22 cm., prendre $22 - 22/7 = 19$ cm. en nombre rond.

138. — **Brêlage** des poutrelles **sur les corps de support**, 112.

Les extrémités des poutrelles doivent dépasser les corps de support de 20 à 30 cm.

Il sera avantageux, avant la construction du pont, de placer

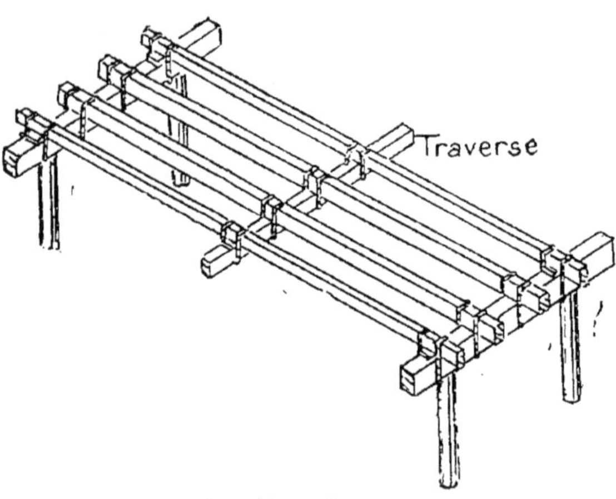

Fig. 66. — Traverse.

les poutrelles sur la rive par travée et de les ajuster avec le tablier. Les rondins seront placés de façon que les petits bouts alternent avec les gros. Afin que le tablier repose également sur les poutres, les petits bouts des rondins et les poutres plus faibles recevront une doublure (fig. 67); les gros bouts et les poutres plus fortes, là où ils portent, seront aplanis (fig. 26 *d*).

139. — Pour empêcher une flexion trop accentuée des différentes poutrelles, en particulier quand on emploie des bois trop verts, et pour pouvoir employer à côté de poutrelles d'un fort équarrissage des poutrelles d'un équarrissage plus faible,

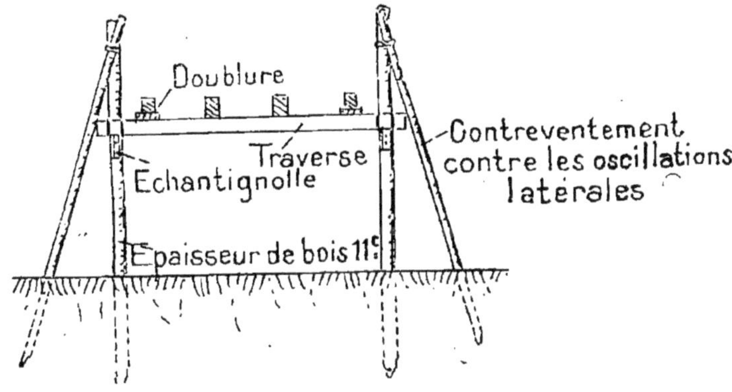

Fig. 67. — Traverse construite pour constituer un corps de support complet.

on adapte une **traverse** au milieu d'une travée ou plusieurs également réparties (fig. 66). Ces traverses n'augmentent la capacité portante d'une travée que si on les construit comme de véritables corps de support, à peu près d'après les indications de la figure 67.

140. — Le **tablier** (137) dans les ponts-passerelles qui doivent donner passage à des véhicules sera placé perpendiculairement aux poutrelles et fixé par un guindage ou par des clous. Les ponts-passerelles qui ne doivent pas donner passage à des véhicules peuvent, au cas où les poutrelles feraient défaut, être munis d'un tablier, comme l'indique la figure 43. En cas de nécessité, on pourra aussi employer des rondins et des bois refendus, comme dans les passerelles ordinaires (113).

141. — Les **poutrelles de guindage** (100 et fig. 25) seront choisies autant que possible avec le même équarrissage que les poutrelles ordinaires. Si elles sont bien reliées aux poutrelles placées en dessous, elles augmentent la capacité portante de la travée.

142. — Des perches et des lignes servent de **garde-fou**; on les fixe, à hauteur de la hanche au-dessus du tablier, à des pieux, aux pieds de chevalet ou à des supports de garde-fou.

EXAMEN, RENFORCEMENT ET RÉORGANISATION DES PONTS.

143. — L'**examen** des ponts existants doit porter sur toutes les parties de la superstructure et de l'infrastructure.

On peut dissimuler des fourneaux de mine, les ponts en bois peuvent être sciés, même au-dessous de l'eau; on peut pratiquer dans les embarcations des voies d'eau qui les font sombrer quand elles sont chargées.

On recherchera la nature des bois en les piquant ou en les entamant à la hache. On essaiera la capacité portante des ponts, le plus simplement, en faisant passer dessus une voiture attachée à de longues cordes et que l'on charge peu à peu de manière à obtenir la résistance que l'on veut obtenir.

144.— On **renforcera** les corps de support trop faibles en augmentant les appuis et en les contreventant, et souvent, le plus rapidement, en leur en juxtaposant de nouveaux. Les poutrelles trop faibles sont remplacées par de plus fortes ou reliées par des sous-poutres aux autres poutrelles (139). Si toutes les poutrelles d'une travée ont une capacité portante trop faible, on diminue la portée en construisant des supports intermédiaires (fig. 67). Un tablier trop faible est doublé ou est renforcé en plaçant des madriers ou des planches dans le sens du pont, de manière à constituer une voie pour les véhicules qui doivent passer.

145. — Dans les **ponts détruits**, les parties ayant subsisté seront utilisées en exhaussant certains pilots (fig. 68) ou en plaçant des palées (fig. 69), bien contreventées dans le

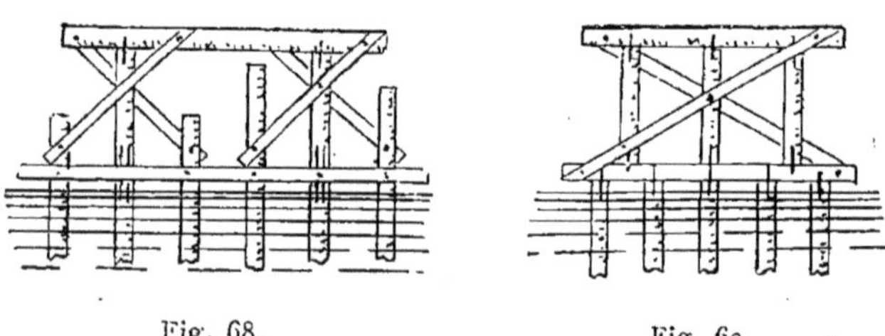

Fig. 68. Fig. 69.

Fig. 68 et 69. — Réparation d'une palée détruite.

sens du pont. Pour remplacer les arches en maçonnerie détruites ou les supports en fer de petits ponts, des palées ou de chevalets pourront servir, mais, la plupart du temps, *la construction d'un nouveau pont avec un tablier bas conduit plus rapidement au résultat.*

FRANCHISSEMENT DES COURS D'EAU.

FRANCHISSEMENT AVEC DES BATEAUX TROUVÉS SUR PLACE.

146. — Les **patrouilles** et les **petits détachements** utilisent les canots, embarcations et nacelles trouvés sur place. Si l'on doit souvent traverser des cours d'eau de faible largeur, on peut tendre au-dessus une cinquenelle, une corde ou un fil de fer sur lesquels se hâlent ceux qui doivent passer. *En cas de fort courant, le bateau doit être tenu en aval de la corde pour ne pas chavirer.*

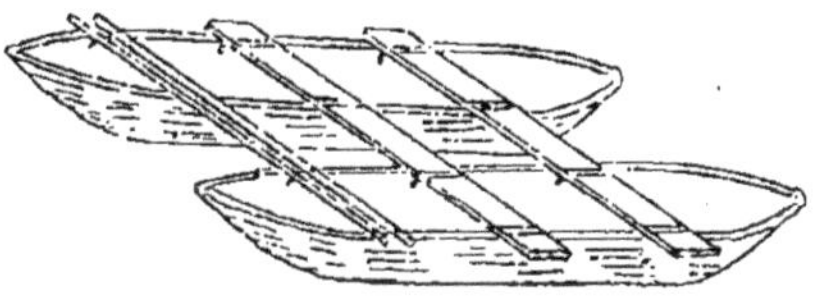

Fig. 70. — Assemblage de deux petites embarcations.

On relie de petits bateaux en brêlant dessus des perches ou des madriers qui servent de siège (fig. 70).

147. — Pour utiliser des **ponts volants**, des **trailles** ou des **bacs**, on se conformera aux indications suivantes :

Un **pont volant** consiste en un bac et un câble qui est supporté par une nacelle (fig. 71).

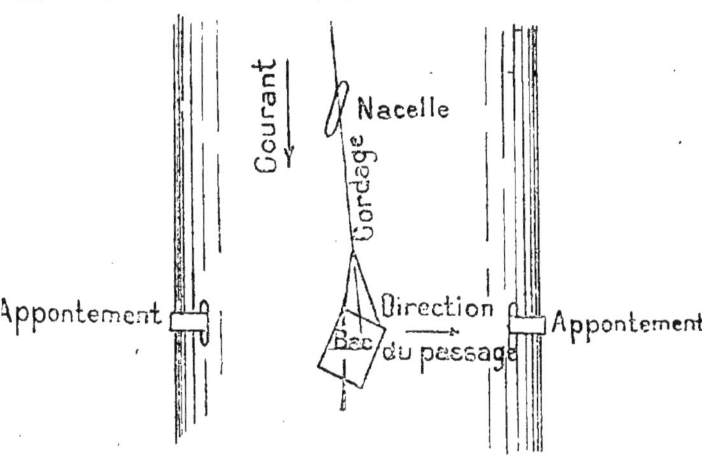

Fig. 71. — Pont volant.

Le mouvement du pont volant est obtenu par le raidissement progressif (raccourcissement) du cordage tourné du côté où on veut effectuer le passage (*a* dans la fig. 71). Le gouvernail sert à préparer et à régler le passage (bateau de sauvetage 169).

Dans un **bac à traille**, le câble est suspendu à une poulie

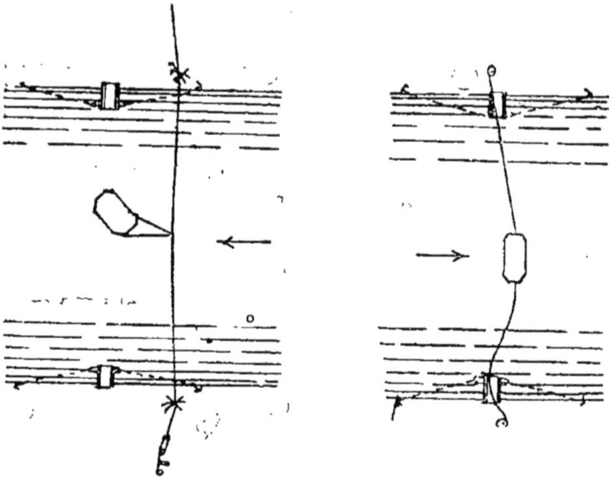

Fig. 72. — Bac à traille. Fig. 73. — Bac.

qui court sur un cordage (cinquenelle) tendu au-dessus de l'eau (fig. 72). Mouvement comme dans le cas d'un pont volant.

Le **bac** (fig. 73) est tiré au moyen de deux cordages pour l'aller et le retour.

148. — Les **forts détachements, chevaux, mitrailleuses pièces d'artillerie** et **véhicules** utilisent, comme il

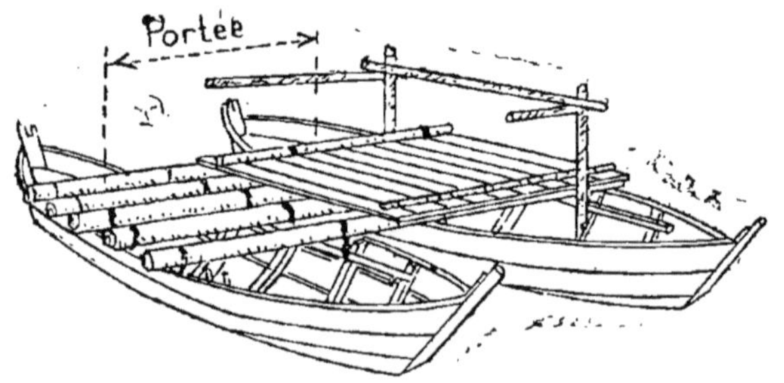

Fig. 74. — Bac.

est dit à 147, les bacs et ponts volants après avoir, sur-le-champ, éprouvé leur capacité portante. Des embarcations de rivières peuvent être transformées en un bac en brêlant par-dessus des poutres et des madriers (fig. 74). Capacité portante nécessaire de chaque embarcation, voir 127, tableau colonnes 1 et 2 (1). Un bac ainsi constitué ressemble à un élément de pont-passerelle, on le construira en se conformant aux indications données à ce propos, mais avec cinq poutrelles par travée. Pour l'équarrissage des poutrelles voir 137, tableau colonne 2. Les poutrelles seront complètement recouvertes avec des madriers d'au moins 3,5 cm. d'épaisseur. De tels bacs ne suffisent cependant pas pour l'artillerie lourde d'armée. Comme équipement, deux fortes rames-gouvernails et cinq rames (une rame en réserve).

Un bac qui peut porter 65 hommes pourra faire passer :

1 pièce d'artillerie de campagne avec son avant-train ;
3 à 4 chevaux ;
8 artilleurs ;
11 hommes pour le passage.

La figure 87 donne des indications sur la façon d'occuper le bac.

149. — Des **appontements** sont nécessaires pour les chevaux et les véhicules, autrement on devra emporter des rampes mobiles ou en installer aux deux points d'accostage.

Les appontements (fig. 75 et 75 *bis*) sont construits comme un pont-passerelle d'après 148 (5 poutrelles par travée, madriers de 3 cm. 5 d'épaisseur), on les terminera avantageusement par un support flottant. Le tablier est poussé jusqu'aux extrémités des poutrelles et y est cloué ; il sera bon de fixer les poutrelles, le mieux au moyen d'échantignolles, sur les plats-bords.

Fig. 75 *bis.* — Appontement.

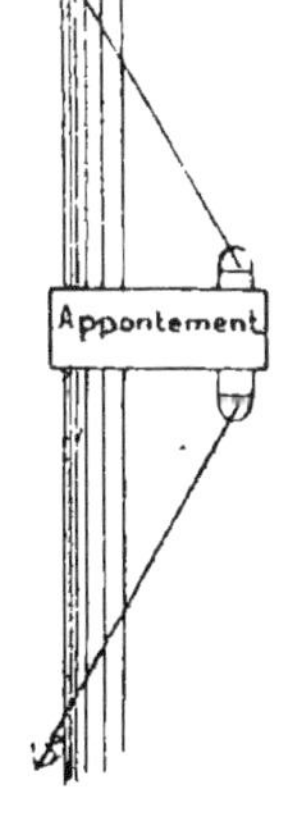

Fig. 75.

150. — Les **rampes mobiles** consistent en un ou plusieurs panneaux en planches (fig. 76) ou en poutrelles et tablier. Les poutrelles sont après le chargement du bac poussées entre les poutrelles de ce dernier et les madriers néces-

(1) Par exemple, chaque embarcation porte 18 hommes pour une hauteur hors de l'eau de plats-bords de 0 m. 25, alors la portée peut être de 3 mètres.

saires chargés sur le bac. Quand on a atteint l'autre rive, on tire les poutrelles jusqu'à celle-ci et on les recouvre avec les

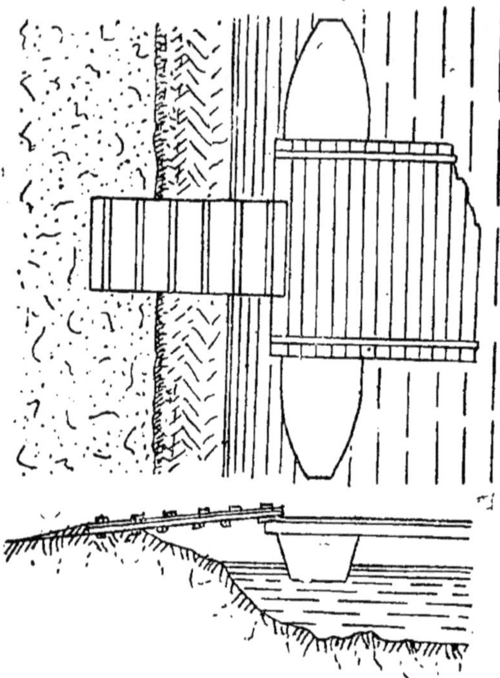

Fig. 76. — Rampe mobile avec des panneaux.

madriers. Il est bon, au moment du chargement et du déchargement du bac, de le maintenir solidement au moyen de cordages pour que la rampe ne glisse pas.

FRANCHISSEMENT PAR DES MOYENS DE FORTUNE.

151. — Les **patrouilles** et les **petits détachements** essayent au moins de faire traverser à sec leurs vêtements et leur équipement. Les **toiles de tente-abri** (1) sont toutes indiquées dans ce but.

(1) Passer en se servant des toiles de tente-abri, dans les exercices du temps de paix, n'est autorisé pour les fantassins qu'à l'occasion des cours d'instruction des officiers et sous-officiers dans les unités de pionniers (V. Annexe), et seulement si ceux qui prennent part à ces exercices se sont déshabillés et ont fait preuve d'une habileté suffisante dans la natation. Au reste, voir 167 et suivants.

152. — Les **nageurs** empaquètent leurs vêtements et leur équipement dans la toile de tente humectée et couverte d'une épaisseur haute d'une main de paille, roseaux, joncs,

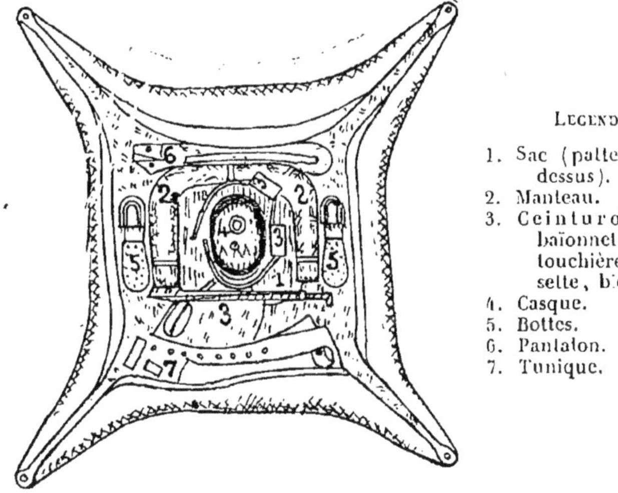

LÉGENDE.

1. Sac (pattelette en dessus).
2. Manteau.
3. Ceinturon, avec baïonnette, cartouchière, musette, bidon.
4. Casque.
5. Bottes.
6. Pantalon.
7. Tunique.

Fig 77. — Ballots en toile de tente.

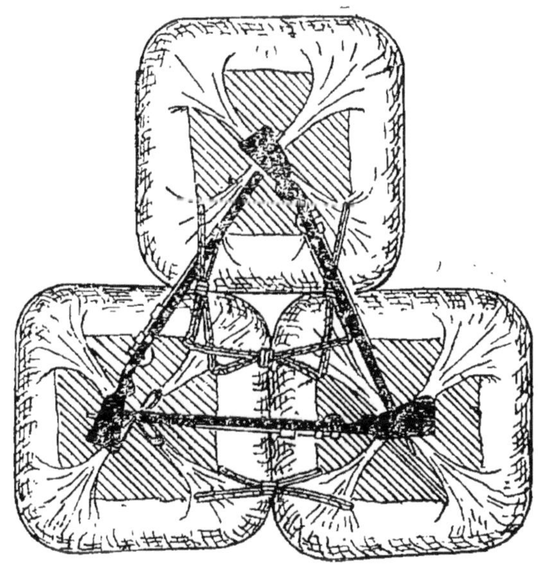

Fig. 78. — Radeau avec trois ballots.

broussailles, etc., comme l'indique la figure 77, la ficellent par en dessus, y assujettissent leur fusil et tirent le ballot ainsi formé derrière eux en nageant. La ficelle ne doit pas passer autour du cou.

Si plusieurs ballots ont été réunis en **radeau** d'après les indications de la figure 78, ceux qui ne savent pas nager peuvent être traversés en se suspendant aux ballots ou en s'asseyant dessus; on peut même faire avancer le radeau en se servant de pelles comme rames.

153. — Des **radeaux capables de résistance** peuvent être organisés avec des ballots doubles. On fait ceux-ci comme un ballot simple, mais on remplace les vêtements

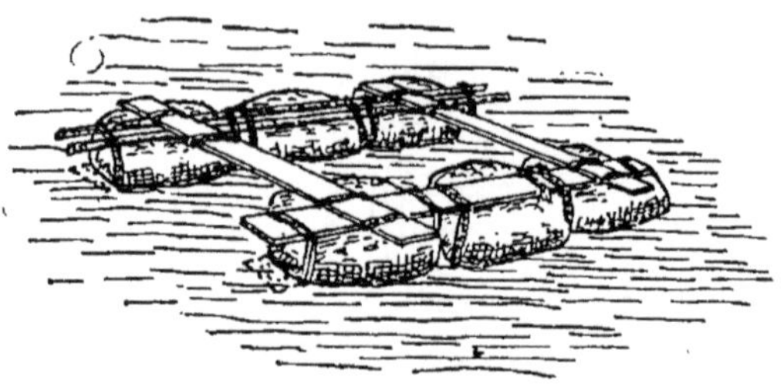

Fig. 79. — Radeau fait avec des ballots doubles.

et l'équipement par de la paille, etc., et on attache sur le côté ouvert du ballot terminé une deuxième toile de tente.

Ces ballots doubles sont reliés au moyen de perches, de pieux ou de madriers (fig. 79).

154. — De même des **sacs à fourrage imperméables** remplis de paille et bien assemblés peuvent être réunis en radeau. Six sacs à fourrage peuvent porter six hommes.

155. — Dans les *fermes* et les *localités*, on trouve toujours des **ressources** qui rendent possible un **franchissement.**

Déjà avec plusieurs portes reliées ou clouées l'une sur

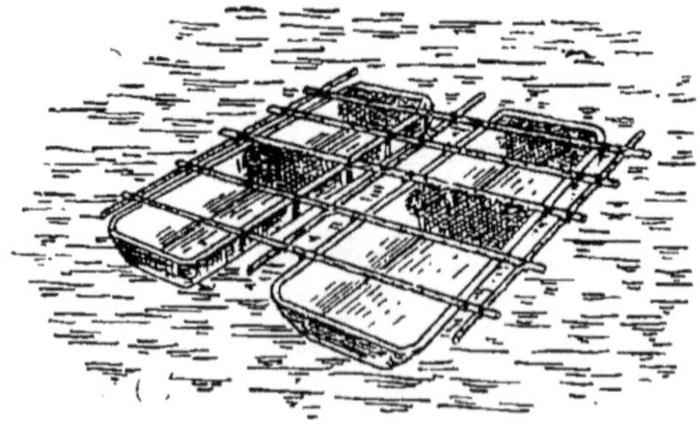

Fig. 80. — Radeau fait avec des pétrins.

l'autre ou avec une paire de poutres liées ensemble, on peut faire passer des hommes isolés, avec des pétrins (fig. 80) et des tonneaux (fig. 81), plusieurs hommes peuvent passer simultanément.

Avec une embarcation faite d'après les indications de la

Fig. 81. — Radeau de tonneaux pour faire passer deux hommes.

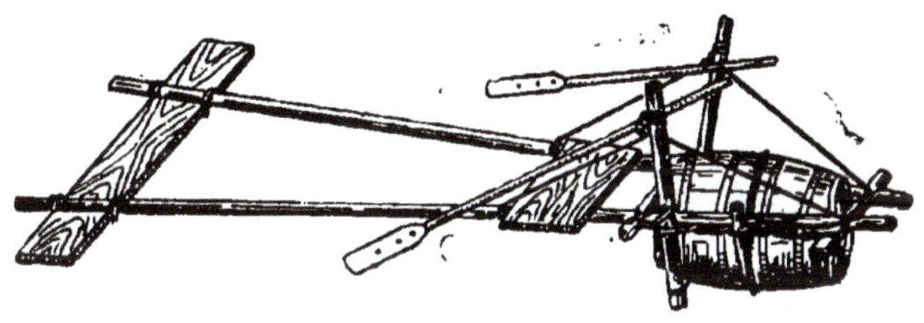

Fig. 82. — Petite embarcation de circonstance pour un homme.

figure 82, des hommes isolés peuvent passer des cours d'eau, même assez larges.

De même des caisses accouplées, entourées de toile de tente, pour les rendre étanches comme il est dit à 153, peuvent être utilisées.

156. — On peut constituer ces radeaux avec des **bâches de voiture** remplies de paille, etc., d'après les indications

Fig. 83. — Radeau fait avec des bâches de voiture.

de la figure 83; la paille longue peut aussi être employée : 15 ou 20 bottes sont bien ficelées avec des cordes et liées entre des échelles de voitures ou des madriers. Un tel radeau porte 4 hommes sans équipement pendant une demi-heure environ.

157. — Dans le cas d'un cours d'eau pas trop large, les hommes pourront passer, tous les autres moyens faisant défaut, au moyen d'un cordage fortement tendu au-dessus de l'eau.

158. — Pour le **passage de gros détachements,** de *chevaux, mitrailleuses, pièces d'artillerie et véhicules*, voir 148 à 150; les bacs et les appontements qui sont décrits seront construits avec des radeaux de tonneaux ou, en cas de faible courant, avec des trains de bois.

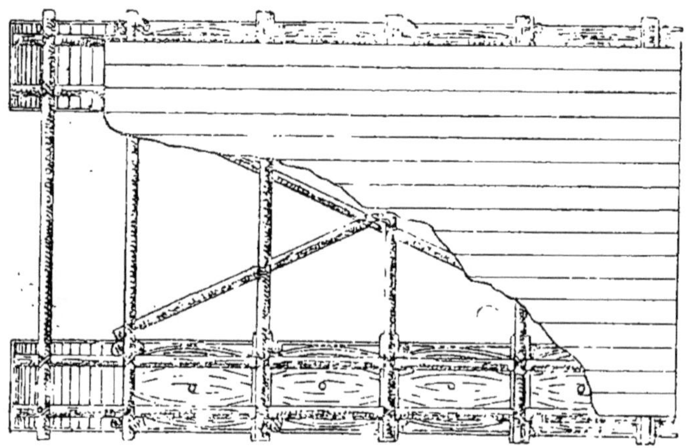

Fig. 84. — Bac en radeaux de tonneaux.

159. — Les **bacs en radeaux de tonneaux** (fig. 84, 85) sont construits comme un élément de pont-passerelle (129 et 130) et munis de dispositifs pour ramer et gouverner.

Nombre et équarrissage des poutrelles, tablier, d'après 148.

Les **trains de bois** (133) seront recouverts avec des madriers quand on transportera des chevaux et des véhicules; pour les chevaux, on les munira d'un garde-fou.

160. — On peut faire passer des voitures (1) sans construire un bac, en brêlant latéralement dessus des tonneaux

(1) Ceci n'est pas applicable aux pièces de campagne.

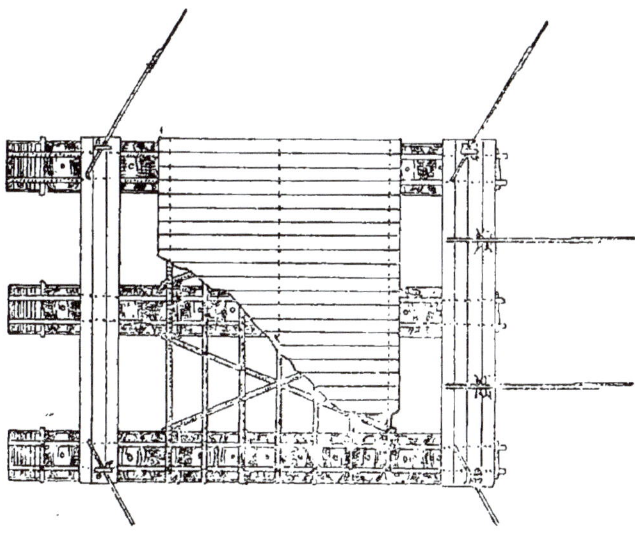

Fig. 85. — Bac en radeaux de tonneaux.

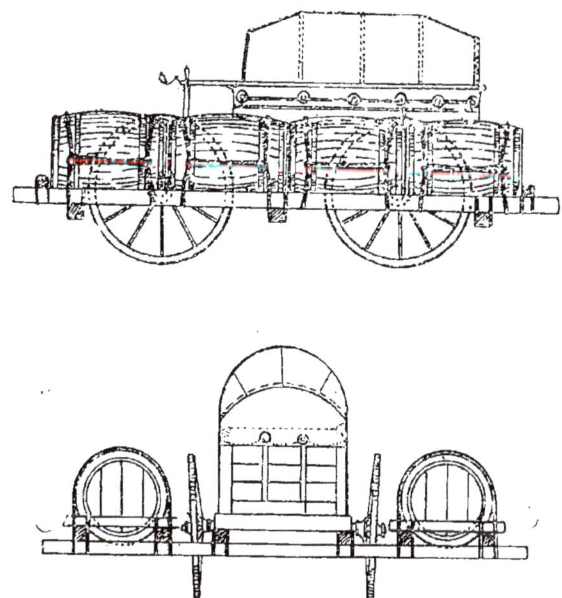

Fig. 86. — Voiture rendue flottable.
(Avec cette disposition la voiture ne cesse pas de pouvoir être conduite.)

dans uncadre léger. Les cadres sont assujettis aux voitures, autant que possible, dans l'eau.

161. — Pour la traversée des cours d'eau avec les **chevaux à la nage**, voir 471 à 476.

FRANCHISSEMENT DES PONTS ET CONDUITE A TENIR PENDANT LE FRANCHISSEMENT.

162. — Pendant la marche sur les *ponts militaires,* il faut obtempérer à toutes les indications données par les officiers du service du pont.

S'il est indispensable d'arrêter une colonne en train d'effectuer son passage, le commandant du pont commande : «Halte!», tout le monde s'arrête immédiatement. Dans les cas urgents, chaque officier qui fait partie du service du pont est autorisé à donner le commandement de «halte!»

Pendant le passage, le calme et l'ordre doivent regner. Des à-coups sur le pont et sur la rive opposée et l'allure accélérée des détachements en arrière qui en est la conséquence, doivent être évités.

Pendant le passage, en général, il n'y a que les hommes du service du pont qui peuvent franchir le pont dans le sens opposé.

Les troupes doivent avoir pris la **formation de marche** au plus tard 100 × (1) avant l'entrée du pont et ne doivent la modifier que quand l'extrémité de la colonne est éloignée de 100 × de la sortie du pont. L'accès du pont doit être tenu libre d'une manière absolue pour la colonne de marche.

163. — L'**infanterie** traverse les *ponts de colonne,* au pas de route, sans cadence. Les officiers montés mettent généralement pied à terre; les chevaux de selle suivent chaque bataillon par deux de la manière décrite pour la cavalerie.

La **cavalerie** traverse les ponts de colonne, à pied, par deux, les chevaux au milieu, les cavaliers sur les côtés exté-

(1) Le signe × veut probablement signifier *mètres.* (N. d. T.)

rieurs. Les formations sont maintenues serrées. Chaque escadron qui apassé doit, après être remonté à cheval, marcher au pas, afin de ne pas exciter les chevaux encore en train de passer. Les chevaux de main suivent le régiment.

L'**artillerie**, les formations de **mitrailleuses** et de **renseignements** traversent les ponts de colonne par un, les conducteurs restent à cheval et tiennent le milieu. Les officiers, les chefs de pièce et de voiture conduisent leurs chevaux devant l'attelage, les servants des batteries montées et des mitrailleuses vont à pied des deux côtés. Les servants des batteries à cheval mettent pied à terre et suivent par deux comme la cavalerie.

Les **convois**, les **colonnes de munitions** et les **trains de combat** se comportent comme l'artillerie.

En ce qui concerne les pièces de gros calibre et les **convois lourds d'armée**, le commandant du pont donne les ordres nécessaires. Pour les convois lourds d'armée, il y a lieu de voir si le tracteur doit traverser seul et tirer la voiture annexe à la corde. Le personnel de conduite reste sur les trains. Il peut devenir nécessaire pour le passage de décharger partiellement les voitures.

164. — **Ponts-passerelles** de circonstance, ponts-passerelles et ponts-passerelles renforcés faits avec du matériel de pont de cavalerie. Voir 99, 462, 465 et 481.

Les **passerelles** et les **ponts rapides** ne sont utilisés que pour les hommes isolés à pied, et en ce qui concerne les ponts rapides, à deux pas d'intervalle et souvent davantage.

165. — Pour le **franchissement** des cours d'eau, obtempérer aux indications des officiers de pionniers. On embarque dans les bateaux, tranquillement et sans bruit, en suivant les chemins désignés à l'avance. Si les appontements font défaut, l'infanterie pénètre dans l'eau. Quand on emploie des bateaux d'équipage, les hommes s'asseyent avec leur équipement par terre (1) (fig. 90 et 91, p. 74); dans les embarcations réquisitionnées on déterminera le chargement d'après leur nature. On placera les chevaux sur les bacs, la tête tournée toujours vers l'amont (fig. 93, p. 75). Pour qu'ils ne s'emballent pas, il faut éviter tout mouvement précipité. On met au milieu les chevaux qui ne sont pas tranquilles ou on les laisse en arrière tout d'abord. On recommande d'entourer le garde-fou avec de la paille ou des branchages.

On place les pièces, les mitrailleuses et les véhicules sur

(1) Dans les bateaux d'équipage d'ancien modèle, les hommes se débarrasseront au préalable de leur équipement.

les bacs de manière qu'ils se trouvent immédiatement au-dessus des bateaux et les chargent autant que possible également (fig. 87, 92, 95, p. 75 et 76). On les maintiendra en

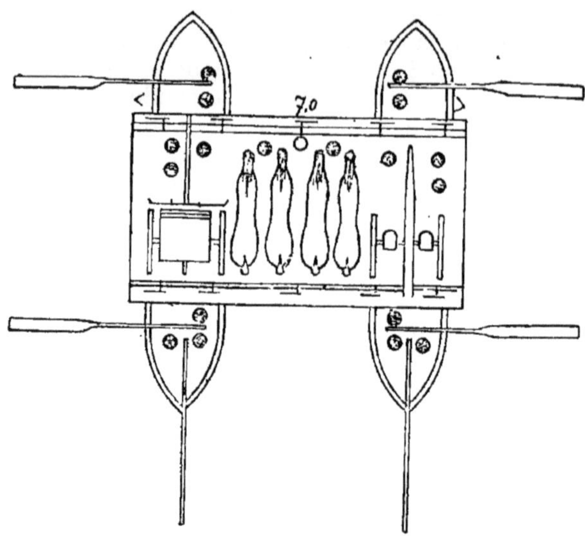

Fig. 87. — Bac avec du matériel de circonstance portant une pièce et quatre chevaux.

place en les calant avec les freins et en plaçant des cales sous les roues.

Pendant le passage, personne ne doit quitter sa place, même si le bateau oscille. Ce n'est que le chef du bateau qui doit donner des ordres.

On doit immédiatement évacuer le point de débarquement.

Franchissement avec le matériel de pont de cavalerie (478, 479, 482 et fig. 95, p. 76).

166. — Capacité de transport du matériel de l'équipage de pont et Portées des ponts militaires*.

1° TRANSPORT DE TROUPES.

TROUPES À TRAVERSER.	MATÉRIEL DE CAVALERIE. (Bateaux en acier.)		MATÉRIEL DE PIONNIERS. ANC. MOD.	MATÉRIEL DE PIONNIERS. NOUV. MOD.	
	Pour passer les détachements en un seul voyage on a besoin				
	de bateaux isolés.	de bacs de 2 bateaux.	de bacs de 2 bateaux.	de bateaux isolés (1).	de bacs de 2 bateaux (2).
Compagnie d'infanterie.	24 ou	8	7	14 ou	4
Compagnie d'infanterie avec un cheval de selle.	—	8	7	—	4
Compagnie d'infanterie avec train de combat.	—	12	9	—	6
Bataillon d'infanterie..	—	32	28	56 ou	16
Bataillon d'infanterie avec les chevaux de selle.	—	34	29	—	17
Bataillon d'infanterie avec train de combat.	—	47	37	—	25
Compagnie de mitrailleuses.	—	15	9	—	9
Compagnie de mitrailleuses avec train de combat.	—	17	9	—	9
Section de mitrailleuses.	—	23	12	—	12
Section de mitrailleuses avec train de combat.	—	27	14	—	14
Escadron.	—	40	23	—	23
Escadron avec train de combat.	—	43	25	—	25
Batterie sans échelon de combat.	—	19	10	—	10
Batterie avec échelon de combat.	—	36	19	—	19
Batterie avec train de combat.	—	42	23	—	23

1 Rgt. cav. a deux bat.; d'où 1 bac de 2 bat.
1 D C. a 12 bat.: d'où : 6 bacs de 2 bat. chacun.
1 E Pont. Div. a 6 bat.; d'où : 3 bacs de 2 bat. chacun.
1 E Pont. C A. à 26 bat.; d'où : 13 bacs de 2 bat. chacun.

Exemple pour l'emploi du tableau : 1 Btn. inf. à faire passer dans les bat. isolés d'un E Pont. Div. nouv. mod. Combien de voyages faut-il avec les 6 bat? 56 : 6 = 9 à 10 voyages.

(1) 1 bat. isolé nouv. mod. contient : 18 h. ou une pièce de S Mitr., les mitrailleuses étant déposées.

(2) 1 bac contient : 60 h. ou de 6 à 7 ch. avec leurs cavaliers, ou 1 mitrailleuse avec attelages et servants, ou 1 canon de campagne avec 3 ch. et les servants, ou 2 canons de campagne avec les servants sans ch., ou 1 voiture avec les ch. qui peuvent y trouver place

* On a adopté les abréviations usitées dans les *Aide-mémoires de l'officier de l'État-Major et du génie en campagne.*

2° PORTÉES DES PONTS.

ÉQUIPAGES DE PONT.	LONGUEUR DES PONTS (1). PONT-PASSERELLE m.	PONT DE COLONNES m.	PONT LOURD DE COLONNES m.	DURÉE de la CONSTRUCTION en heures (2)	PERSONNEL NÉCESSAIRE (en compagnies de pionniers) (2).
1 E Pont. Div.	60	35	20	1/2 — 1	1/3 — 1
2 E Pont. Div.	120	70	40	2	2/3 — 1
1 E Pont. C A.	170	130	75	3	1 — 2
1 E Pont. C A. et 2 E Pont Div.	300	200	120	5	2
1 E Pont. C A. et 3 E Pont. Div.	360	230	140	5	2
1 E Pont. C A. et 4 E Pont. Div.	420	270	160	6	2 — 3
	PASSERELLE m.	PONT-PASSERELLE. 2 mètres de largeur m.	3 mètres de largeur m.		
Matériel de pont d'un rgt cav.	20	12	8	1/2	1 s/off. 10 cav.

Remarques : (1) Les longueurs de pont (en nombres ronds) se rapportent au matériel de pont, anc. et nouv. mod. On n'emploiera le matériel anc. mod. pour les ponts de colonnes et pour les ponts lourds de colonnes que jusqu'aux vitesses moyennes de courant; le nouveau matériel sera employé, même en cas de fort courant. Comme pont-lourd de colonnes, le nouveau matériel porte même les convois lourds d'armée, avec leur chargement complet.

Pont-passerelle.	Pour inf. en rangs, cav. à pied, par un.
Pont de colonnes.	Pour passage de l'armée en ordre, sans mortier de 21 cm.
Pont lourd de colonnes.	Pour les pièces de siège de gros calibres, les foules pressées, les convois lourds d'armée.
Pont-passerelle de 3m de largeur (pont passerelle renforcée du matériel de pont de cav.).	Pour l'inf. en colonnes de marche, avec distance entre les rangs doublée; cav. à pied par un; canons de compagne, mitrailleuses, train de combat avec 100m de distance (avant-trains, pièces et arrière-trains détachés).

(2) *Les nombres donnés dans les deux dernières colonnes ne servent que comme indications générales dans des circonstances favorables. Dans chaque cas particulier, ce n'est que l'officier de pionniers dirigeant la manœuvre qui peut donner les indications relatives au temps et au personnel nécessaires.*

Fig. 88. — Mise en place d'un chevalet avec des poutrelles de direction (124).

(Voir aussi fig. 56, p. 50.)

LÉGENDE.

a Chevalet. c Perche de direction.
b Poutrelle de direction.

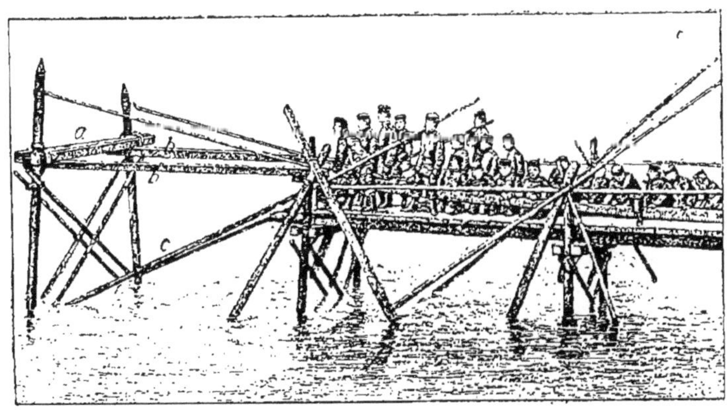

Fig. 89. — Mise en place d'un chevalet avec des leviers (124).

(Voir aussi fig. 57, p. 50.)

LÉGENDE.

a Chevalet. c Perche de direction.
b Levier.

Fig. 90. — Passage de l'infanterie [1] (165).

(18 hommes d'infanterie.)

Fig. 91. — Passage des mitrailleuses [1] (165).

(1 section; la mitrailleuse posée sur le fond.)

[1] Bateaux nouveau modèle.

Fig. 92. — Passage des mitrailleuses[1] (165).

([1] section d'une compagnie de mitrailleuses; voitures et servants.)

Fig. 93. — Passage de la cavalerie[1] (165).

(6 à 7 chevaux suivant leur taille avec les cavaliers.)

(1) Bac constitué avec des bateaux nouveau modèle.

Fig. 94. — Passage de l'artillerie de campagne[1] (165

(1 pièce avec 3 chevaux et les servants
ou 2 pièces avec les servants sans chevaux).

Rampe mobile (d'après la fig. 76, p. 62).

Fig. 95. — Passage de l'artillerie de campagne
sur un bac constitué avec le matériel de pont de cavalerie (165, 467).

(1 pièce avec les servants.)

---

[1] Bac constitué avec des bateaux nouveau modèle.

MESURES DE SÉCURITÉ ET DE SAUVETAGE PENDANT LES EXERCICES DU TEMPS DE PAIX.

167. — L'esprit de décision et l'emploi sur l'eau de chacun seront notablement accrus par la **pratique de la natation.** On poussera l'instruction dans ce sens autant que possible.

Les missions particulièrement périlleuses seront autant que possible confiées à des nageurs exercés. Les exercices avec les moyens de fortune indiqués de 151 à 157 seront exécutés **seulement** avec des nageurs exercés.

Si, **dans un fort courant**, *des canots, des embarcations ou des bateaux d'équipage sont chassés sur un objet fixe* (bateau de pont, palée, cordage tendu, cinquenelle), *en général, ils chavirent immédiatement.*

168. — **En amont des ponts**, on tiendra prêts dès le commencement de la construction un ou plusieurs canots de sauvetage (environ 1 pour 10 travées) de manière qu'ils voient bien les emplacements où l'on travaille et puissent apporter du secours partout où le besoin se fera sentir.

Dans les cas d'entreprises dangereuses, en particulier dans le passage sur de longs ponts rapides et de nuit, il sera indispensable d'augmenter les mesures de sécurité.

Mesure de sauvetage dans le passage des gués 29.

169. — La nature des moyens de passage, la force du courant et l'état des rives aux points de départ et d'arrivée détermineront s'il y a lieu de prévoir un ou plusieurs canots de sauvetage **pour le passage.** On fera remorquer par un pont volant un canot de sauvetage attaché à un câble de remorque très court. *Il faudra tenir la main très strictement à ce que les embarcations,* en particulier celles de circonstance, *ne soient pas surchargées.*

170. — On fera occuper les **canots de sauvetage** par des rameurs (les rames couchées), un pilote habile (toujours au gouvernail), un homme avec une ceinture de sauvetage munie d'une longue corde dont l'extrémité libre est dans le canot de sauvetage; tous seront des nageurs éprouvés.

En dehors du canot de sauvetage, on suspendra des commandes avec nœuds que les hommes à sauver pourront facilement saisir.

171. — Se préoccuper de la présence d'un **personnel du service de santé.**

INTERRUPTION DES VOIES DE COMMUNICATION.

PRINCIPES GÉNÉRAUX.

172. — On distingue :

1° Sur les **chemins de fer**, les **routes** et les **voies navigables** :

a) Les *destructions* destinées à empêcher la circulation *le plus longtemps possible* (des semaines ou des mois),

b) Les *barrages* destinés à empêcher la circulation *pendant un temps restreint* (des heures, des jours) ;

2° Dans les **télégraphes** et **téléphones** :

a) Les *destructions complètes* sur toute l'étendue d'un ou plusieurs jours de marche, y compris les postes,

b) Les *interruptions légères* des communications, la plupart du temps à plusieurs endroits.

173. — Les **destructions** *1° a) et 2° a) ci-dessus ne peuvent être exécutées que sur l'ordre de la direction supérieure de l'armée, du général en chef d'une armée ou d'un général commandant d'une manière indépendante.*

Les interruptions 1° b) et 2° b) peuvent être provoquées par les sous-ordres agissant d'eux-mêmes; ces derniers sont responsables de leur exécution comme de leur omission.

174. — Les **barrages de chemins de fer et de voies navigables** sont à éviter dans le terrain des opérations amies pendant la marche en avant, permis pendant l'arrêt, ordonnés pendant la retraite, toujours à rechercher dans le terrain d'opérations ennemies.

Les **barrages de routes** sont indiqués en tout temps, si la situation tactique exige d'arrêter l'ennemi ou d'intercepter la transmission de ses ordres et de ses renseignements (circulation d'estafettes, cyclistes, motocyclistes).

Les **interruptions légères des communications télégraphiques et téléphoniques** sont toujours permises si elles empêchent la circulation des troupes ennemies ou des habitants; pendant la retraite, l'arrière-garde a le devoir d'exécuter les interruptions.

175. — On rendra compte aux supérieurs hiérarchiques des interruptions de toute nature effectuées avec l'indication de l'endroit, du moment et de la manière dont elles ont eu lieu; on opérera de même pour les interruptions qui auraient été découvertes.

176. — Si la ligne de communication que l'on doit couper se trouve *dans l'exploitation amie*, il faudra en outre avertir, et *autant que possible avant l'exécution :*

a) Les autorités qui participent à l'exploitation, savoir:

Pour les **chemins de fer,** les deux gares les plus voisines ou les commandements de gare, de réseaux ou la direction des chemins de fer militaires;

Pour les **voies navigables,** la garnison d'écluse voisine ou le commandement de port;

Pour les **télégraphes**, les autorités militaires qui y participent, directions supérieures des postes, gares ou commandements des gares;

(Avertissements envoyés par *l'autorité qui a donné l'ordre d'interruption.*)

b) Les gares ou les garnisons d'écluses ou les postes télégraphiques adjacents.

(Avertissement donné *par l'autorité qui exécute l'interruption.*)

POINTS PRINCIPAUX SUR LESQUELS DOIT PORTER LA MISSION D'INTERRUPTION.

177. — Une mission d'interruption des voies de communication doit déterminer :

Le lieu, la nature et le moment de l'interruption avec la désignation précise des ouvrages d'art envisagés ou — dans le cas où cela ne serait pas possible — des considérations générales d'après lesquelles l'officier chargé de la mission devra opérer de lui-même. Il faudra y ajouter les renseignements qu'on possède sur les ouvrages ;

La durée de l'interruption et s'il y a lieu d'envisager une réparation à l'usage des troupes amies.

Souvent on devra signaler que le barrage ne doit pas prendre le caractère d'une destruction.

En outre :

Dans les **chemins de fer** et les **voies navigables :**

si les communications télégraphiques et téléphoniques qui les empruntent doivent être également coupées,

sur les **ponts-routes de la ligne de retraite :**

le moment particulièrement important où l'on doit exécuter l'interruption ou des considérations générales d'après lesquelles l'officier chargé de la mission pourra agir de lui-même ;

Comment la liaison entre les troupes battant en retraite et l'officier chargé de la mission est ou sera réglée ;

Si la circulation des troupes sera maintenue jusqu'à l'exécution de la destruction ;

Quelles mesures sont ou devront être prises pour faire passer, éventuellement, après la destruction, les troupes restées sur la rive ennemie (91).

178. — L'**ordre de mission** de détruire les voies ferrées, les routes et les voies fluviales de même que celui de détruire complètement les installations télégraphiques et téléphoniques doit être donné *par écrit*. Cette prescription est également valable pour les interruptions les plus importantes du 172, 1° *b*) et 2° *b*), en particulier dans la marche en retraite.

GÉNÉRALITÉS
SUR L'EXÉCUTION DE LA MISSION.

179. — Les interruptions n'ont de valeur que si elles sont exécutées à temps. La plupart du temps, ce n'est que la destruction de fond en comble des grosses constructions (ponts de grande portée ou de grande longueur, viaducs élevés, tunnels) qui procure une interruption de longue durée. Elle nécessite en effet la mise en œuvre des ressources préparées pour le rétablissement des ouvrages d'art des chemins de fer et des routes.

180. — Les interruptions qui nécessitent l'emploi des explosifs rentrent dans les attributions des pionniers, des troupes de chemins de fer et de la cavalerie, et, à cette dernière surtout, échoit la mission d'interrompre les installations télégraphiques.

L'infanterie peut aussi exécuter les barrages qui ne nécessitent pas l'emploi des explosifs et les interruptions légères des lignes télégraphiques.

181. — Des interruptions en territoire ennemi exigent des chefs circonspects et audacieux.

On peut recommander l'envoi simultané de plusieurs détachements à différents endroits.

Le succès dépend des mesures tactiques ainsi que de la préparation et de l'exécution techniques. La rapidité, la ruse et la surprise conduisent le plus rapidement au but. Suivant les circonstances, on ne doit pas craindre le combat.

On peut envisager pour une retraite rapide l'emploi du personnel et du matériel des administrations de transport et préparer des locomotives ou des trains. Souvent il sera nécessaire d'occuper les postes télégraphiques, téléphoniques et de T. S. F. voisins ou d'interrompre les communications.

Il est indispensable de couvrir les détachements de destruction pendant l'exécution de celle-ci.

182. — Sur les lignes de chemin de fer et les lignes télégraphiques, on peut exécuter les interruptions d'une *manière dissimulée.*

Le *matériel d'exploitation* sera enlevé ou rendu inutilisable.

Les destructions exécutées avec des outils sont rarement efficaces. Il faudra, par suite, généralement préférer les explosifs, bien que, par leur bruit, ils attirent l'attention de l'ennemi.

183. — Les **préparatifs** d'une destruction par les explosifs n'exigent que peu de temps dans les ponts en bois, les ponts légers en fer et en maçonnerie; dans les constructions métalliques lourdes à grande portée, elles exigent plusieurs heures. Le temps nécessaire peut s'élever à plusieurs jours dans le cas de constructions solides en maçonnerie et en béton sans chambres de mine. *Une reconnaissance préalable est, par suite, indispensable.*

Parfois, en augmentant les charges, on diminue les préparatifs. Des considérations basées sur l'économie des explosifs, si désirable soit-elle, ne pourront jamais justifier une exécution défectueuse.

RECHERCHE

DES DISPOSITIFS DE MINE PERMANENTS.

184. — Sur le terrain d'opérations ennemi, ou si l'on a des soupçons, il faudra faire rechercher par les troupes si les ouvrages d'art ne sont pas minés (en particulier les ponts, les viaducs, les tunnels); on peut recommander d'emmener avec soi des otages sur les ouvrages d'art.

EXÉCUTION.

CHEMINS DE FER, ROUTES ET VOIES FLUVIALES.

Destruction.

185. — Pour la destruction, on choisit la partie qui impose à l'ennemi le plus de difficultés pour être tournée ou réparée.

La destruction des **ponts** doit porter sur une longueur d'au moins 20 à 25 mètres, si elle doit arrêter l'ennemi pendant longtemps. La difficulté de la réparation croît, en général, avec la hauteur du tablier au-dessus du niveau de l'eau ou du fond de la vallée.

La destruction des **tunnels** à l'intérieur est particulièrement efficace, la plupart du temps, pour des semaines et des mois.

Des éboulements provoqués dans la montagne ou sur les remblais rendent les **chemins de fer** et les **chemins de montagne** inutilisables pendant longtemps.

Dans les **canaux** ou les rivières canalisées, il faut envisager la décharge et le détournement des eaux d'alimentation venant des lacs et des bassins, de même que la destruction des écluses, remblais, bâtardeaux et ponts.

186. — Les **explosifs brisants** (munition explosive et explosifs analogues) produisent la destruction la plus rapide et la plus efficace, souvent même la seule possible; ils agissent contre tous les matériaux de construction; la poudre agit seulement contre les maçonneries et la terre.

Si l'on doit réquisitionner des explosifs, les plus indiqués sont les explosifs de sûreté employés dans l'industrie — par exemple dans les mines.

On recommande de faire de petites explosions d'essai.

La grandeur des charges se détermine d'après les dimensions de la construction, sa capacité de résistance et d'après le temps dont on dispose. Plus la charge est placée superficiellement et plus, en général, elle doit être forte.

Les charges se calculent d'après des formules déterminées (512 et suivants).

187. — On peut aussi détruire les ponts en bois **par le feu ou avec des outils.**

Ce dernier moyen est à préférer, car la combustion dure toujours longtemps et le moment où on a atteint la destruction efficace ne peut être évalué. En tous cas, on recommande, avec la combustion, pour plus de sûreté, de rompre quelques poutrelles.

188. — Pour **brûler** un pont, on accumulera des combustibles de toute nature (paille, copeaux, branchages secs, petit bois, charbon, etc.) sous le tablier, sur des échafaudages ou des radeaux — dans les ponts de bateaux, dans les bateaux — et on les imprégnera de pétrole, goudron, essence ou alcool. Le résultat est tout à fait *incertain* en cas de pluie et de bois dur.

Si le pont ainsi préparé doit servir jusqu'à la fin au passage des troupes, quelques travées du côté de la rive ennemie seront préparées de manière à obtenir une démolition rapide de la superstructure, sans toutefois compromettre le passage des troupes amies.

189.— Dans la **destruction avec des outils**, on démolira le tablier et les poutrelles à la hache et à la pince et on renversera les corps de support avec la hache ou la scie le plus bas possible, on enlèvera les bateaux des ponts de bateaux. Les poutres, madriers et bateaux seront débarrassés ou brûlés, autrement ils faciliteraient la réparation à l'ennemi. On peut charger les bateaux avec des pierres, y pratiquer des voies d'eau et les faire sombrer.

Dans les **ponts de bois avec chaussée**, on n'enlèvera les matériaux de la chaussée et le tablier qu'autant que cela sera nécessaire pour qu'on puisse scier les extrémités des poutrelles ou les écarter de leurs supports au moyen de leviers.

190. — Les **ponts de bateaux** sur les cours d'eau à fort courant sont rapidement détruits si l'on détache ou l'on coupe les chaînes ou cordages d'ancre; dans le cas de faibles courants, il faudra, en outre, enlever les poutrelles de quelques travées : les ponts partiront alors à la dérive et se disloqueront en plusieurs parties.

On peut détruire les ponts de bateaux qui sont encore au pouvoir de l'ennemi par des mines flottantes, des brûlots, de lourds radeaux et de lourdes nacelles. Suivant les circonstances, ces procédés donnent de bons résultats même contre les ponts en bois à supports fixes.

191. — Les **ponts sur chainettes** et les **ponts suspendus** peuvent être rendus inutilisables, par les explosifs ou en détruisant les chaînes portantes et les cinquenelles avec des haches, des masses, des scies ou des limes à métaux.

BARRAGES.

CHEMINS DE FER.

Interruption de la voie.

192. — Des interruptions **en pleine voie** ne sont d'un effet durable que si elles sont répétées à des distances convenables. Elles seront exécutées le plus avantageusement aux endroits où elles seront remarquées tardivement et où la réparation sera difficile, par conséquent dans les courbes à faible rayon, dans les tranchées, sur les voies uniques ou sur les remblais.

Le rail est débarrassé sur plusieurs longueurs avec des outils de destruction ou par les explosifs.

193. — Comme **outils**, on emploie la clef anglaise, la clef à tirefonner les traverses, les pinces, les masses à tranche et les masses ordinaires (fig. 225 à 231).

194. — On détruit les **assemblages de rails** entre eux et avec les traverses (fig. 96 à 99) en dévissant ou en dégageant

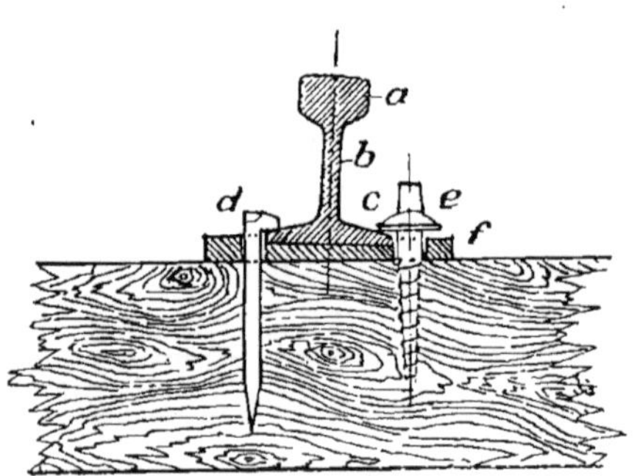

Fig. 96. — Rail à large semelle.

LÉGENDE.

a Champignon du rail.	*d* Crampon.
b Ame du rail.	*e* Tirefond.
c Patin du rail.	*f* Selle.

les boulons d'éclisse, crampons, tirefonds et coins. Les parties de rails enlevées, et avant tout, le petit matériel en fer doivent être débarrassés. Si le temps est limité, mais si l'on dispose d'un nombreux personnel, on détache seulement les

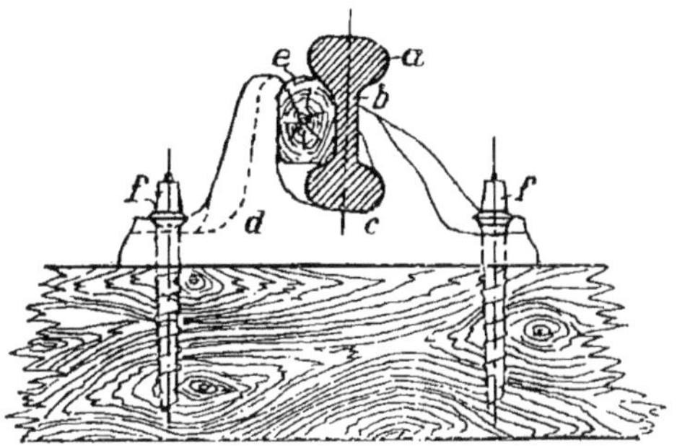

Fig. 97. — Rail à coussinet.

Légende.

a Champignon.
b Ame du rail.
c Champignon inférieur.
d Coussinet.
e Coin en bois.
f Tirefond.]

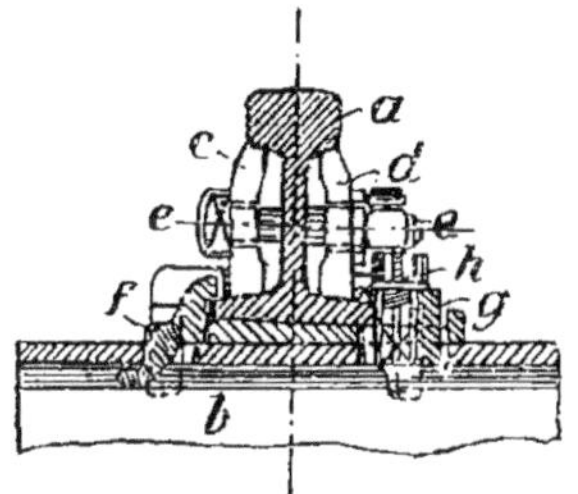

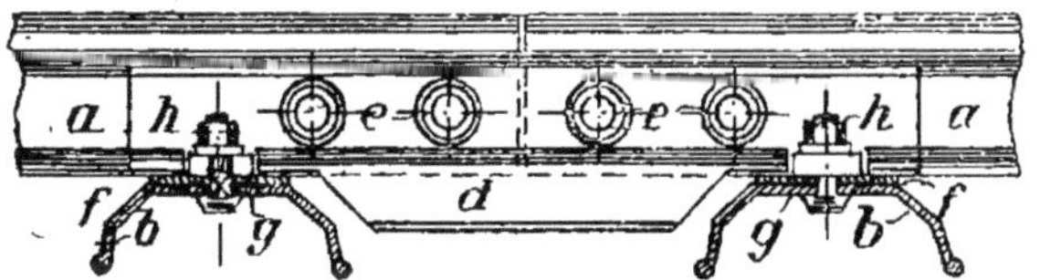

Fig. 98. — Joint suspendu sur traverses en fer.

Légende.

a Rail.
b Traverse en fer.
c Éclisse extérieure.
d Éclisse intérieure.
e Boulon d'éclisse.
Écrou et boulon.
f { Selle. Selle à arrêt.
g Crapaud.
h { Boulon de serrage formant crampon.

éclisses de plusieurs coupons de rails, on leur donne quartier et on les rejette de la plateforme,

195. — Même des détériorations minimes de la voie peuvent provoquer un déraillement et troubler ainsi **l'exploitation** d'une manière sensible.

A cet effet, elles doivent être dissimulées, de manière à ce qu'on ne puisse pas les remarquer du train.

Cela se produit :

en ripant une paire de rails de quelques centimètres. A cet effet, les éclisses qui unissent la paire de rails au reste de la voie sont détachées et les têtes de traverses correspondantes dégagées d'un côté, la paire de rails avec les traverses est ripée de ce côté avec des pinces ou des leviers;

en provoquant un élargissement ou un rétrécissement artificiels de la voie, par l'écartement ou le rapprochement des rails au moyen d'un levier, après que leurs joints ont été relâchés;

en relâchant les joints du côté extérieur du rail extérieur, dans les fortes courbes, ainsi qu'en enlevant les éclisses extérieures avec les crampons et les tirefonds et en remettant,

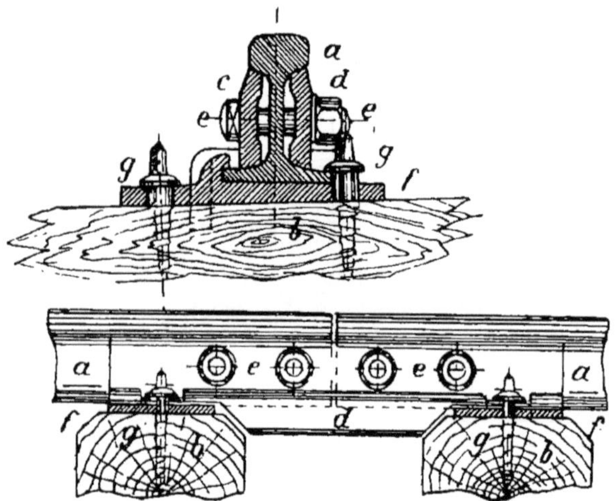

Fig. 99. — Joint suspendu sur traverses en bois.

LÉGENDE.

a Rail.
b Traverse en bois.
c Éclisse extérieure } Éclisses
d Éclisse intérieure } cornières.
e Boulon d'éclisse.
f Selle (selle à arrêt).
g Tirefond.

sans les fixer, les boulons, les crampons, ou les têtes de tirefonds, pour tromper l'ennemi;

en enlevant les coins extérieurs et les pattes extérieures des coussinets; dans les traverses métalliques en chassant les crampons de la plaque de support, les plaques de serrage et les vis à crochet (fig. 96 à 99).

196. — L'encombrement de la voie et les obstacles (lourds blocs de pierre, troncs d'arbres, voitures renversées) n'interrompent la circulation que pendant un temps très court. L'effet est augmenté si de tels obstacles sont installés dans l'obscurité ou en des endroits où l'on puisse difficilement les voir, comme immédiatement en arrière des courbes ou dans un tunnel, de manière à ce que le train déraille. On gêne considérablement l'exploitation, si l'on provoque la rencontre de deux trains.

Détérioration des gares.

197. — Pour la détérioration des gares, les points principaux à envisager sont :

Les aiguilles et les croisements, les disques tournants et les chariots transporteurs, les dispositifs d'alimentation en eau, les mécanismes de manœuvre des aiguilles et des signaux. Parmi les aiguillages et les croisements, il faut, avant tout, rendre inutilisables ceux qui commandent l'entrée et la sortie de même que ceux qui conduisent aux emplacements de prise d'eau et aux ateliers.

Aux aiguilles et aux croisements, on détache les aiguilles mobiles, les cœurs et les croisements au moyen d'outils, d'après les indications de 194, on les met de côté ou on les brise.

On peut aussi renverser une aiguille complète en enlevant les éclisses et en dégageant les traverses avec des pinces ou des leviers (194).

198. — Les **dispositifs d'alimentation en eau**, très importants pour l'exploitation, consistent généralement en réservoirs élevés. Ils sont alimentés par des pompes et reliés, par des conduites, avec les grues où les locomotives prennent l'eau qui leur est nécessaire.

On détruit les réservoirs rapidement et d'une manière durable en y jetant une cartouche de munition explosive à laquelle on a mis le feu, sans se soucier si le réservoir contient de l'eau ou non.

On enlève des pompes les parties mobiles (pistons et leur tige) et on détruit, à la masse, les soupapes, robinets ainsi que tuyaux d'aspiration et de refoulement.

199. — Pour détruire les **mécanismes d'aiguillage et des signaux**, on interrompt la communication entre le poste et l'aiguille ou le signal en coupant les fils de fer de liaison ou en brisant les tubes métalliques de liaison, dans les transmissions électriques, en détruisant les conducteurs, en brisant les leviers de manœuvre, particulièrement dans les postes.

Le renversement des mâts de signaux a moins de valeur.

Évacuation, mise hors service et destruction du matériel d'exploitation.

200. — Les **locomotives et les wagons** sont ramenés sur les parties des voies exploitées par les troupes amies; leur destruction n'est permise que s'il n'y a pas d'autre moyen de les soustraire à l'ennemi.

On rend les locomotives temporairement inutilisables en détruisant et en faussant les appareils de commande au poste du mécanicien (robinets. soupapes et dispositif d'alimentation de la chaudière) et en dévissant le régulateur, les appareils de mise en marche ou toute autre partie importante. Pour les locomotives sous pression, il faut avoir recours à des spécialistes.

On obtient la destruction de tous les véhicules en brisant une roue ou une boîte à graisse au moyen des explosifs.

Dans les locomotives, on peut, en outre, détruire les tuyaux circulant le long de la machine à l'extérieur, etc., percer les bouilleurs.

Il est très important de faire tomber une locomotive dans une fosse de pont tournant ou de chariot transporteur, parce que ainsi, on les rend inutilisables tous deux rapidement pour un certain temps et que, suivant les circonstances, d'autre matériel d'exploitation peut être coupé de la circulation.

VOIES NAVIGABLES.

201. — On coupe la circulation sur les **canaux** ou les **rivières canalisées**, en rendant inutilisables les mécanismes de manœuvre des écluses et les installations pour le chargement et le halage.

Sur les grands **fleuves**, on peut interrompre l'exploitation en ôtant les repères de navigation, en installant des barrages fixes ou flottants, ou des mines dormantes.

Le matériel d'exploitation, existant sur les voies navigables, doit être mis en sûreté à temps, ou anéanti.

ROUTES TERRESTRES.

202. — Les **barrages de chemins** n'ont de but que si on ne peut les tourner, ou si cette opération demande du temps. Leur efficacité est d'autant plus durable, qu'ils se repètent plus fréquemment sur le même chemin.

203. — On barre les ponts, remblais, chemins creux, routes dans les villages et autres défilés, par des abatis, des barricades en pierres, des troncs d'arbre, etc., les routes, par des destructions faciles aux ouvrages d'art; plus rapidement en y amenant des voitures chargées que l'on relie solidement les unes aux autres et dont on enlève les roues. Des voitures de paille et de foin peuvent être incendiées au moment propice.

Les chemins peuvent être rendus difficilement utilisables et temporairement pour les camions (camions automobiles!) en enlevant la partie aplanie de la chaussée, en creusant des fossés transversaux et en faisant des levées de terre transversales.

Un barrage de route facile à construire et très efficace la nuit, consiste à tendre des fils de fer en travers, au-dessus de la route.

De grosses pierres répandues irrégulièrement sur la route et sur des kilomètres, rendent la marche notablement difficile et, en particulier, empêchent l'ennemi de se mouvoir sans bruit pendant l'obscurité. En barrant les cours d'eau qui croisent le chemin ou lui sont parallèles, on met le chemin sous l'eau et on le rend marécageux.

On barre rapidement et complètement les **routes plantées d'arbres**, particulièrement les chemins forestiers, en abattant un grand nombre d'arbres, de manière qu'ils tombent en travers de la route et que leurs troncs restent adhérents aux souches. On augmente encore la valeur de l'obstacle en entremêlant du fil de fer.

Des fougasses automatiques augmentent la difficulté de se débarrasser des barrages des routes.

Gués.

204. — On rend les *gués* inutilisables, pendant un certain temps, au moyen de herses maintenues solidement par des piquets, de planches armées de clous, d'arbres riches en branches et de réseaux de fil de fer sous l'eau.

Glaces.

205. — On pratique des brèches de la plus grande largeur possible dans les *croûtes de glace*, le plus simplement avec des explosifs. En cas de gelée continue, on empêche le regel par une navigation répétée.

INSTALLATIONS TÉLÉGRAPHIQUES ET TÉLÉPHONIQUES.

206. — Les communications télégraphiques ou téléphoniques permanentes circulent, ou au-dessus du sol (communications à fil nu), ou au-dessous (communications par câbles).

207. — Les **destructions à fond** doivent s'étendre sur une longueur suffisante de conducteurs — par conséquent sur une ou plusieurs journées de marche — et sur les postes.

Les fils de communications aériennes doivent être coupés en plusieurs endroits, limés et enlevés, les isolateurs brisés, les poteaux coupés ou brûlés.

Les poteaux portant un grand nombre de fils se rompent d'eux-mêmes lorsqu'on coupe tous les fils qui y aboutissent d'un même côté; cette rupture se produit par la flexion du poteau sous l'effort de traction des fils qui sont restés intacts, celle-ci, qui n'est plus équilibrée par celle des fils coupés, tend à renverser le poteau de leur côté. Si on veut garder les supports intacts et détruire la ligne en la coupant par la simple rupture des fils, il faut donc avoir soin de couper tous ceux-ci des deux côtés du poteau, en opérant alternativement de part et d'autre de ce dernier, sinon sa chûte pourrait blesser les travailleurs.

Les communications souterraines, dont l'emplacement est la plupart du temps désigné par des pierres spéciales, seront coupées ou détruites par des explosifs en plusieurs endroits.

Avant le comblement du trou creusé dans ce but, et qui devra être exécuté de manière à être visible le moins possible, les extrémités des câbles devront être placées de telle sorte qu'elles ne soient pas en contact. En pays ennemi, l'emplacement de ces câbles ne pourra être décelé, qu'en creusant un fossé profond en travers de la route.

Dans les postes, on brisera les appareils et les batteries, on coupera et on arrachera les fils. Par contre, les rouleaux Morse, les livres de dépêches et tous les croquis expliquant l'installation, les plans et les tableaux, ainsi que les documents importants seront emportés.

208. — Les **interruptions légères** ne se feront ordinairement qu'à l'air libre sur le conducteur et consisteront à rompre le conducteur en plusieurs endroits. De petites interruptions ainsi exécutées arrêtent plus la réorganisation des lignes qu'une interruption à fond en un seul endroit.

209. — La confection de **défauts cachés** est exclusivement l'affaire de la cavalerie (541) et des troupes de télégraphie.

FORTIFICATION DE CAMPAGNE.

PRINCIPES GÉNÉRAUX.

210. — La fortification de campagne permet, avec de faibles forces, de tenir tête à un ennemi supérieur pour l'attaquer avec d'autant plus de forces à une autre place, pour gagner du temps ou pour conserver la possession d'un point important. Elle rend possible la conservation du terrain conquis, de gagner des positions de sortie pour une attaque ultérieure et de se frayer un chemin sur un terrain dépourvu de couverts.

Des ouvrages de fortification de campagne peuvent aussi être employés pour tromper l'adversaire.

En plus de son but, la fortification de campagne ne doit exercer aucune influence sur les décisions du commandement, en particulier, paralyser l'esprit d'offensive ou être son tombeau (313. 2e alinéa).

211. — Renforcer le terrain par la fortification de campagne en des emplacements mal choisis ou sur un mauvais front peut conduire facilement à de fausses dispositions et influer d'une manière désavantageuse sur toute la conduite du combat. On ne doit donc jamais reculer devant la nécessité de renoncer à des ouvrages de fortification de campagne déjà établis si la situation l'exige. D'autre part, la considération que des travaux auraient été exécutés en vain ne doit pas conduire à les négliger complètement (*311*).

212. — *Les chefs de tous grades sont tenus, là où c'est nécessaire, de faire usage d'eux-mêmes des outils de terrassement.*

La situation tactique, le temps et les forces dont on dispose déterminent de prime abord, l'étendue et l'importance des fortifications de campagne. L'état des troupes, la nature du sol, la température et la possibilité de compter sur la main-d'œuvre civile, les matériaux et les moyens de transport ont aussi leur influence.

Par un travail qui dure des heures et des jours, des travaux commencés légèrement se transforment en ouvrages de fortification de campagne toujours plus puissants.

FORTIFICATION DE CAMPAGNE DANS LA DÉFENSE.

213. — *Une position n'a de valeur que si l'ennemi est contraint de l'attaquer et si, par des tentatives faites pour la tourner, elle procure au défenseur le gain de temps recherché ou des conditions favorables pour une action offensive personnelle. (399).*

Des obstacles *étendus* devant le front — cours d'eau, parties marécageuses — rendent difficile ou empêchent l'ennemi de passer à l'attaque et peuvent contraindre l'adversaire à des mouvements tournants qu'il *ne désire pas*. Ils sont d'une valeur particulière là où il ne s'agit que de maintenir la possession de la position.

214. — **Ce que l'on doit réclamer en premier lieu d'une position** c'est *un champ de tir libre et étendu*, la *liberté de mouvement* en avant et en arrière de la position *une aile au moins appuyée (400, 2e al.).*

Une position étendue avantageuse dans toute ses parties, se trouve rarement. Vis-à-vis des attaques de nuit, beaucoup d'avantages du terrain perdent notablement de leur valeur, une bonne répartition des forces, une riche dotation en munitions et la fortification solide des points faibles doivent compenser les défauts.

C'est un avantage, si la nature du terrain contraint l'assaillant à limiter l'emploi de son artillerie.

Un terrain qui ne domine pas est désavantageux surtout aux ailes. Les **ailes non appuyées** seront protégées par des *réserves* Pour le déploiement et l'entrée en action de ces dernières, des ouvrages placés en arrière en échelons ou la fortification de quelques points situés latéralement procurent des conditions de combat favorables.

215. — Pour **l'étendue** d'une position, les intentions du chef et les effectifs disponibles sont décisifs.

216. — En principe, on ne choisit **qu'une position de défense** et on la renforce par tous les moyens. (*407. 1e al.*). Les **points saillants** sont particulièrement dangereux; si on ne peut éviter de les occuper, on doit les fortifier solidement et les soutenir par des feux de flanc.

217. — Les **positions avancées** peuvent procurer un gain de temps ou inciter l'adversaire à se déployer dans une fausse direction. Dans tous les cas, il faut se demander si, à ces avantages, ne s'opposent pas des inconvénients plus grands : difficulté de la retraite assurée au moment voulu des troupes qui y sont employées, occupation par l'ennemi des ouvrages de fortification évacués.

L'efficacité des positions avancées peut être augmentée par des *organisations simulées.*

218. — L'exécution des travaux nécessaires pour renforcer le terrain doit être **masquée** et **couverte.** *Plus longtemps le défenseur réussira à empêcher la reconnaissance, même celle de la position terminée, plus le développement de l'attaque sera difficile et prendra du temps, en particulier si les travaux de fortification et leurs occupants ne peuvent pas être décelés par l'emploi de bonnes jumelles en se plaçant sur le terrain en avant et à bord d'aéronefs* (*406*).

Des mouvements dans la position et une ouverture de feu précipitée trahissent prématurément des travaux de fortification même bien installés (*411*).

Reconnaissance et Dispositions générales.

219. — Une reconnaissance à fond de la position à fortifier, effectuée, autant que possible par le chef en personne, favorise des dispositions avantageuses et l'exécution des travaux.

Le commandant de secteur, de même que les officiers d'artillerie et de pionniers, y participent, si c'est possible.

220. — Dans la reconnaissance, on doit **pour la défense** considérer la possibilité :

de prendre de front et de flanc sous le feu de l'artillerie et de l'infanterie l'attaque principale supposée;

de soustraire les ouvrages de fortification aux vues et aux effets de l'artillerie de l'ennemi et le maintenir par des défenses accessoires dans la zone des feux efficaces;

de porter en avant pendant le feu de l'ennemi les soutiens et les réserves;

de passer à l'attaque en partant de la position ou sur les ailes.

Il faut également examiner quels avantages le terrain offre à l'ennemi par l'exécution de son **attaque**, principalement de nuit.

Il faut envisager spécialement :

Ses lignes d'approche, ses positions d'artillerie, surtout quant aux feux de flanc;

Le déploiement à couvert et la marche d'approche de l'infanterie ennemie et la prise de points d'appui dans sa marche en avant ultérieure :

La concentration éventuelle possible des feux d'artillerie et d'infanterie contre des points isolés de la ligne de défense pour anéantir leurs effets.

221. — Les résultats de reconnaissances servent de base aux **ordres** concernant l'organisation des travaux de fortification. On fera ressortir dans ces ordres, les travaux sur le terrain en avant ou à l'intérieur de la position auxquels on attribue une importance particulière; s'il est nécessaire, on donnera des indications sur le commencement et la fin des travaux, et on limitera les zones dans lesquelles les troupes exerceront des réquisitions de matériel, de matériaux, etc.

222. — **Si le temps manque pour effectuer des reconnaissances** ou si la situation du combat exige qu'on s'enterre immédiatement, chaque fraction de troupe, d'après la mission qui lui est assignée dans l'ordre de combat, commence à se fortifier sans délai. Des instructions pour l'unité dans les travaux et leur exécution peuvent intervenir par la suite.

223. — La **largeur des secteurs** dépend du terrain. En cas de champ de tir favorable, ils peuvent être relativement grands: peu de fusils, mais un abondant approvisionnement en munitions est particulièrement indiqué. Où il est possible à l'ennemi de s'approcher à couvert à courte distance, on choisira des secteurs étroits et on les occupera solidement (*402*)

Pour empêcher que des portions de terrains en avant restent *inobservées*, on limitera également le terrain en avant des secteurs (*403.*)

Des dispositions spéciales sont nécessaires, si le terrain en avant de certaines parties de la position ne peuvent être observées et tenues sous le feu que des secteurs voisins.

224. — En général, chaque fraction de troupe organise elle-même son secteur. Pour de gros travaux, on peut faire appel à d'autres troupes (*404, 2e al.*). Tous les chefs sont responsables de la rapide et pratique exécution des travaux. On se préoccupera spécialement des parties les plus faibles de la position (ailes, saillants, positions dotées d'un mauvais champ de tir).

Si possible, avant le commencement des travaux, on jalonnera les positions sur le terrain, en particulier quand elles devront être exécutées la nuit.

225. — Les **travaux qui peuvent être reconnus** de la position ennemie seront **terminés** le plus vite possible, avant que l'assaillant apparaisse devant la position.

Dans certains cas, les circonstances décident, si les travaux doivent être achevés quand ils sont observés par l'ennemi ou tenus sous son feu, ou si on doit les interrompre pour les terminer de nuit. Il peut aussi être avantageux de piqueter seulement les travaux de jour et de commencer leur exécution dès la tombée de la nuit.

226. — Les **pionniers**, s'ils ne reçoivent pas de missions spéciales, sont répartis parmi les troupes dans la zone desquelles il y a des travaux difficiles ou des travaux à exécuter rapidement.

Pendant le combat les détachements de pionniers restent en première ligne pour remédier rapidement aux défectuosités que présenteraient les fortifications, exécuter des travaux de réparation, servir le matériel d'éclairage, donner des indications sur l'emploi des grenades à main, etc.

On tiendra les pionniers non employés à la disposition du *commandement.*

Organisation des ouvrages de défense.

227. — Les ouvrages de défense doivent être *habilement adaptés au terrain.* L'augmentation de l'efficacité des armes vient en première ligne, la diminution de l'efficacité de celle de l'ennemi, en seconde ligne.

L'amélioration du champ de tir et l'évaluation des distances, puis l'organisation de couverts et de masques ainsi que celle d'organisations simulées pour tromper l'adversaire et lui faire éparpiller son feu, enfin les mesures pour le tir de nuit sont particulièrement importantes (*415.*)

228. — On choisira les **positions d'infanterie et d'artillerie** en tenant compte des procédés de combat des deux armes et de leur coopération. La position d'infanterie doit se trouver à une distance convenable en avant de l'artillerie. Il est désirable que cette distance soit de 600 mètres (*401 2e al. 444.*)

229. — **L'emploi des troupes par groupes** épargne les forces pour l'attaque et favorise l'appui réciproque par le feu.

230. — **L'artillerie de campagne** doit pouvoir, de ses positions, concentrer son feu sur les directions d'attaque probables et contrebattre l'attaque de l'infanterie jusqu'aux distances les plus rapprochées (*401, 1er al.*). Il est souvent, par suite, nécessaire de préparer plusieurs emplacements pour les batteries, qui tout d'abord dissimulées, doivent plus tard tirer à découvert ou être mises éventuellement en action sur les ailes pour s'opposer à des menaces d'enveloppement.

231. — Pour battre les angles morts ou pour pouvoir exercer une action flanquante dans le combat d'infanterie, des batteries, des sections ou des pièces isolées, richement dotées en munitions, peuvent être poussées en avant jusqu'à proximité de la position d'infanterie ou dans celle-ci. On les enterre convenablement et on les installe de manière à ce qu'elles soient difficilement repérées par l'artillerie ennemie.

232. — Les emplacements à ciel ouvert ainsi que les chemins pour les changements de position et le ravitaillement en munitions où il n'y a pas de couverts, sont défilés aux vues de l'ennemi par des masques.

233. — **L'artillerie lourde** se met en général en position là où, conformément à sa principale mission, elle peut prendre sous son feu les lignes d'approche et les emplacements probables de l'artillerie de l'attaque. Pour les couverts, etc., voir le règlement de l'artillerie à pied.

234. — Pour l'**infanterie**, les groupes de bataillons constituent la règle. Des groupes plus importants sont aménagés de telle sorte qu'ils peuvent encore résister, même si l'assaillant a pénétré dans le secteur voisin; on les entoure autant que possible de défenses accessoires. Ils reçoivent des dispositifs spéciaux pour opérer aussi latéralement et en arrière.

Les intervalles entre les groupes sont protégés par des feux de flanc provenant des groupes voisins et de positions en arrière, et surtout par des défenses accessoires organisées de manière qu'elles ne rendent pas difficile la poussée en avant des réserves. Des organisations simulées peuvent aussi être avantageuses.

235. — Les positions qui doivent être **défendues opiniâtrement** doivent permettre avant tout de battre le terrain aux *petites* et aux *moyennes* distances (*401, 3e al.*).

Si l'on ne doit opposer qu'une résistance **temporaire**, un bon champ de tir aux moyennes et grandes distances et la proximité de couverts en arrière sont de la plus haute importance.

Les **tranchées** situées à la crête d'une hauteur, offrent, la plupart du temps, un champ de tir étendu, mais elles se détachent facilement sur le fond clair de l'arrière-plan. Les tranchées qui sont portées en avant sur les pentes permettent souvent de battre efficacement le terrain en avant, à proximité; mais elles doivent être reliées fréquemment avec les couverts naturels du terrain en arrière par de longs boyaux de communication dont l'établissement demande beaucoup de temps et qu'on ne peut que difficilement défiler aux vues. Des considérations basées sur un bon défilement des défenses accessoires (244, 348) peuvent être dominantes pour les emplacements à donner aux tranchées.

Si les **angles morts** en avant du front ne peuvent pas être battus par les éléments voisins de la position, il faut autant que possible créer des dispositifs de flanc spéciaux qui peuvent même être dissimulés *devant* le front.

236. — Dans l'organisation des tranchées, la conduite du feu à l'intérieur des secteurs de compagnie doit être conservée par sections et par groupes; il est désirable d'avoir des communications défilées entre les éléments séparés. Les tranchées fortement recourbées, auxquelles on est souvent contraint par la forme du terrain, sont facilement exposées au tir d'enfilade. Il sera préférable de disposer les tranchées en échelons latéralement et en arrière.

Le terrain permet souvent de prendre des dispositions pour des *feux étagés*.

237. — Si les couverts naturels font défaut, on établit pour les soutiens des **tranchées de couverture** reliées aux tranchées de tir et aux couverts du terrain en arrière par des **boyaux de communication.** Si on manque de temps, on cherche au moins à défiler aux vues la circulation au moyen de masques.

Pour les réserves, des tranchées de couverture pourront être nécessaires.

238. — Si on a le temps et si on dispose de matériaux en suffisance, les organisations défensives seront munies d'abris, d'observatoires, de niches à munitions, de latrines, de postes de pansement et on prendra des dispositions pour le tir de nuit et l'évacuation des eaux.

239. — Les **mitrailleuses,** quand on ne dispose que de peu de place, sont particulièrement désignées pour battre de front et de flanc les lignes importantes et pour renforcer rapidement et puissamment le feu d'infanterie aux points menacés.

On préparera donc des emplacements couverts pour mitrailleuses partout où leur emploi pourra devenir nécessaire. On les dissimulera à l'ennemi aussi longtemps que possible. Installées en avant de la position (*412 a, 2e al.*) elles ont besoin d'être protégées contre des attaques de nuit par l'infanterie ou des défenses accessoires. En ce qui concerne l'organisation et l'installation des emplacements de mitrailleuses, les mêmes principes que ceux qui président à celles des tranchées doivent être observés, suivant leur esprit (227, 235 à 238).

240. — Les **ouvrages de campagne fermés** ont de la valeur pour la défense rapprochée, surtout en cas de champ de tir limité, et derrière des endroits qui sont particulièrement exposés à une invasion subite de l'ennemi. Mais ils doivent être placés en des points qu'on ne soupçonne pas et être soustraits par des couverts naturels ou des masques aux vues et, avant tout, aux effets de l'artillerie ennemie. On augmentera leur force de résistance par des défenses accessoires et des boyaux de communication vers l'arrière.

241. — Suivant la situation et la nature des constructions d'une localité, on l'incorporera dans la ligne de défense ou on l'utilisera pour masquer des troupes. Les localités solidement construites, opiniâtrement défendues, peuvent devenir des foyers de combat (*434*).

Les **forêts** permettent difficilement à l'ennemi (même à ses avions) de se rendre compte si elles sont occupées, mais elles augmentent les effets de son artillerie dès que la position du défenseur a été reconnue — suivant qu'elles sont plus ou moins denses, elles constituent des obstacles au mouvement et à la direction du combat.

Les **fermes** et les **petits bois** peuvent être, s'ils sont soustraits aux vues de l'ennemi, d'une grande valeur comme points d'appui ou positions du flanc. Si, par contre, ils sont visibles de loin, ils attirent facilement sur eux le feu de l'artillerie et deviennent alors bientôt inutilisables, même comme couverts contre les vues.

242. — Des installations pour l'**observation**, qu'il faut dissimuler avec un soin particulier, ont également pour le commandement et la troupe beaucoup de valeur. Les observateurs se placent dans les couverts naturels et artificiels sur des points d'où on a de bonnes vues, suivant les circonstances, dans des constructions dissimulées construites dans ce but, ou sur la ligne de combat, dissimulés aux vues et aux coups.

243. — Les **défenses accessoires** augmentent la force de résistance des ouvrages de fortification et les protègent, surtout de nuit, contre des surprises. On les placera en première ligne devant les points les *plus faibles* de la position (213).

Réseaux bas, clôtures en fil de fer et abatis n'exigent pour leur construction que relativement peu de temps et de matériaux. Les réseaux de fil de fer réguliers sont particulièrement efficaces; mais la réunion du matériel pour des défenses accessoires de cette espèce et d'une certaine étendue est souvent difficile en campagne.

Les effets du feu ne doivent pas être compromis par l'existence des défenses accessoires aux endroits où l'on a besoin d'avoir la liberté de manœuvre, on devra en tenir compte dans l'installation des défenses accessoires.

244. — Les défenses accessoires qui doivent rester efficaces jusqu'à la fin, doivent se trouver sous le feu rapproché du défenseur et être surveillés de nuit d'une manière permanente. On doit, autant que possible, les dissimuler afin qu'ils ne trahissent pas l'emplacement de la position.

245. — Des défenses accessoires dans un terrain qui n'est pas vu (par exemple, des abatis, des fougasses) empêchent l'ennemi de l'utiliser; des défenses accessoires à la lisière des forêts et des villages (par exemple, des abatis) l'empêchent d'en déboucher.

246. — Un **service de renseignements** rapide et travaillant en sécurité entre la position et les postes d'observation poussés en avant nécessite une attention spéciale. On complétera le réseau téléphonique par des communications par signaux, des signaux lumineux, des feux, etc. On protègera les conducteurs du réseau téléphonique contre les détériorations provenant de la circulation en les enterrant ou en les plaçant assez haut au-dessus du sol.

247. — On améliorera à temps la **viabilité,** à l'intérieur et en arrière de la position (élargissement des défilés, piquetage et organisation de chemins de colonnes, construction et renforcement de ponts) — des poteaux indicateurs et des moyens d'éclairage facilitent la circulation. On soustraira aux vues, autant que possible, par des masques, les chemins qui sont vus.

248. — Moyens pour l'**éclairage de terrain des approches,** projecteurs, pistolets éclairants, etc. (380 à 398).

249. — Les **grenades à main** dans le cas d'une défense opiniâtre des ouvrages de fortification de campagne peuvent rendre de bons services à l'infanterie. Leur préparation incombe aux pionniers.

250. — Dans la **ligne d'investissement** des forteresses, de faibles forces doivent opposer de la résistance jusqu'à ce que les renforts nécessaires pour se garantir contre les sorties, aient été amenés. Les ouvrages de fortification devront être organisés, la plupart du temps, par groupes et souvent sans souci d'avoir un grand champ de tir, de sorte qu'ils soient soustraits aux vues et aux feux de l'artillerie de la forteresse. Il est surtout désirable d'avoir de solides défenses accessoires devant le front. En dehors du secteur d'attaque, des défenses accessoires étendues (inondations, abatis) diminuent notablement l'effectif des troupes d'investissement. Il faut apporter un soin tout particulier au cantonnement couvert de la garnison, dans ou immédiatement derrière la position.

251. — S'il ne s'agit, comme par exemple, dans la *défense des gîtes d'étapes* et en ce qui concerne la *sécurité des ponts ou des issues de tunnels*, que de se **garder dans une localité** avec une troupe de faible effectif contre les coups de main, les ouvrages de campagne, suivant les circonstances, avec un parapet élevé, des maisons, des murs, etc., organisés défensivement, acquièrent une grande importance. Où une ligne d'ouvrages continue est nécessaire, on munira seulement d'ouvrages de défense les points dominants et on fermera les intervalles par des défenses accessoires battues et surveillées.

Réquisitions et Dépôts de matériel.

252. — On attribuera aux troupes, pour les réquisitions d'outils, matériel et matériaux des *zones séparées*. Dans les grandes circonstances, les réquisitions seront exécutées par des détachements munis des attelages nécessaires, sous la conduite d'hommes compétents.

Le commandement se préoccupe à temps d'utiliser, dans ce but, les localités importantes, même éloignées.

253. — On rassemblera dans des **dépôts** les objets réquisitionnés (outils, bois, fer, fil de fer, sacs à terre, cordages, caisses, chariots, tresse blanche, moyens d'éclairage, cloches d'alarme, explosifs, etc.). Ces dépôts seront avantageusement placés à proximité des chantiers et réunis à des localités où des forges, des chantiers de constructions, etc., peuvent être utilisés.

254. — En première ligne, on placera de petits approvisionnements de matériaux et outils pour pouvoir exécuter des améliorations aux ouvrages de défense ou des réparations, principalement aux défenses accessoires. On y entreposera de même du matériel d'éclairage et des grenades à main.

FORTIFICATION DE CAMPAGNE DANS L'ATTAQUE.

255. — L'assaillant doit se contenter de *simples* tranchées, car le temps qu'il emploie pour leur établissement peut être employé avantageusement par le défenseur pour le développement de ses ouvrages et pour prendre des contre-mesures (*313*).

256. — Dans le cas d'un **combat de rencontre** et dans celui d'une **attaque sur un ennemi déployé pour la défense**, même sur une position non fortifiée, il peut devenir nécessaire de mettre en état de défense, sans délai, les points d'appui conquis ou des secteurs du terrain, pour les tenir provisoirement et s'assurer contre des retours offensifs (*339*). Des travaux de ce genre résultent d'impulsions individuelles et sont exécutés, en première ligne, sous la responsabilité des sous-ordres.

257. — Dans le cas **d'attaque de positions de campagnes fortifiées** (1), l'outil de terrassement fournit un moyen de venir au contact de l'ennemi, malgré l'accroissement de force de résistance du défenseur, de l'ébranler en l'arrosant de feux — même avec des grenades — provenant de couverts et enfin de l'écraser complètement par l'assaut.

La mesure dans laquelle ce moyen doit être employé dépend de la force de la position ennemie et de l'habileté à combattre des troupes qui l'occupent, ce qui, la plupart du temps, est révélé par des reconnaissances exécutées en même temps que se déroule l'attaque et que l'on pousse en avant les troupes de l'attaque de secteurs en secteurs (*369*). Contre des positions solides, vigoureusement défendues, l'assaillant peut être obligé de combattre pendant des journées et de *déblayer plusieurs fois* des lignes de feu. Vis-à-vis de positions particulièrement capables de résistance et défendues avec persévérance, la conduite et les formes de l'attaque doivent se rapprocher finalement de celles employées dans la guerre de siège (267).

258. — Le commandement détermine les secteurs qu'il faudra conquérir tout d'abord et qu'il faudra — si c'est nécessaire — fortifier comme positions d'où partiront des attaques ultérieures. Les positions et les chemins au-delà seront reconnus, les troupes seront munies de toutes les ressources nécessaires pour travailler et poussées en avant avec ensemble.

Même pour le développement ultérieur du combat, le commandement, dans ses instructions, se préoccupe de l'unité de la méthode d'attaque, et, en particulier, de la coopération de l'infanterie et de l'artillerie. Chaque position nouvellement conquise ne doit être considérée que comme un *point de départ* pour une marche en avant ultérieure.

La volonté de marcher en avant doit animer, d'une manière permanente, tous les éléments des troupes d'attaque (380 a) *et conduire tous les chefs à épier les points faibles de l'ennemi pour en rendre compte, sans délai, ou pour en profiter de leur propre initiative, autant que le permet le respect de l'unité de méthode de combat.* C'est ainsi que celui-ci pourra être, suivant les circonstances, notablement raccourci.

---

(1) Le Règl. sur les Exercices de l'Inf., non seulement de *375* à *391*, mais aussi de *362* à *374*, puis le Règl^t. pour l'artillerie de campagne de *483* à *500* et le Règl^t. pour l'art. à pied de *414* à *460* donnent les *principes généraux*.

259. — Les **travaux d'attaque** prennent naissance toujours sous l'action immédiate de l'ennemi, souvent sous son feu. Il importera tout d'abord, en pleine préparation par le feu, ou sans interrompre le feu de ses propres troupes, d'installer rapidement des couverts simples. D'après le but du combat et la durée de leur utilisation, ces couverts seront, plus tard, approfondis, élargis et reliés aux tranchées.

Pour une utilisation temporaire, des tranchées pour tireurs à genou suffisent, de manière à empêcher au moins une contre-attaque. Des tranchées plus profondes seront nécessaires, si de celles-ci le combat devra être mené plus longtemps sous le feu efficace de l'ennemi. Dans le cas de combats durant des journées, la construction de positions plus fortes, l'établissement de tranchées couvertes pour les soutiens et les réserves, de même que l'installation de boyaux de communication pourront devenir nécessaires pour amener les soutiens, les munitions et les vivres. Une continuité d'ouvrages n'est pas indispensable et empêche les mouvements d'attaque.

260. — Il est aussi fâcheux pour l'assaillant d'être trompé par des organisations simulées, ou d'être retenu plus qu'il ne convient par des positions avancées, que de s'exposer par une progression hâtive sur une position renforcée par toutes les ressources de la fortification passagère à des contre-attaques sans être couvert. Il en résulte la nécessité de procéder à temps à des **reconnaissances** minutieuses (*363, 367*).

261. — Les objets de la reconnaissance sont : la situation et l'étendue de la position ennemie, la situation des batteries ennemies, les appuis des ailes, la nature et la solidité de la fortification, les défenses accessoires, les positions avancées, les organisations simulées, la répartition des forces ennemies ; mais, en outre, aussi, le terrain que l'attaque doit parcourir, les positions de batteries amies avec leurs postes d'observation, les couverts et les points d'appui pour l'attaque d'infanterie, les chemins d'approche, la nature du sol et tout ce qui, du reste, est important pour l'attaque. Il est d'une importance particulière d'établir, où se trouvent des points *faibles*, dans la ligne de défense et où les circonstances favorisent l'attaque *d'une manière particulière.*

Il faudra en même temps se procurer le matériel d'assaut (haches, cisailles, grenades à main, etc.). Des prévisions défectueuses, à cet égard, peuvent conduire toute l'entreprise à un échec.

262. — Chaque élément de troupe en première ligne est tenu de *poursuivre les reconnaissances isolées, d'une manière permanente* dans sa zone d'action. Ces reconnaissances portent, principalement, sur l'utilisation du terrain pour le développement ultérieur de l'attaque, les effets du feu de l'infanterie et de l'artillerie amies, la conduite de l'adversaire, l'étendue et l'état des défenses accessoires devant la position ennemie.

Le service de renseignements, dans son ensemble, doit être réglé uniformément en utilisant et en complétant les moyens d'information dont on dispose, de manière à pouvoir faire affluer rapidement les résultats des reconnaissances au commandement et les faire parvenir à temps aux sous-ordres.

263. — Les **pionniers** doivent soutenir l'infanterie dans les *reconnaissances*, dans les *travaux d'approche* vers la position l'ennemie, dans l'enlèvement des défenses accessoires et dans l'assaut.

A cet effet, ils sont affectés aux détachements (brigades, régiments) et reçoivent d'eux leur mission. Il est avantageux que les *divisions* puissent conserver une réserve de pionniers pour des missions spéciales imprévues.

Les *brigades* et les *régiments* emploient leurs pionniers le plus possible en *unités constituées*, là ou il faut exécuter rapidement des travaux techniques difficiles sur lesquels on puisse compter; parmi ceux-ci, on citera : la création de chemins de colonnes dans un terrain difficilement praticable, l'organisation de communications en arrière venant de la première ligne, l'installation de ponts rapides, la confection de grenades à main.

Pour la destruction des défenses accessoires, on affecte les pionniers aux bataillons de première ligne, en ne descendant pas, autant que possible, au-dessous de la demi-section. La destruction s'exécute avec la coopération énergique de l'infanterie, si possible sur une large étendue, ou au moins en pratiquant, à travers de nombreux chemins de colonnes (*382* à *384*). La réparation des défenses accessoires une fois détruites, doit être empêchée.

Quand la percée a réussi, il est important de réorganiser les détachements de pionniers en compagnies.

264. — Dans **l'attaque des places**, la troupe en première ligne mène le combat et exécute les travaux : dans un secteur de régiment, c'est, en général, le bataillon en première ligne (K. u. F. *24*) (1). Parmi les réserves une partie doit, la plupart du temps, être de piquet.

Une organisation bien ordonnée des tours de service, aussi bien en ce qui concerne les relèves régulières, que les renforts temporaires pour le combat et les travaux nécessaires

(1) K. u. F = Kampf um Festungen, guerre de siège (N. d. T.)

en première ligne, ainsi que le soin apporté à l'envoi des vivres et de l'eau potable à point nommé, contribuent beaucoup à ménager les forces.

265. — Les tours de service des pionniers affectés au régiment — de l'effectif d'une compagnie à celui d'un bataillon — se règlent, en général, comme pour le régiment. L'officier de pionniers le plus ancien est le conseil technique du commandant du régiment dans l'exécution, l'achèvement et l'entretien des travaux d'attaque.

266. — *Chaque bond en avant* a besoin d'une préparation soignée (K. u. F. *154*) (1). Dans ce cas, on dispose généralement de plus de temps que dans la guerre de campagne.

Le régiment reçoit du dépôt intermédiaire des pionniers, l'outillage ainsi que les couverts mobiles (sacs à terre, boucliers, tonneaux). Il forme du matériel reçu et de celui qui lui appartient en propre un dépôt de tranchées de pionniers, dont l'administration est confiée, sous la responsabilité du régiment, à des détachements d'une compagnie de parc de pionniers qui lui sont affectés. Le dépôt de tranchées suit la progression de l'attaque.

267. — Le K. u. F. (1) donne les principes pour les bonds de position en position.

Tandis qu'au commencement il peut être possible d'atteindre d'*un seul coup* la nouvelle position et les lignes de tranchées en avant, il est nécessaire plus tard de procéder à *une attaque graduelle*, soit par bonds avec de petits détachements (*335* et suiv, *380 a*), soit pied à pied en poussant des sapes ou enfin au moyen de galeries souterraines et en faisant sauter les abris par la mine.

La marche en avant doit être soutenue efficacement par le feu de l'artillerie, des mitrailleuses et de l'infanterie voisine.

Il peut devenir nécessaire, dans ce cas, de pousser en avant de petits détachements d'artillerie de campagne ou des pièces isolées de manière que la coopération avec l'infanterie soit assurée à tout moment.

La manière de se porter en avant est laissée à l'initiative des sous-ordres, tant que la continuité nécessaire est conservée.

On organise aussi rapidement que possible des communications couvertes vers la nouvelle position d'infanterie.

268. — Par une **répartition judicieuse du service** de l'infanterie et des pionniers agissant en première ligne il sera possible de poursuivre des travaux d'attaque d'une

(1) K. u. F. = Kampf um Festungen, guerre de siège, (N. d. T.).

manière permanente avec le maximum de rendement, de profiter en tous temps des occasions favorables pour accélérer la marche en avant et de maintenir la supériorité du feu en cas d'action de l'ennemi *contre les travaux d'attaque* (*feux, patrouilles, sorties*). Pour les travaux dans les positions en arrière (élargissement des tranchées, abris, etc.), on amènera des éléments des troupes de piquet.

La **relève** de la première ligne deviendra d'autant plus difficile à mesure que l'attaque se rapprochera des travaux ennemis. Le nouveau chef devra se faire renseigner sur la situation et les missions qui lui incombent, sur le terrain comme sur le plan, et établira jusque dans ses détails, la manière dont se fera la relève.

En général, la relève ne peut se faire que par compagnie ou par section. Jamais la troupe qu'on relève ne devra quitter son poste avant que la relève soit effectuée.

Il faut éviter d'entasser les troupes dans les tranchées.

On assurera l'exécution de la relève à travers les boyaux au moyen de poteaux indicateurs, et en cas de nécessité, par des plantons de direction. On recommande de ne pas relever les pionniers en même temps que l'infanterie.

269. — On ne procèdera à des **élargissements** dans les positions d'infanterie que là où la circulation l'exige ou bien où de forts détachements (troupes d'assaut, réserves) doivent prendre position. Par contre on devra, la plupart du temps, élargir les boyaux de communication.

270. — Dans les attaques pied à pied, les **sapes** seront exécutées sous forme de sapes en crémaillère ou à traverses (*b* et *c* dans la fig. 122 p. 124). Près de l'ennemi, on les recouvrira souvent pour les protéger contre les grenades à main etc. Ces travaux incombent aux pionniers. Le rôle de l'infanterie est de couvrir ceux-ci et de les aider.

L'attaque pied à pied prend du temps et on ne doit l'employer que si on ne réussit pas à abattre l'ennemi. Toute occasion d'accélérer en procédant par bonds doit être saisie sans délai et on y doit s'y préparer en tous temps.

271. — Les régiments sont responsables de **l'entretien des tranchées** dans leurs secteurs. Ils désigneront à cet effet des **officiers de tranchées** dont la relève sera assurée convenablement.

Les prélever sur les pionniers, la plupart du temps, ce ne sera possible qu'au début de l'attaque; il faudra y dresser les officiers d'infanterie. L'infanterie fournit les travailleurs, prélevés la plupart du temps sur les troupes de piquet.

Les postes de commandement et les postes téléphoniques, les postes de pansement, les dépôts de tranchées, les cuisines, l'approvisionnement en eau potable, les latrines seront, la plupart du temps, installées dans de courtes tranchées couvertes aux points de brisure des boyaux de communication.

On doit exiger d'une manière absolue l'ordre et la salubrité dans les tranchées, autrement le séjour en deviendrait insupportable et nuisible à la santé.

272. — Les **matériaux** et le **matériel** sont transportés, du dépôt intermédiaire des pionniers au dépôt de tranchées par les détachements commandés pour les travaux et par les troupes de relève de la première ligne, si cela ne suffit pas, par des colonnes spéciales de travailleurs ou ils sont amenés par chemins de fer à voie étroite, dont l'exploitation est confiée aux compagnies de parc de pionniers.

273. — Le K. u. F. (1) *177* à *193* donne les principes pour **l'assaut.**

On déterminera, d'après la résistance de l'ennemi et la force des obstacles qui sont encore à surmonter, si on utilisera immédiatement les sapes tournées vers l'ennemi pour amener les troupes d'assaut ou si leurs têtes devront être préalablement reliées par une parallèle qui sera considérée comme **position d'assaut.**

274. — Sur des emplacements convenables, on organisera des **reproductions de défenses accessoires** sur lesquelles les régiments des troupes d'assaut s'exerceront sous la direction d'officiers de pionniers. On recommande aussi de piqueter sur le sol la partie des fortifications à enlever d'assaut et on s'y exercera, en ce qui concerne la manière de procéder et la coopération des détachements d'assaut, de jour comme de nuit.

275. — Les principes donnés de 264 à 272 sont valables dans le cas où la **défense de la place** procéderait offensivement.

EXÉCUTION.

ORGANISATION DU TERRAIN DES APPROCHES.

276. — On se débarrassera autant que possible des **couverts du sol** qui limitent le champ de tir, facilitent à l'ennemi l'usage de ses armes, l'observation et le bombardement. Mais, s'ils rendent difficile l'attaque ennemie ou

---

(1) K. u. F. = Kamp um Festungen; guerre de siège (N. d. T.).

invisible la position amie, on les laisse subsister et, en cas de nécessité, on les organise de telle manière que le tir à travers et au-dessus soit possible.

Des rangées d'arbres devant la position peuvent rendre difficile l'observation à l'artillerie ennemie et, suivant les circonstances, si leur hauteur et leur éloignement de la position est suffisante, elles procurent une certaine protection en causant l'éclatement prématuré des projectiles ennemis. A une trop faible distance de la position ou si elles provoquent l'éclatement prématuré de projectiles de l'artillerie amie, elles sont désavantageuses.

Les haies, les murs, les fossés, etc., qui peuvent être enfilés de la position n'ont, la plupart du temps, aucun inconvénient. Les petits bois, les maisons isolées et les couverts analogues, visibles de loin sur un terrain qui serait autrement découvert, attirent presque toujours la troupe assaillante et peuvent, par suite, offrir au défenseur l'occasion d'augmenter les effets de ses armes.

On fauchera, on abaissera ou on piétinera les récoltes élevées. Dans les vignes et les houblonnières, on peut, en employant le fil de fer, organiser des réseaux bas.

On ne conseille de *brûler* les couverts du terrain que si on n'a pas à craindre les inconvénients du feu.

Les **creux du sol** qui ne sont pas vus, si on peut y circuler, seront rendus inaccessibles par des défenses accessoires (abatis, fougasses, inondations). Les installations sur le terrain des approches qui peuvent faciliter à l'ennemi sa marche en avant (ponts) seront détruits ou leur destruction sera préparée.

277. — On se débarrassera, sur le terrain des approches, des **points remarquables** dans et derrière la position et des points d'observation qui peuvent être utiles à l'ennemi pour la direction du combat et la conduite du feu (arbres isolés, moulins à vent et tours).

278. — Les **déboisements** demandent beaucoup de temps et de travailleurs. Ils ne peuvent être envisagés que pour des positions préparées de longue main. La plupart du temps, il suffit de transformer la lisière tournée vers la position sur une large bande. Pour l'artillerie, l'organisation de lignes de tir et d'observation peut être nécessaire.

279. — On met le feu aux **bâtiments et aux localités** quand on veut en empêcher l'utilisation immédiate par l'ennemi. Les tas de décombres qui subsistent fournissent d'ailleurs souvent un meilleur couvert que les constructions elles-mêmes. Il faut encore penser que, par un vent défavorable, la fumée peut gêner le défenseur. En enlevant les planchers et les escaliers ou en plaçant des fougasses automatiques à l'intérieur, on peut rendre difficile à l'ennemi l'usage des bâtiments, si tant est que le feu de l'artillerie n'y suffise pas.

On dégagera autant que possible, dans les villages et les fermes, les lisières tournées vers le défenseur pour que l'adversaire ne puisse s'y maintenir que difficilement.

280. — **Si l'on doit s'attendre bientôt à une attaque** on dégagera tout d'abord le champ de tir *à proximité* de la position.

Pour des travaux de dégagement étendus, il faudra prévoir à temps de forts effectifs de travailleurs et, la plupart du temps, des moyens de transport. On munira la troupe de pelles, pioches, haches, scies, pinces, leviers, cordes et explosifs.

Les matériaux provenant du dégagement du champ de tir peuvent servir pour combler les creux, les fossés et les chemins creux et les barrer ou pour organiser des couverts, des obstacles et des masques.

281. — On déterminera les **distances** aux lignes et aux points importants du terrain en avant, en particulier, pour l'artillerie, les distances aux positions probables de l'artillerie ennemie. Où les repères naturels feront défaut, on y suppléera sous une forme qui ne soit pas soupçonnée de l'ennemi.

Dans les positions, on reporte les données relatives aux distances établies (autant que possible sur des panoramas). On donne également des renseignements sur le terrain qui n'est pas vu dans la zone de la position.

DISSIMULATION DES POSITIONS

282. — Les ouvrages de fortification seront le mieux soustraits aux vues si on les adapte d'une manière convenable aux formes du terrain. La proximité de routes, de changements aigus dans les talus, de bâtiments, etc., qui facilitent le bombardement de l'ennemi est désavantageuse. Les ouvrages de fortification, les dispositifs de flanquement, les emplacements de mitrailleuses doivent rester dissimulés le plus longtemps possible.

Les **talus** doivent être bas et se raccorder peu à peu au terrain naturel pour affaiblir l'effet de l'ombre. Des angles aigus, des arêtes et de longues lignes parallèles doivent être évités.

On conservera les couverts du sol, dans et derrière la position, s'ils soustraient aux vues la circulation des troupes amies.

283. — On **recouvrira** les nouveaux talus avec les **produits du sol** aux alentours, de manière à ce qu'ils s'adaptent à ce dernier. Dans les couverts, dont l'achèvement avant l'approche de l'ennemi est douteux, on fera des ensemencements pour rendre les organisations invisibles dans le plus court délai.

On épargnera, dans la mesure du possible, les produits du sol dans la zone des ouvrages. Mais s'ils trahissent par eux-mêmes le terrain organisé, il sera souvent avantageux de donner un aspect uniforme à tout le terrain environnant, en le foulant aux pieds, en arrachant les récoltes, en le retournant à la charrue, etc.

On *recouvrira* les tranchées, les dispositifs de flanquement, les emplacements des pièces de rameaux, de toiles de tente, de planches, etc., en les adaptant à la couleur des alentours, si on doit les soustraire aux vues, même des avions.

On diminuera le **dégagement de poussière** au moment du tir des bouches à feu, en arrosant le sol, en avant de la bouche des pièces, ou en étendant des gazons ou des toiles de tente.

284. — On organisera les **masques** au moyen de buissons, broussailles, branches, gerbes, levées de terre, etc. On les installera en lignes irrégulières dans la position, en avant ou en arrière, parallèles ou obliques à la ligne de feu.

On déplacera les repères et les masques pour tromper pendant la nuit.

285. — Il faut soustraire, avec un soin particulier, aux vues de l'ennemi, les *têtes* des hommes qui occupent une tranchée. On emploie à cet effet, suivant les alentours, de l'herbe, des bottes d'herbe, de courts rameaux, etc., qu'on plante d'une manière irrégulière devant les tireurs sur le parapet. Si les têtes tranchent sur un arrière-fond clair, il est important de placer des masques en arrière.

286. — Les **organisations simulées,** vues de l'ennemi, doivent donner l'impression de véritables ouvrages de fortification et être éloignées des organisations réelles, de telle sorte que celles-ci ne soient pas mises en danger par le feu dirigé contre les organisations simulées. L'ennemi sera souvent trompé déjà par l'enlèvement des produits du sol, les foulées dans la neige et des indices analogues. Il le sera plus efficacement encore si on fait occuper ces organisations simulées par de faibles détachements, si on y place des silhouettes de tir.

On se rendra compte de l'effet produit par les masques et les organisations simulées, en se plaçant sur le terrain en avant.

ORGANISATION DE COUVERTS.

Tranchées de tir.

287. — Les tranchées profondes et étroites donnent la meilleure protection, surtout contre le feu de l'artillerie. Si on ne veut faire usage que temporairement des renforcements du terrain (dans les positions d'avant-gardes ou d'avant-poste, positions avancées, parfois dans le combat), il suffit souvent d'exécuter des **tranchées pour tireurs à ge-**

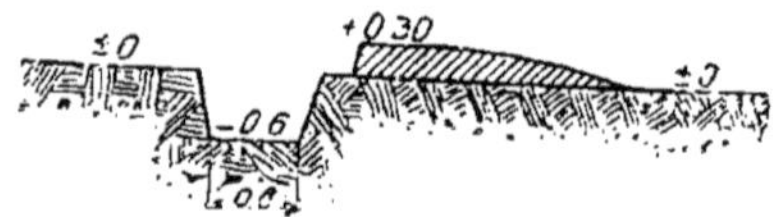

Fig. 100. — Tranchée pour tireur à genou dans un terrain solide.

Fig. 101. — Tranchée pour tireur à genou en terrain rocheux ou quand les eaux souterraines sont voisines de la surface du sol.

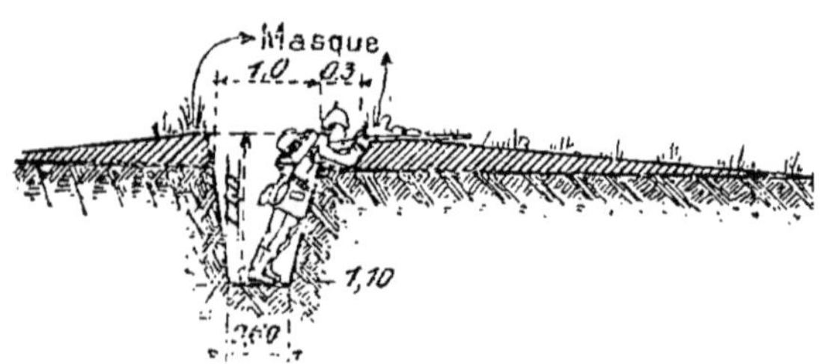

Fig. 102. — Tranchée en terrain solide avec de bonnes vues.

nou. Elles sont construites tout d'abord en travaillant sous le feu de l'ennemi et servent comme moyen de fortune quand on manque de temps et quand le sous-sol n'est pas favorable (fig. 100 et 101).

Quand c'est possible, on construit des **tranchées pour tireurs debout** (fig. 102 et 103). Si on dispose d'un temps suffisant, on les élargit en **tranchées renforcées** (fig. 104 à 106) qui permettent la circulation à couvert derrière les

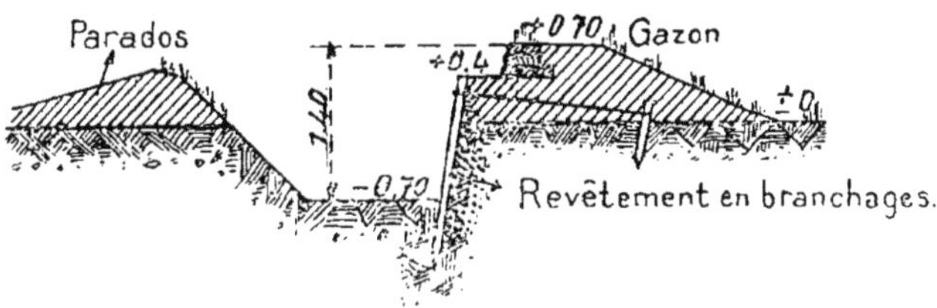

Fig. 103. — Tranchée en terrain meuble avec de mauvaises vues. La largeur au fond se termine d'après les déblais.

Le parapet revêtu en branchages (1 piquet tous les mètres ou 1 m. 50), gazons sur la crête de feu.

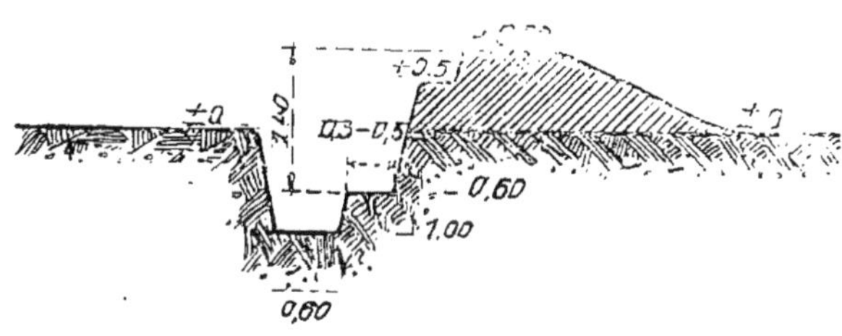

Fig. 104. — Tranchée renforcée.

(Organisation en une nuit en terrain favorable).

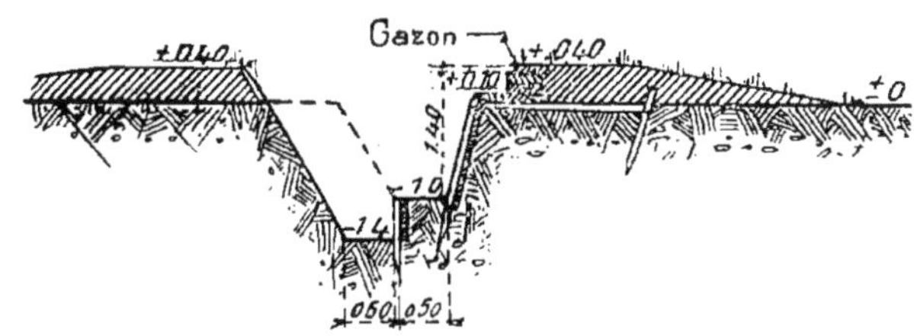

Fig. 105. — Tranchée en terrain meuble.

(La ligne ponctuée montre comment l'on passe à la tranchée renforcée. Banquette et parapet revêtus avec des planches).

tireurs. Si les tranchées doivent aussi recevoir de gros détachements, comme dans l'attaque de positions solidement fortifiés ou de forteresses on les transforme en **tranchées élargies** (fig. 107) (parallèles, positions d'assaut).

288. — Il faut compter pour chaque tireur, dans le cas d'une occupation serrée, un pas de crête de feu. La hauteur

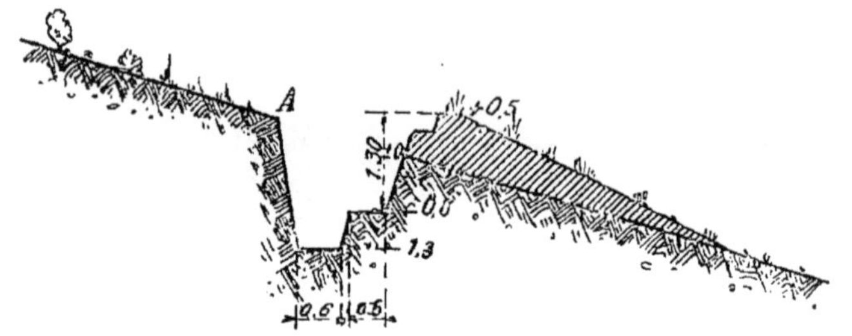

Fig. 106. — Tranchée renforcée sur une forte pente.

(Arrondir et rendre l'arête A invisible au cas où elle serait vue d'une position dominante. Dans les pentes très fortes on diminuera la hauteur couvrante suivant les besoins).

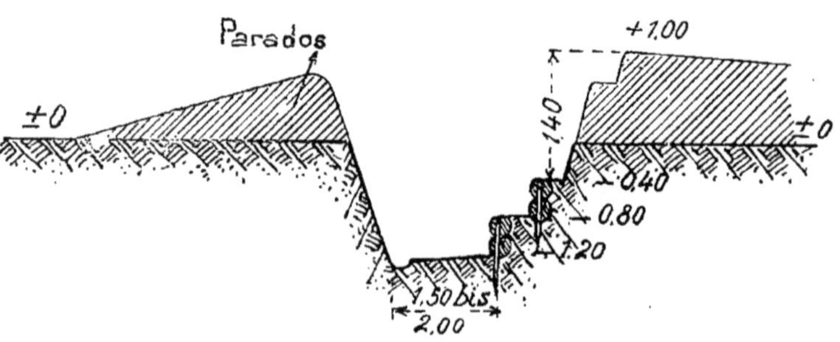

Fig. 107 — Tranchée élargie pour de forts détachements de troupe.

(Revêtement des banquettes avec des fagots [fascines], les gradins de franchissement et les installations pour entreposer le matériel d'assaut sont faites par les pionniers ou avec leur aide).

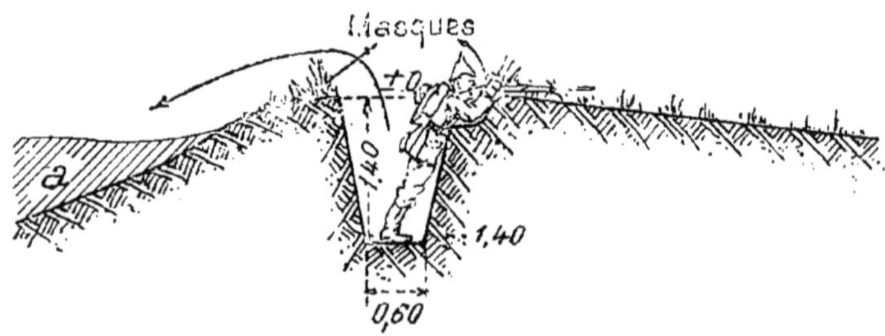

Fig. 108. Tranchée sans parapet.

LÉGENDE.

a Terre répandue dans un approfondissement naturel derrière la tranchée.

du couvert pour tireur debout est d'environ 1 m. 40, pour tireur à genou, d'environ 0 m. 90.

En ce qui concerne la hauteur de la crête de feu, une bonne efficacité du feu est décisive. Pour soustraire la tranchée aux vues le plus possible on tiendra le parapet *aussi bas* que le permettent la forme du terrain, les plantations et les circonstances locales. Où le terrain le permet, les tranchées peuvent être complètement enterrées, cependant, seulement si on peut se débarrasser des déblais (fig. 108).

L'**assaillant** n'est pas, la plupart du temps, en situation de dissimuler ses travaux.

Épaisseur à donner aux couverts dans la guerre de campagne (379).

289. — Des **parados** construits avec les déblais en excédent protègent contre les éclats d'obus venant de l'arrière. Au cas où, exceptionnellement, ils émergeraient au-dessus des parapets, il faudrait, comme ceux-ci, les rendre invisibles.

290. — Les **traverses** doivent protéger contre les coups obliques et d'enfilade et limiter les effets des projectiles d'artillerie et des grenades à main qui explosent dans le couvert ou à proximité (fig. 109 à 111).

Il est par suite désirable qu'elles offrent une grande résistance.

De temps à autre, on les remplace par des parties en crémaillère ou on les complète par une disposition du parapet en gradins (fig. 169, p. 161).

Fig. 109. — Traverses.

On construit les traverses d'ordinaire, en même temps que l'on dresse les parapets de la tranchée, on peut cependant les

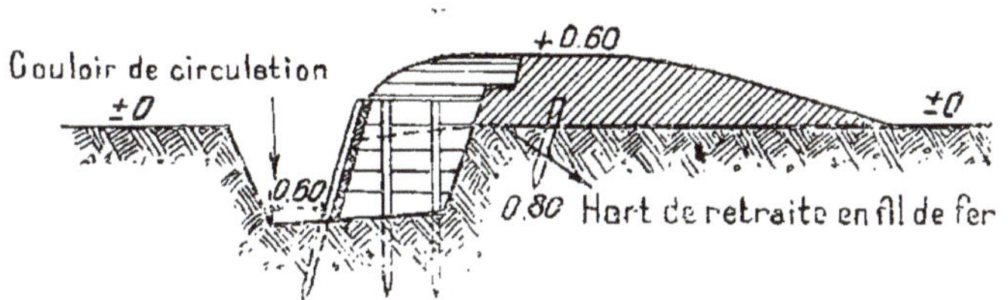

Fig. 110. — Vue latérale d'une traverse.

constituer, après coup, à l'aide de sacs à terre, de caisses, de paniers, de tonneaux, etc., que l'on remplit avec de la terre, des cailloux, des pierrailles (fig. 170, p. 162).

291. — La traverse devra avoir à hauteur de la crête de feu environ 50 centimètres de largeur et être assez longue

6..

pour protéger le fossé dans toute sa largeur. Le sommet reçoit vers l'arrière une pente telle qu'il ne puisse être vu du côté de l'ennemi. Les talus latéraux jusqu'à la banquette de tir doivent être tenus aussi raides que possible.

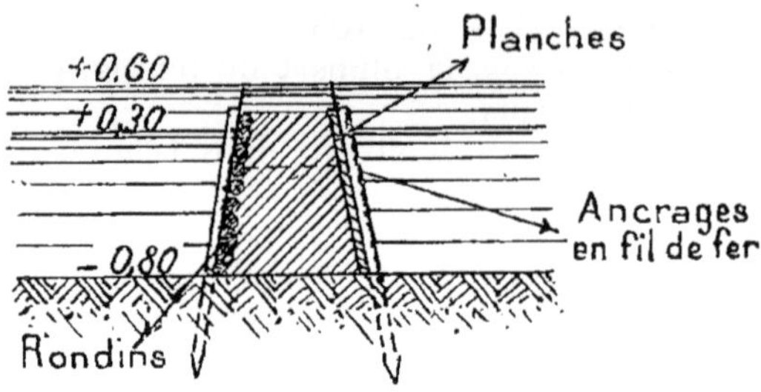

Fig. 111. — Traverse. (Coupe transversale.)

Pour tourner autour, il suffit, au début, de donner à la communication une largeur de 0 m. 30 au fond. Plus tard, on la porte à 0 m. 60.

292. — *L'intervalle entre deux traverses consécutives* est de 8 à 10 mètres (fig. 126). Dans les éléments d'une tranchée particulièrement exposés à être battus obliquement ou d'enfilade, les intervalles seront diminués.

Tranchées couvertes.

293. Les tranchées couvertes (fig. 112), autant que possible, une par section, doivent être assez près des tranchées de tir, pour que les hommes qui les occupent puissent se

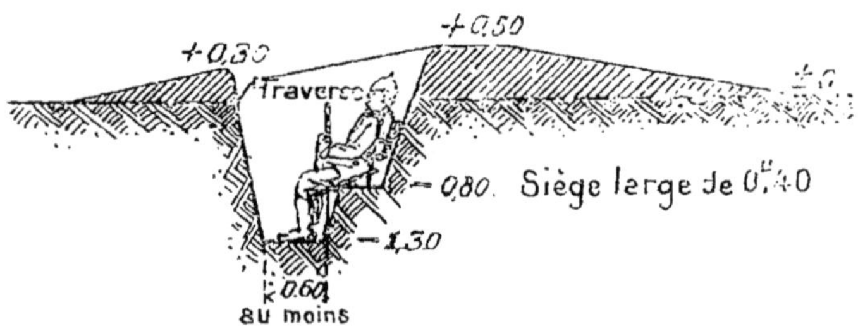

Fig. 112. — Tranchée couverte.

porter en temps voulu sur la ligne de feu ; leur distance, cependant, en tenant compte du tir courbe de l'ennemi, ne doit pas descendre, si possible, au-dessous de 50 mètres. Une disposition en échelons latéralement est préférable. A l'occasion, on peut aussi les organiser pour la défense. On fait un large emploi des *traverses* (fig. 115). *Abris* dans les tranchées couvertes (327 et suiv.).

Des gradins ou des rampes le long des talus et aux extrémités des tranchées facilitent la sortie. On peut créer pour les observateurs qui doivent maintenir la liaison avec les hommes qui occupent les tranchées, des postes d'observation simples (327).

Boyaux de communication.

294. — Des boyaux de communication sont organisés entre les tranchées de tir et les tranchées couvertes et de celles-ci aux couverts naturels du terrain (fig. 113). Ils doivent, autant que possible, offrir à l'homme une protection sur toute sa hauteur.

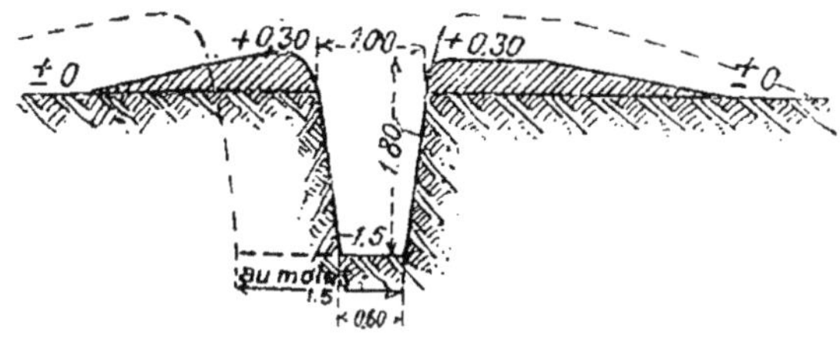

Fig. 113. — Boyau de communication.

(La ligne ponctuée montre l'élargissement en usage dans la guerre de siège.)

Afin qu'ils ne trahissent pas l'emplacement de la position, on doit les adapter soigneusement aux formes du terrain et les rendre invisibles. Les boyaux de communication longs et étroits peuvent être munis de gares d'évitement.

Les tranchées en zig-zag *de peu d'amplitude* ne sont en gé-

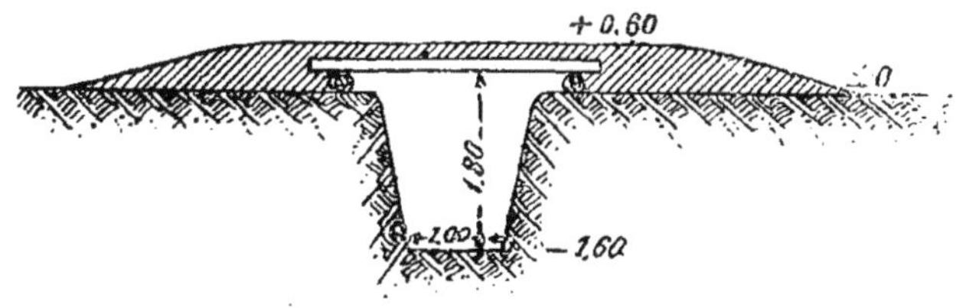

Fig. 114. — Portique.

néral pas à recommander, la plupart du temps, les éléments en zig-zag suivent les lignes du terrain de manière à ne pas être exposés au feu de l'artillerie et des mitrailleuses. Des traverses ou, de place en place, des portiques procurent une sécurité plus grande (fig. 114).

295 — Si le temps fait défaut et si les circonstances locales s'y opposent, on peut faciliter l'avance par bonds, de couvert en couvert, par des *levées de terre* qui ne soient pas vues ou des *masques*.

296. — Aux boyaux de communication, on adjoint des tranchées couvertes courtes pour y installer les postes téléphoniques, les postes de pansement, les latrines, etc., si ces

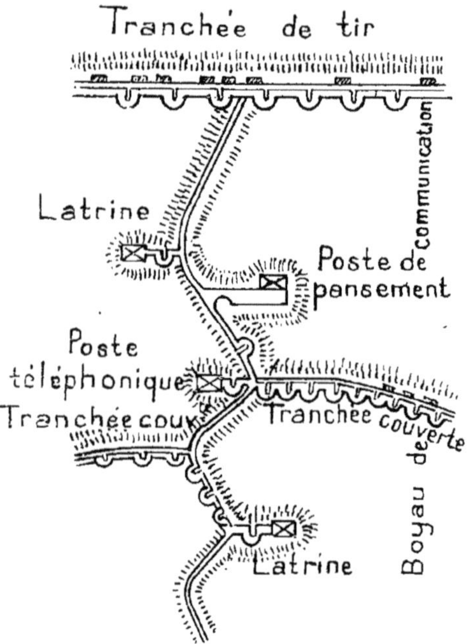

Fig. 115. — Tranchées de tir avec tranchées couvertes et boyaux de communication.

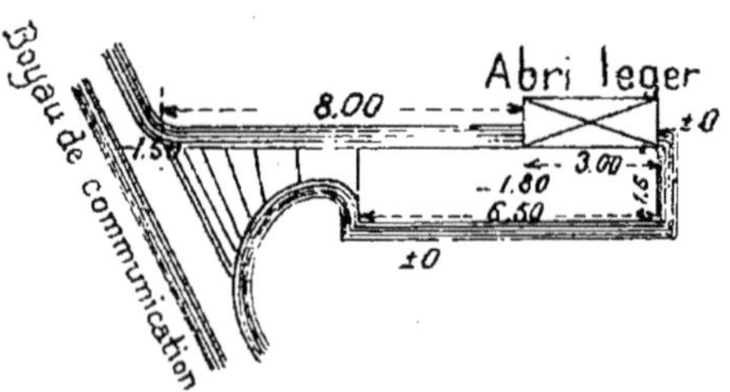

Fig. 116. — Poste de pansement à ciel ouvert.

organisations ne trahissent pas l'emplacement de la tranchée de tir (fig. 115 et 116). On peut organiser en lignes de feux les parties des boyaux de communication qui permettent de flanquer latéralement le terrain.

Emplacements couverts pour mitrailleuses.

297. — Les couverts pour mitrailleuses peuvent être organisés isolément ou incorporés dans les tranchées de tir.

298. — **Pendant le combat**, on organisera tout d'abord des *masques*, puis des *couverts en forme d'excavations* des deux côtés de la mitrailleuse pour *les servants qui se trouvent autour* (fig. 117), on pourra employer des sacs à terre comme l'indique la figure 171, page 162 ; hauteur du couvert, o m. 30. On recouvrira de terre l'extrémité de la man-

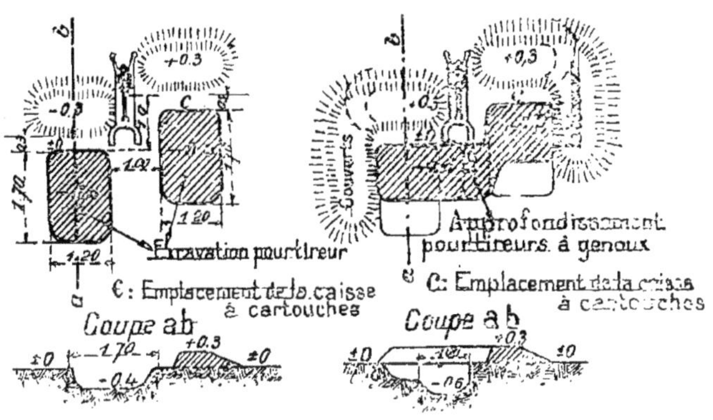

Couverts pour mitrailleuses organisés pendant le combat.

Fig. 117.
Pour tireurs couchés.

Fig. 118.
Pour tireurs à genou.

che (?) [1], les caisses de cartouches seront placées derrière le couvert de droite qu'on poussera en avant d'une quantité telle que le servant qui a la manipulation des bandes de cartouches puisse les introduire perpendiculairement dans la mitrailleuse.

Dans les *arrêts du combat* les couverts sont approfondis pour permettre le *tir à genou*, hauteur du couvert, o m. 90 environ. Les déblais qui proviennent de la fouille servent à renforcer le couvert en avant et sur les côtés.

Les couverts peuvent aussi être transformés d'après 299 en couverts pour hommes debout ou assis ; cette dernière forme,

(1) Traduction littérale du mot « Schlauchende » dont on ignore le correspondant en français. (N. d. T.)

au cas où un champ de tir défectueux nécessiterait une grande hauteur du couvert.

On fera des abris enterrés pour les commandants de compagnie (ou de sections) et les chefs de section, suivant les besoins, à leurs emplacements d'observation ou de commandement.

299. — Quand on a **du temps en suffisance**, on donne à la mitrailleuse placée d'abord sur le sol naturel la hauteur nécessaire pour qu'elle puisse tirer, puis on pratique les excavations pour les servants. Jusqu'à une hauteur de 0 m. 40, le pointeur tire debout, hauteur du couvert, environ 1 m. 40 (fig. 119 et 172, p. 163); pour une hauteur plus grande, il tire assis (fig. 120, p. 119). Les déblais sont répartis autour des excavations pour les servants et de la mitrailleuse assez

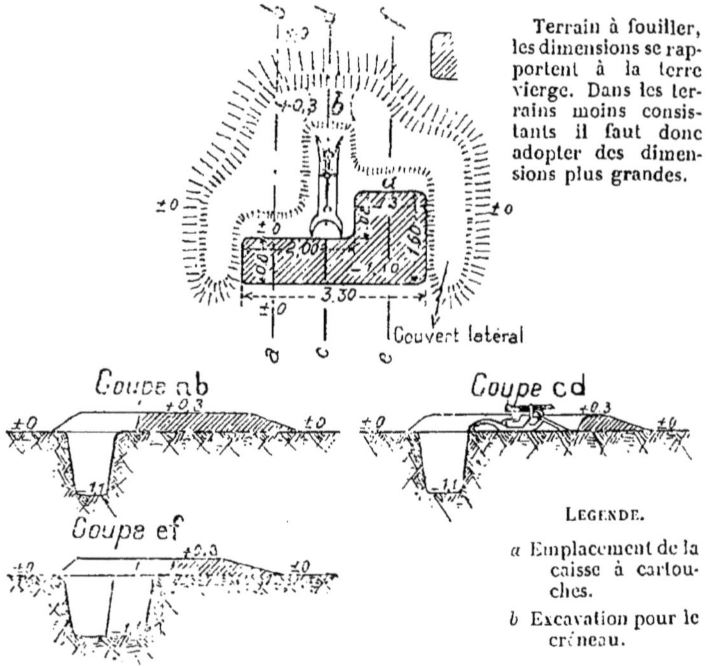

Fig. 119. — Couvert de mitrailleuse préparé pour le tir debout. (Voir aussi fig. 172, p. 163.)

haut pour que le chef de pièce puisse encore bien observer debout et que le pointeur puisse viser. Pour l'installation de couverts suffisamment épais latéralement et derrière, la terre peut être empruntée en arrière de l'emplacement (fig. 120 et 173, p. 163, près de *b*).

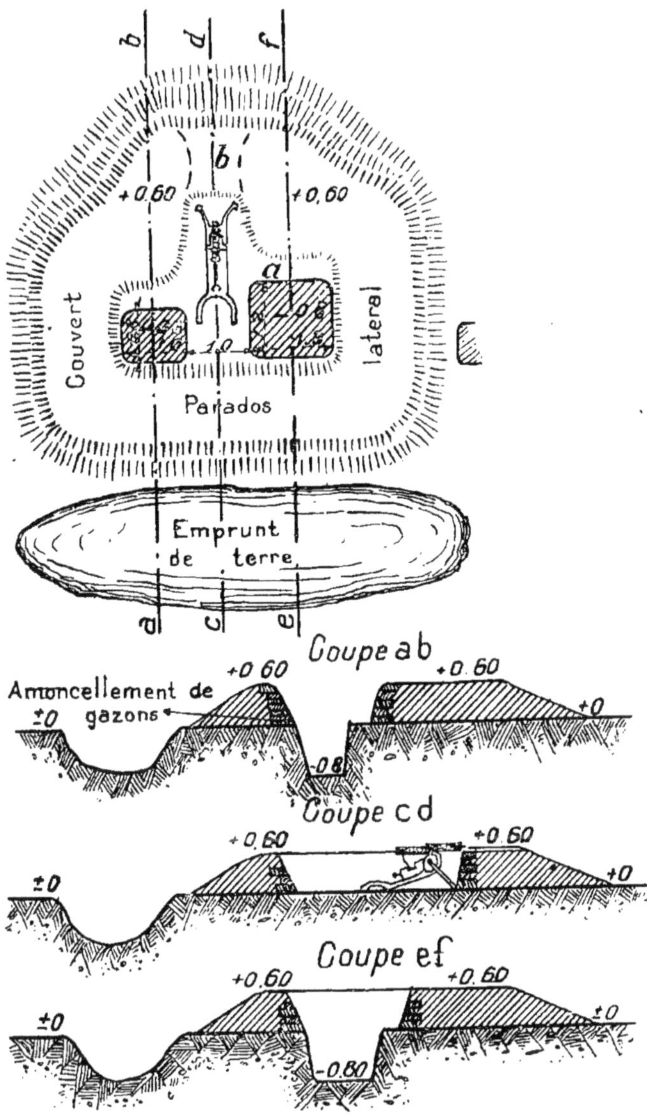

Fig. 120. — Couvert de mitrailleuse préparé pour le tir debout

(Voir aussi fig. 173, p. 163.)

LÉGENDE.

a Emplacement de la caisse à cartouches.
b Excavation pour le créneau.

On peut obtenir une amélioration du couvert en entassant par couches, après la mise en batterie de la mitrailleuse, des deux côtés et à hauteur de l'essieu, des sacs à terre ou du moins plusieurs mottes de gazon ou de terre épaisses (fig. 174, p. 164).

La mitrailleuse est fixée dans son couvert par un piquet enfoncé entre les barres antérieures de son traineau. On recommande de revêtir latéralement l'emplacement de la mitrailleuse. Les caisses reposent sur un gradin enfoncé de 20 à 25 centimètres (fig. 172, p. 163).

La figure 174, page 164, montre l'installation d'une mitrailleuse dans le *parapet d'une tranchee de tir*. Pour la mitrailleuse qui est installée sur le terrain naturel, on pratique dans le remblai du parapet un évidement de 1 mètre de largeur sur 1 m. 50 de longueur et pour le servant n° 3 une niche de 0 m. 50 de longueur et de 1 m. 30 de largeur dans le talus.

300. — Pour **achever l'installation**, les couverts des mitrailleuses isolés sont réunis par des tranchées étroites et on dispose des parados, des postes d'observation et des abris (fig. 121).

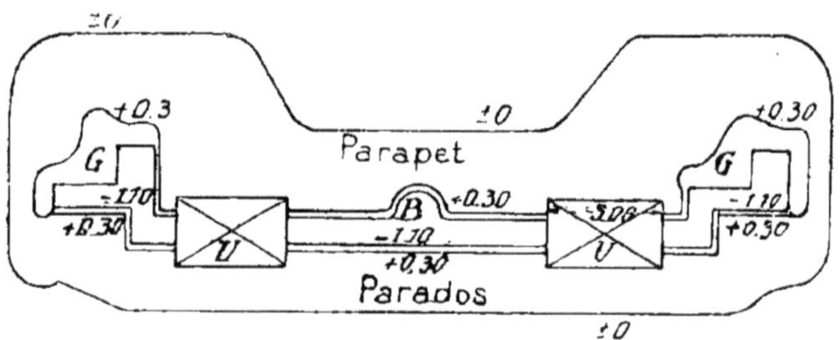

Fig. 121. — Emplacement préparé pour une section de mitrailleuse.

LÉGENDE.

G Emplacement de la mitrailleuse.
B Poste d'observation pour le chef de section.
U Abri.

Pour se couvrir latéralement, il faudra se préoccuper d'établir des traverses, si on ne peut pas retirer le boyau de communication en arrière des emplacements de mitrailleuses comme dans la figure 121.

301. — Les emplacements de mitrailleuses qui sont soustraits aux vues de l'ennemi ou qu'il n'est plus nécessaire, en raison de la situation du combat, de dissimuler peuvent être *recouvertes* à la manière d'un poste d'observation. La partie antérieure de l'abri reste ouverte autant que l'exigent les directions de tir.

MARCHE DU TRAVAIL.

302. — Il y a avantage à ce que les chefs de bataillon et les commandants de compagnie déterminent, d'un commun accord, les emplacements des tranchées de tir les plus favorables pour une coopération d'ensemble ainsi que ceux des couverts en cas d'affectation éventuelle de mitrailleuses et de pièces d'artillerie, après entente avec leurs chefs.

Faire précéder la construction des tranchées de tir, autant *que le permettent la situation du combat et le temps dont on dispose*, de **piquetages.** Pour ceux-ci, on se sert de petites levées de terre, de rameaux, de baguettes entourées de papier, etc., et même de jalonneurs. Le piquetage d'ouvrages de fortification que l'on suppose devoir être exécutés de nuit ou par un temps de brouillard doit être visible clairement et ne pas donner lieu à des erreurs (fanion en papier de couleur claire, tresse blanche, jalonneurs).

303. — En principe, on emporte les **armes** au travail; les fusils, suivant la situation, sont rassemblés en faisceaux près des chantiers par unités constituées ou par petits groupes, ou placés individuellement près de l'emplacement de chaque travailleur; la bouche du canon et la culasse doivent être protégés contre les débris de terre.

L'**équipement,** s'il a été emporté au travail, est placé convenablement à côté des fusils.

304. — **Si l'exécution des travaux de fortifications n'est pas gênée** par l'ennemi — comme dans les installations de défense qui sont couvertes par d'autres troupes — la troupe peut être répartie, munie d'outils de terrassement et placée comme il est le plus avantageux pour une progression convenable et égale de l'ensemble du travail.

305. — A l'intérieur des compagnies, les détachements sont rassemblés par sections avec des outils de même nature. *Avec les hommes sans outils*, on constitue des détachements, auxquels on affecte, suivant les besoins, quelques hommes avec des pelles, des haches-pics et des haches, pour :

Organiser le terrain et déterminer les distances,

Rassembler les produits du sol pour recouvrir les talus et pour construire des masques.

Si c'est nécessaire pour :

Aller chercher des outils et des matériaux,

Aller chercher les vivres et l'eau potable.

Les hommes disponibles forment une relève de travailleurs.

306. — Après que le commandant de compagnie a établi avec les chefs de section et quelques hommes l'emplacement de la tranchée, les limites de section, la nature de la tranchée — et suivant les circonstances la hauteur de la crête de feu — les traverses, les parados, les abris, etc., les porteurs de pelle se dispersent par section sur la ligne désignée, se répartissent également en laissant libres les emplacements de traverses fixées par les chefs de sections et commencent la fouille.

Chaque homme enfonce, à sa place la pelle dans la terre devant lui et trace une rigole étroite pour établir le bord du fossé jusqu'à son voisin de droite. Puis, il creuse le plus rapidement possible en profondeur et organise tout d'abord un emplacement pour son fusil. On détache les mottes dures et les gazons en gros morceaux et on les tient prêts pour organiser le talus ou pour rendre ultérieurement la tranchée invisible. Les chefs de section intercalent les porteurs de haches-pics (pioches) suivant les besoins. Pour travailler dans un terrain rocheux, il est indispensable d'avoir des pics lourds, des pinces, des coins en fer, etc.; dans le terrain gelé, on partage la surface supérieure par des rigoles en grandes masses que l'on creuse par en-dessous et que l'on sépare. Les pionniers peuvent désagréger un sol profondément gelé au moyen de charges d'explosifs.

Après qu'on a exécuté un couvert pour un travailleur, ce qui permet le tir à genou (trou de tirailleur), la fouille est prolongée vers la droite de manière à constituer une tranchée continue avec le profil donné. Les merlons pour les traverses sont maintenus, les couloirs de circulation qui doivent les entourer ne sont faits qu'en dernier lieu.

Pour l'installation de tranchées couvertes et de boyaux de communication, on n'envisage exclusivement que la rapidité de l'exécution du travail.

307. — Le **chef de groupe** se préoccupe de la rapidité du travail et de son exécution en conformité avec les ordres reçus, des dimensions exactes, des remblais appropriés et du maintien des merlons pour les traverses. Il tâche de rendre les tranchées invisibles et rend compte des difficultés spéciales qui peuvent survenir, par exemple des eaux souterraines (1).

Le **chef de section** prend les dispositions nécessaires pour préparer le combat de sa section. Il veille à l'avancement simultané du travail en renforçant ou en relevant les groupes qui se heurtent à des espèces de terrain particulièrement dif-

---

(1) Dans les exercices du temps de paix, on évite d'exécuter les travaux de terrassement sur des parties de terrain drainées, en cas de nécessité, on les exécute de manière que les tuyaux de drainage ne soient ni touchés ni détériorés. Le chef de groupe fait suspendre immédiatement le travail, quand on tombe sur un tuyau de drainage et en rend compte au chef de section.

ficiles. Les travailleurs devenus libres doivent se présenter au commandant de compagnie.

Le **commandant de compagnie** prépare l'achèvement et le complément éventuel de l'organisation des ouvrages de fortification dans la zone d'action de sa compagnie.

308. — **Après l'achèvement des travaux**, on exerce les hommes qui doivent occuper les tranchées, on leur fait connaître les distances repérées et on instruit pratiquement les sections dans l'utilisation des abris et des installations de la tranchée de tir. Il faut que la troupe se pénètre de cette nécessité que personne ne doit se montrer à l'ennemi avant l'ouverture du feu.

309. — Si on doit compter avec **la possibilité que l'ennemi prenne les travaux sous son feu**, comme c'est en général le cas dans l'attaque, quelquefois même dans la défense, la compagnie, sans mise en chantier préalable, occupe sa position de combat et commence à s'enterrer. On égalise la répartition des outils de terrassier. Les détails sont ordonnés par les sous-ordres d'après les circonstances locales.

Ultérieurement, suivant que cela est possible et nécessaire d'après la situation du combat, les autres travaux mentionnés à 305 peuvent être exécutés. Les tirailleurs occupés comme travailleurs doivent être, en tout temps, prêts à reprendre le combat.

310. — Si l'on doit renforcer le terrain **sous le feu de l'ennemi**, on organise d'abord des excavations pour les tireurs. Ces excavations peuvent, si la situation du combat l'exige et si on a le temps, être réunies peu à peu en un couvert continu de manière à former une tranchée pour tireurs à genou et, enfin, pour tireurs debout. A cet effet, la pelle passe de mains en mains entre les tireurs voisins. L'homme couché creuse devant ou tout contre lui une excavation dans laquelle il se terre, tandis que l'autre entretient le feu avec l'ennemi. Les déblais sont d'abord entassés devant l'excavation pour constituer un appui pour le fusil. L'appui est ensuite prolongé des deux côtés et renforcé. La figure 175, p. 164, donne des indications.

311. — Pour **la préparation d'un travail de nuit** à proximité de l'ennemi, au cas où la manière de procéder indiquée à 309 ne paraît pas pouvoir être suivie, on pousse en avant, au crépuscule, des patrouilles d'officiers — si c'est nécessaire, sous la protection de détachements de sûreté. Elles reconnaissent la situation exacte des positions à établir, elles les rendent faciles à retrouver au moyen de jalonneurs et de marques et rendent compte de la fin de ce travail. De la même manière, on jalonnera les chemins d'accès.

Il est nécessaire d'exercer une attention spéciale dans l'emploi des lanternes et des lampes électriques.

A très grande proximité de l'ennemi, pour ne pas attirer l'attention de l'adversaire, on conseille souvent, de *ne pas* envoyer de patrouilles de piquetage. La troupe, par suite, doit être exercée à atteindre sûrement de nuit, même sans un piquetable préalable, une ligne reconnue de jour de l'arrière en utilisant les alignements du terrain, les étoiles, la boussole, etc., et à s'enterrer sur le front exact. Tout bruit inutile doit être évité.

312. — Pour la construction des lignes de feu pendant la nuit au cours d'une attaque, les troupes sont amenées, après la tombée de la nuit, munies surabondamment de munitions et de vivres, sur les positions désignées (*378*),

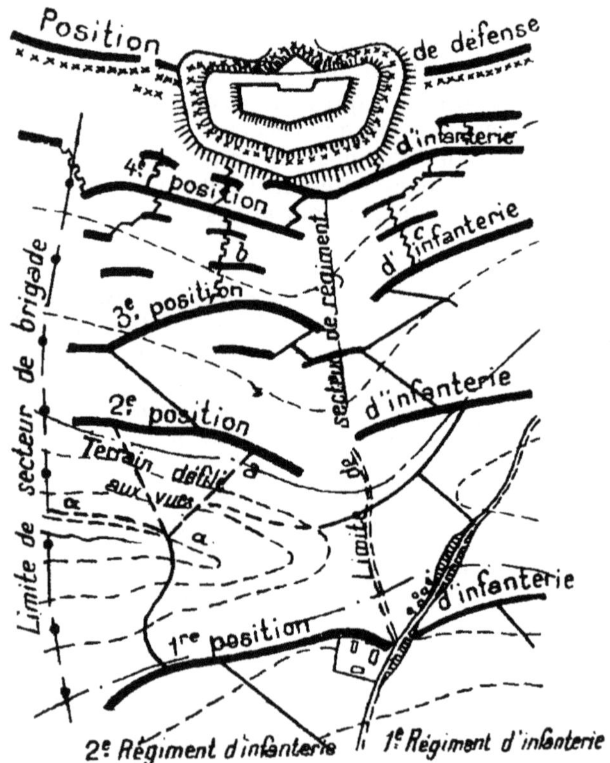

Fig. 122. — Position d'infanterie dans la guerre de siège.

LÉGENDE.

a Boyau de communication dans le secteur défilé aux vues (à ne pas faire tout d'abord).
b Sapes tournantes.
c Sapes en crémaillère.

sans sacs, et la plupart du temps, sans ustensiles de campement dont le cliquetis trahit facilement.

Si l'homme doit porter à la main un gros outil de terrassier sur un parcours étendu, il met son fusil en bandoulière de l'épaule gauche à la hanche droite et porte la pelle dans la main droite, le fer pressé sous l'aisselle, la pioche ou la hache, le fer dans le pli du bras gauche. On recommande d'exercer la troupe ainsi équipée à marcher sans bruit.

Il n'est pas avantageux de couvrir les travaux de nuit par des détachements spéciaux portés en avant. On aura recours pour la sûreté à des patrouilles qui ne devront cependant pas gêner le feu des troupes amies en cas d'attaque par l'ennemi.

313. — Dans les travaux d'approche contre les positions fortifiées et les ouvrages d'une place forte (257, 267, fig. 122), les entonnoirs produits par les obus, les couverts laissés par l'ennemi et les inégalités du sol seront fré-

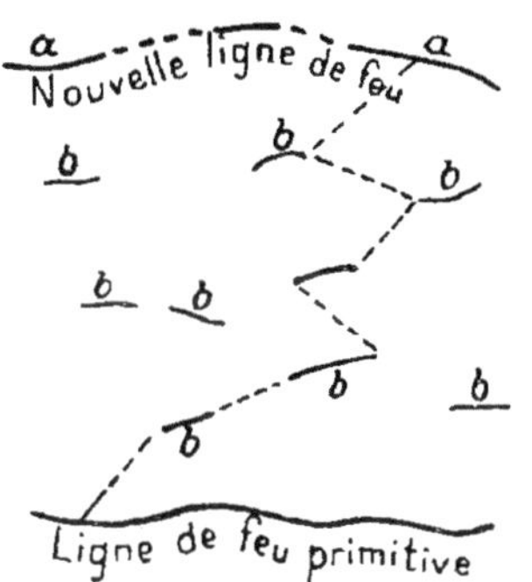

Fig. 123.
Réunion de couverts isolés.

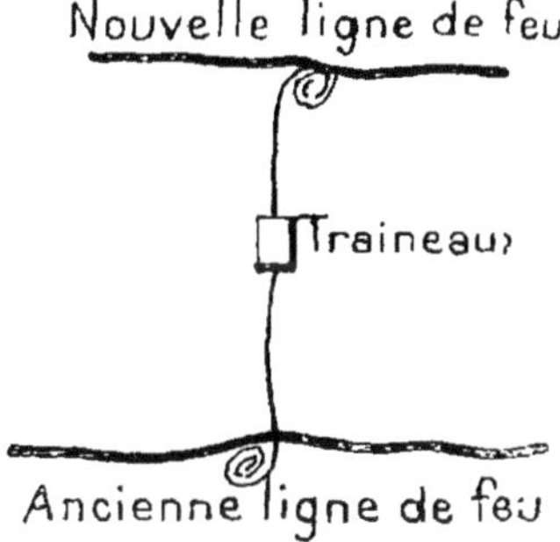

Fig. 124. — Transport des munitions etc... par un va-et-vient de traineaux.

quemment utilisés. Si on emporte des sacs à terre, le travail est facilité et accéléré (316).

Si par les travaux d'approche, on doit gagner une nouvelle ligne de feu, continue, les couverts individuels (*a* sur la fig. 123) créés peu à peu à sa hauteur seront réunis en creusant dans la terre un fossé latéral défilé (ligne ponctuée) que l'on approfondira, si c'est nécessaire, plus tard (fig. 176, p. 165).

314. — Les couverts isolés provenant des travaux d'approche (*b* sur la fig. 123) servent à protéger les soutiens et facilitent l'organisation d'une communication couverte vers la nouvelle ligne de feu. A cet effet, les couverts isolés seront reliés, s'il n'est pas possible de faire autrement, par un fossé couvert (fig. 176, p. 165) les unes aux autres de manière que les différents alignements soient soustraits au tir d'enfilade. Il suffit tout d'abord que la communication puisse abriter un homme rampant.

Si on ne réussit pas à constituer une communication comme celle-ci en employant des sacs à terre (317), on peut lancer des cordes sur lesquelles on fera glisser des traîneaux avec des munitions, des vivres, de l'eau potable, des sacs à terre.

315. — Pour la **construction de longs boyaux de communication** on recommande, en particulier dans un terrain qui n'est pas vu et dans l'obscurité, de mettre en place les troupes en partant de la colonne de groupes (fig. 125).

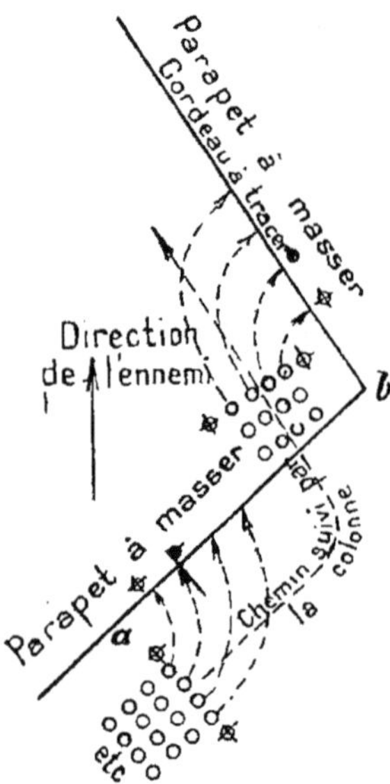

Fig. 125. — Mise en chantier pour l'exécution des tranchées.

LÉGENDE.

● Officier chargé de la mise en place des travailleurs.

⊕ Sous-officier adjoint.

A cet effet, la colonne s'arrête au point origine *a*, près du cordeau à tracer; le premier rang fait une conversion et est placé par l'officier; le deuxième suit après avoir appuyé légèrement, etc. Aux points de brisure *b* la colonne franchit le cordeau et converse dans la direction opposée, afin que le parapet soit tourné vers l'ennemi.

316. Les **sacs à terre** servent pour l'organisation rapide des couverts destinés à protéger la tête, pour les créneaux (330) et les traverses (290).

Les sacs à céréales et toutes autres étoffes appropriées se trouvent dans la plupart des localités. Si leur confection ne peut être imposée à la population civile ou être assurée par des marchés, ils sont confectionnés par la troupe.

Pour l'attaque, les sacs à terre sont la plupart du temps, emportés vides et remplis sur place. Pour de petits trajets, un tireur peut porter un ou deux sacs remplis. (Dimensions ne dépassant pas 25/25 centimètres, poids environ 16 kilogs). Les sacs isolés sont portés pressés contre la poitrine ou sur l'épaule, deux sacs réunis par une corde dans la main gauche ou sur l'épaule (fig. 177, p. 165).

317. — En grandes quantités, les sacs à terre servent aussi à organiser rapidement et *sans bruit des couverts continus*, surtout sur un terrain rocheux ou gelé. Ils sont remplis dans le dernier couvert et passés dans l'obscurité par des hommes faisant la chaine jusqu'à la nouvelle position. Les hommes les plus en avant les entassent par couches de manière à en constituer un parapet et prolongent celui-ci des deux côtés; les chaînes d'hommes sont infléchies en conséquence (fig. 178, p. 166).

La figure 179, p. 166, montre un exemple de la manière dont on peut pousser des couverts en sacs à terre en partant d'un couvert existant.

318. — Pour l'organisation des **parapets**, on peut employer des troncs d'arbre, des bûches de bois, des grosses pierres, des rails, ainsi que des tonneaux, des paniers, des caisses, etc., remplis de sable ou de cailloux. Pour empêcher les projections, on recouvrira les pierres et le fer avec de la terre ou des gazons.

319. — **Contre la découverte par les avions ou contre l'éclairage par les projecteurs**, les travailleurs essaieront de se couvrir en se couchant par terre irrégulièrement. Mais l'achèvement des travaux en temps voulu peut être plus important que leur découverte.

CONSTRUCTION DE LA POSITION.

Revêtements.

320. — Les talus raides, les sièges, les banquettes et les gradins de franchissement dans la terre meuble, surtout s'ils doivent être susceptibles d'usage prolongé doivent être revêtus. Si c'est possible, cette opération s'exécute en même temps que l'on dresse les parapets.

321. — Les gazons, de 30 cm. environ de longueur et de largeur, les grosses mottes de terre, les sacs à terre remplis, les pierres peuvent être placés les uns au-dessus des autres par boutisses et panneresses, comme dans les maçonneries. Les planches, les madriers et les broussailles sont placés derrière des piquets qu'on a enfoncés au pied du talus à revêtir à l'inclinaison voulue et avec un intervalle de 1 mètre à 1 m. 50. Les piquets sont ancrés avec du fil de fer, des harts ou des cordes à de forts piquets enfoncés dans le sol. Les bottes de broussailles sont maintenues par des piquets à larder que l'on chasse à travers (fig. 103, 105, 107, 111, 180, p. 167).

Abris.

322. — On peut construire des abris dans les tranchées de tir et les tranchées couvertes. Dans les tranchées de tir, ils ne doivent pas compromettre le développement de la crête de feu et la rapide occupation de celle-ci. Les abris les plus légers sont appelés des **Unterschlupfe** (abris légers), les plus solides des **Unterstände** (abris lourds). L'organisation des plus grands Unterstände (abris lourds) est confiée en général aux pionniers.

Épaisseur des abris. V. 379.

Pour limiter autant que possible l'effet des coups au but, *on préférera de nombreux petits abris* — Unterschlupfe pour un demi-groupe — *à un nombre plus réduit d'abris plus solides,* on séparera les abris légers par des merlons de terre d'au moins 1 mètre d'épaisseur et on placera au-dessus de longues pièces de bois qu'on interrompra de manière qu'elles ne recouvrent pas deux abris consécutifs.

323. — On ne remblaie pas l'espace destiné, tout d'abord ou par la suite, aux abris. Voir sur les figures 126 à 130 et 181, p. 167, la manière de les construire.

Pour le ciel, on emploiera des poutres, des madriers, des planches, des rondins, des rails de chemins de fer, des plaques de tôle ondulée. L'épaisseur des bois se déduit de leur portée.

Jusqu'à 1 mètre de portée des madriers de 8 cm. d'épaisseur suffisent.

Jusqu'à 1 m. 50 de portée, des madriers de 10 cm. d'épaisseur suffisent.

Jusqu'à 2 mètres de portée, des poutres de 15/15 cm. ou des rondins de 20 cm. d'épaisseur suffisent.

Jusqu'à 3 mètres de portée, des poutres de 20/20 cm. d'épaisseur suffisent.

Avec des bois plus faibles, il faut des supports intermédiaires (chandelle avec sous-poutre, v. coupe *a b* de la figure 126, gauche).

Si l'on dispose de *longues poutres*, on les étend dans le sens de la longueur de l'abri (fig. 126) et à leurs extrémités, on les appuie sur des planches ou des poutres (semelles) qui font saillie de 0 m. 30 sur l'arête du remblai recouvrant l'abri de manière à égaliser la pression du ciel de l'abri sur le sol.

Si celui-ci n'est pas solide, on soutient les extrémités des poutres au moyen de supports. Si on ne dispose surtout que de *poutres courtes,* madriers, rondins, etc., on n'étend que deux longues poutres dans le sens de la longueur et on recouvre l'intervalle compris entre ces deux poutres, perpendiculairement à la longueur de l'abri, par des bois courts (fig.

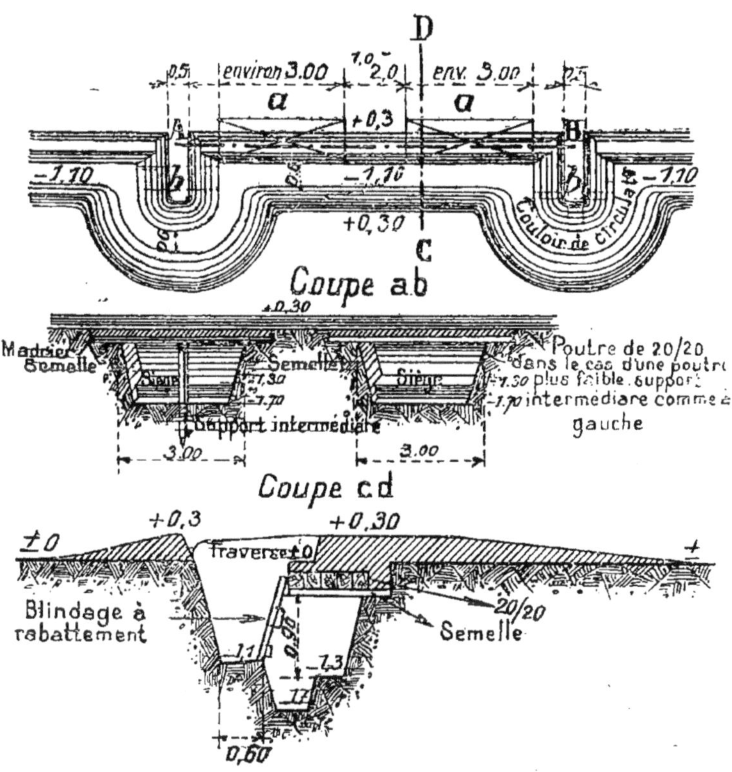

Fig. 126. Abri léger dans les tranchées de tir.

LÉGENDE.

a Abri léger. *b* Traverses.

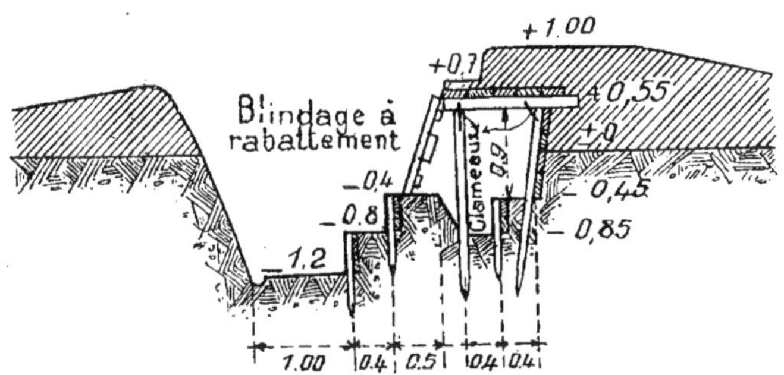

Fig. 127. — Abri léger dans une position d'infanterie.

128 et 129). Les interstices dans le ciel de l'abri sont fermés avec des gazons, des broussailles, etc.

Si les matériaux de construction sont sur place à temps, on peut, quand le terrain est consistant, les étendre sur le sol et ensuite creuser par en-dessous.

Pour les protéger contre le **souffle des projectiles** de

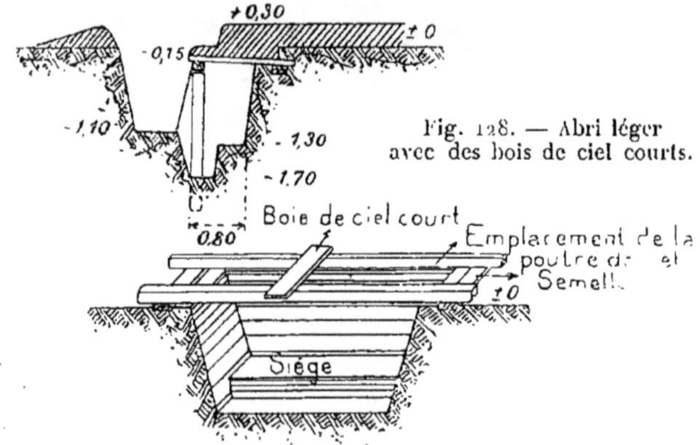

Fig. 128. — Abri léger avec des bois de ciel courts.

Fig. 129. — Construction d'un abri léger avec des bois de ciel courts.

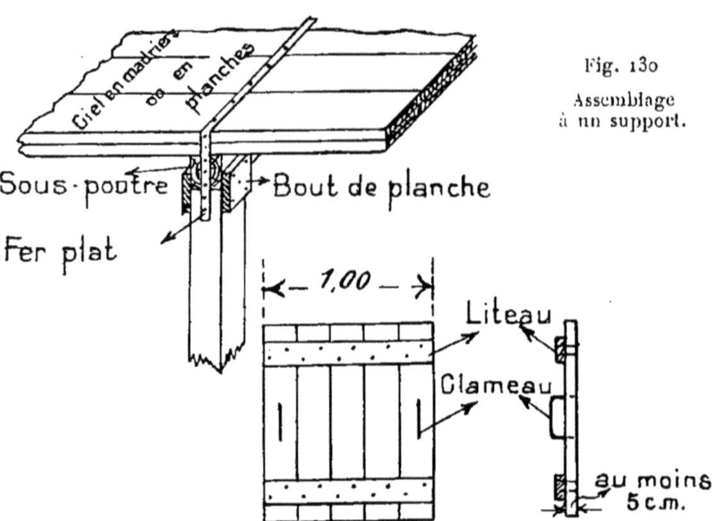

Fig. 130
Assemblage à un support.

Fig. 131. — Assemblage à rabattement.

l'artillerie, les bois de ciel seront solidement réunis entre eux ainsi qu'avec les supports intermédiaires et les semelles au moyen de fer plat, de fil de fer, de bouts de planches, de clameaux (fig. 130). Les parois latérales des abris légers seront revêtues, si c'est nécessaire.

324. — Pour la fermeture des abris vers l'arrière, on emploie des **blindages à rabattement** en bois. Une épaisseur de 5 à 8 cm. suffit pour s'opposer au souffle et aux gros éclats des projectiles ayant perdu leur vitesse. Des blindages plus épais et d'une résistance plus forte ne seraient pas maniables.

325. — Si on n'a pas le temps d'organiser des abris légers, on se sert d'**auvents protecteurs**, d'après la figure 132. Là aussi, il est désirable d'avoir des blindages.

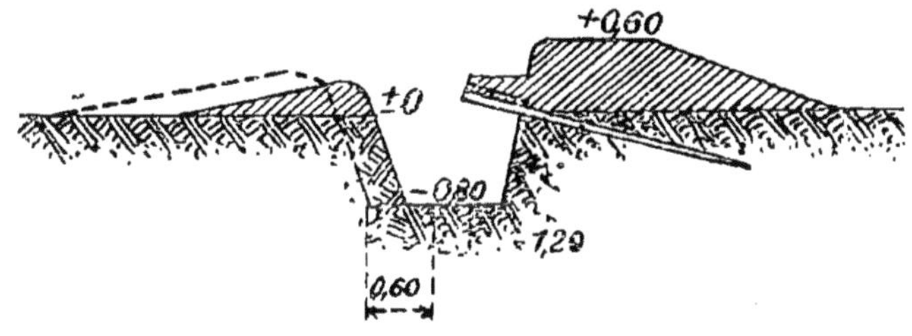

Fig. 132. — Auvent

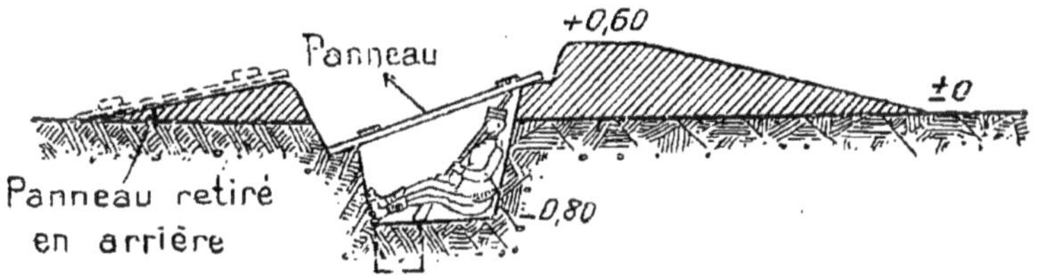

Fig. 133. — Panneau formant auvent.

Enfin, les vantaux de porte et les tables qui sont constituées de solides madriers et que l'on étend par-dessus la tranchée, peuvent remplacer les abris légers et peuvent pro-

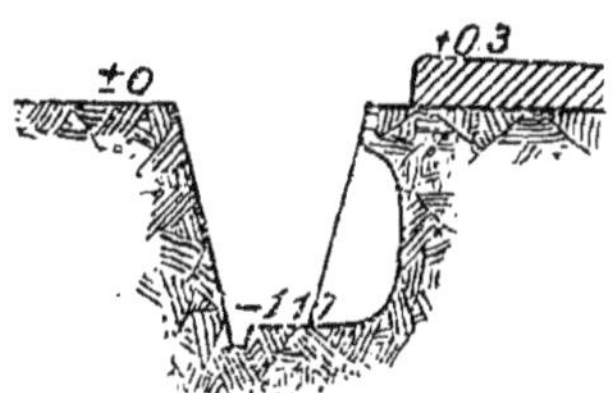

Fig. 134. — Niche de tirailleur.

téger contre les intempéries. Ils doivent être épais d'au moins 5 cm. et pouvoir facilement être lancés, toutefois, ils ne doivent pas trahir l'emplacement des tranchées (fig. 133).

Si l'on manque de matériaux de construction pour les abris légers, l'homme peut, dans un terrains *consistant,*

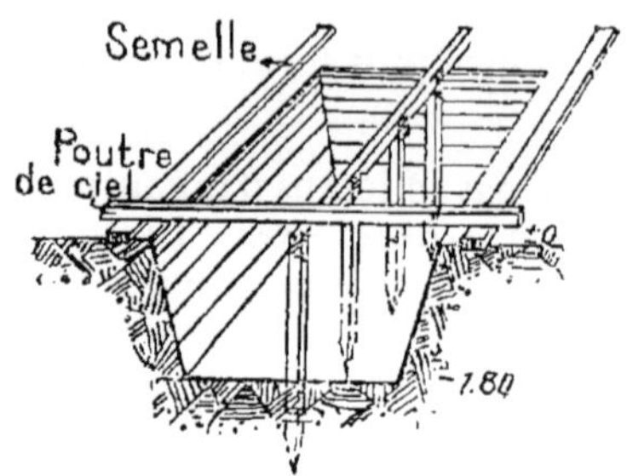

Fig. 135. — Construction d'un abri lourd.

améliorer son couvert individuel en creusant une **niche pour tirailleur** (fig. 134).

326. — Les **abris lourds** (fig. 135) (postes téléphoniques, huttes de terre pour les avant-postes [v. aussi 421], etc.) doivent être sur le terrain, défilés aux vues et se trouver le plus possible en dehors de la zone de dispersion des coups dirigés par l'artillerie sur la position. On les organise, par exemple, de la manière suivante : sur les bords d'une fosse qu'on a creusée, et à 5 cm. au moins du bord extérieur et en deçà, on place des semelles parallèles aux grands côtés de la fouille, puis on installe un support intermédiaire (chandelles verticales avec chapeau) et enfin, par-dessus, on place

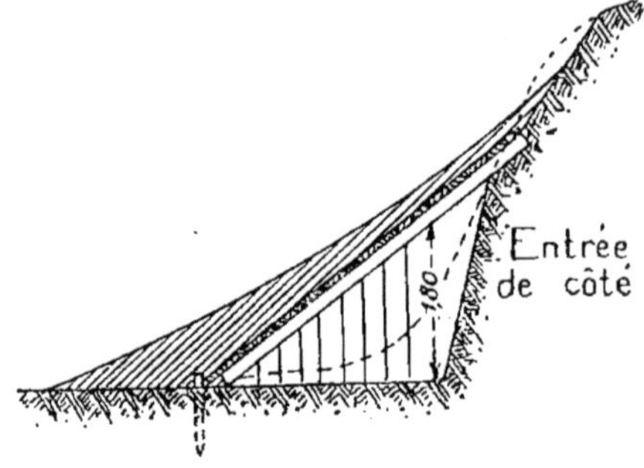

Fig. 136. — Abri contre une pente raide.

les poutres de ciel. Le ciel reçoit une épaisseur de terre de 30 à 50 cm. A l'intérieur de l'abri, on installe, suivant les besoins, des bancs, des tables, des lits de camp et, suivant les circonstances, des fourneaux. Les issues sont fermées avec des portes — la plupart du temps constituées par des blindages à rabattement, qui protègent contre les éclats de projectiles (324). — Des gradins revêtus facilitent la circulation vers l'extérieur. Il faut se préoccuper de l'évacuation des eaux en dehors de l'abri.

La figure 136 montre l'installation d'un abri en utilisant un couvert naturel.

Postes d'observation.

(Observatoires 371 et 372.)

327. — Pour pouvoir observer à l'abri, même pendant le combat, on construit des postes d'observation dans les tranchées de tir (fig. 137 et 182, p. 168) ou à proximité (fig. 138 et 183, p. 168). *Ils ne doivent pas trahir la position de défense,* ils doivent permettre la rapide transmission des renseignements et de l'alerte aux hommes qui l'occupent et être le plus possible protégés contre le feu de l'ennemi. On les place le plus avantageusement sur des points du terrain légèrement dominants, qui ont des vues suffisantes et sont soustraits aux

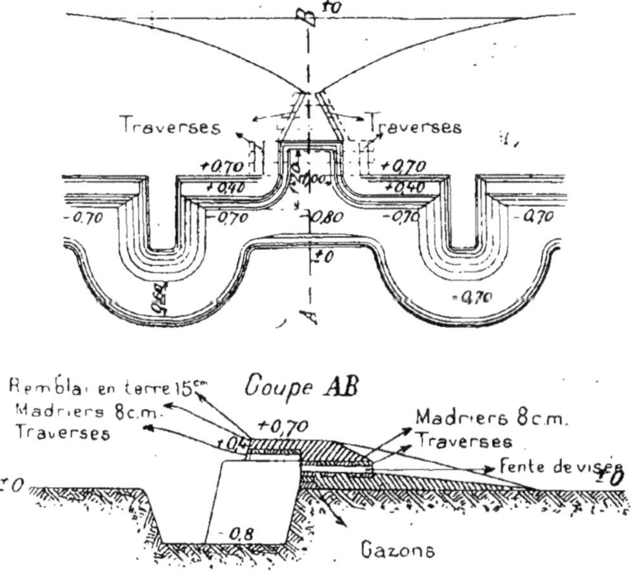

Fig. 137. — Poste d'observation dans une tranchée de tir.
(Voir aussi fig. 182, p. 168).

vues de l'ennemi par des masques. Les postes d'observation qui sont en dehors des tranchées (fig. 138) leur sont réunis par des boyaux de communication, si on ne peut communiquer avec eux à la voix ou par téléphone.

328. — Les postes d'observation sont, autant que possible, munis d'abris. On observe à travers des créneaux dont on limitera les dimensions extérieures. Il est indispensable de bien dissimuler les créneaux qui seraient vus de loin, en les bouchant avec des gazons, etc., et en ne les démasquant que lorsque le feu de l'ennemi rend impossible l'observation au-dessus du parapet.

329 — Si le temps fait défaut et si l'on ne dispose pas de matériaux suffisants pour l'installation de postes d'observation *couverts*, ou si l'on craint qu'ils ne trahissent la position, on les organise en **postes d'observation à ciel ouvert,** desquels on observe *librement* au-dessus du parapet

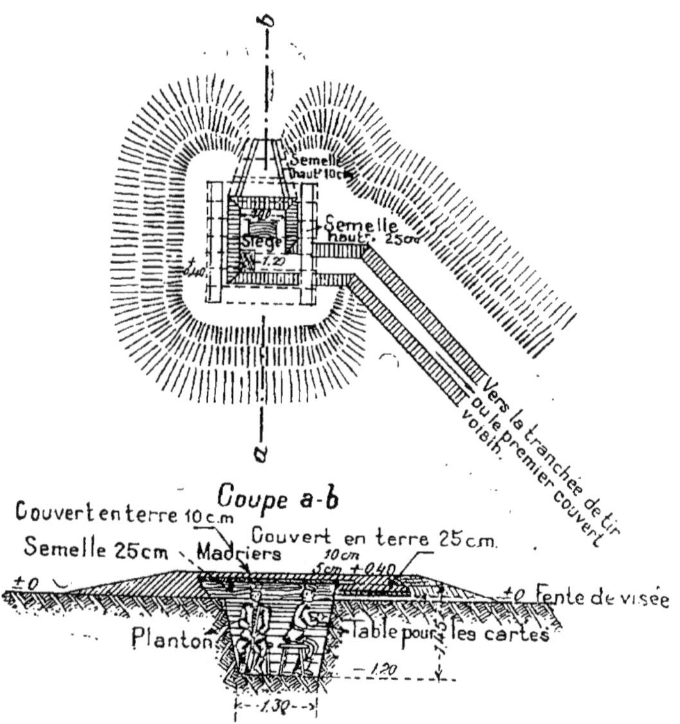

Fig. 138. — Poste d'observation couvert en dehors de la tranchée de tir. (Voir aussi fig. 183, p. 168).

(L'abri est indiqué en ponctué).

(fig. 139) ou à travers des créneaux. La tête de l'observateur est soustraite aux vues par des bottes d'herbes, des rameaux, etc. Un toit protecteur léger dans le poste d'observation procure un abri temporaire contre le feu des schrapnells.

Si l'ennemi s'approche de la position assez près pour qu'il puisse reconnaître les postes d'observation, les observateurs se protègent au moyen de sacs à terre, etc., qui sont entreposés dans le poste (fig. 184, p. 169).

Des **miroirs doubles** peuvent faciliter l'observation, il faut

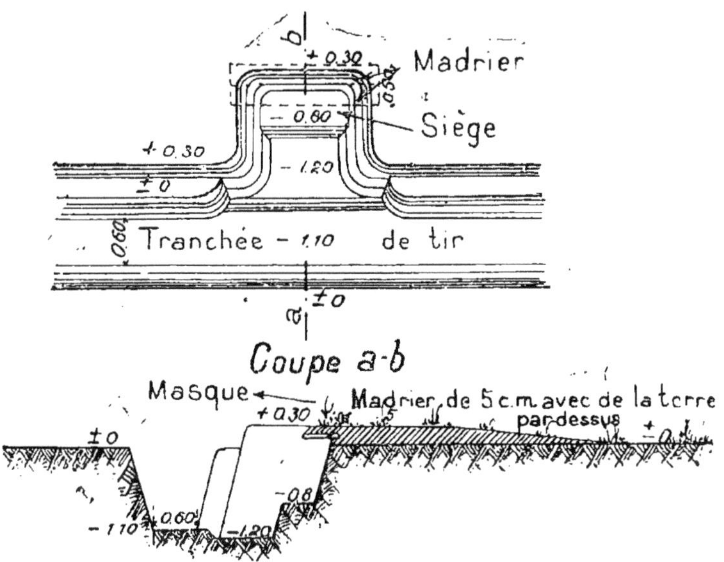

Fig. 139. — Poste d'observation à ciel ouvert.

toutefois les manier avec prudence, car, en brillant au soleil, ils peuvent trahir la position prématurément.

On dissimulera autant que possible les **jumelles-ciseaux.**

Créneaux et dispositifs pour tirer dans l'obscurité.

330. — Pour obtenir plus de sécurité dans le feu, il est désirable d'avoir des créneaux. Toutefois, comme ils sont difficiles à dissimuler et qu'ils trahissent aisément la position, on ne les emploie, en général, que si celle-ci ne peut d'ailleurs pas être soustraite aux vues de l'ennemi (par exemple dans la guerre de siège). Dans les autres cas, on recommande de ne constituer les créneaux qu'au moment du besoin avec des sacs à terre entreposés dans les tranchées (fig. 184, p. 169).

331. — Dans les ouvrages de campagne, dans les dispositifs de flanquement et dans tous les autres ouvrages de fortification qui sont soustraits au tir efficace de l'artillerie, on peut organiser les créneaux de prime abord d'après les indications des figures 140 ou 141.

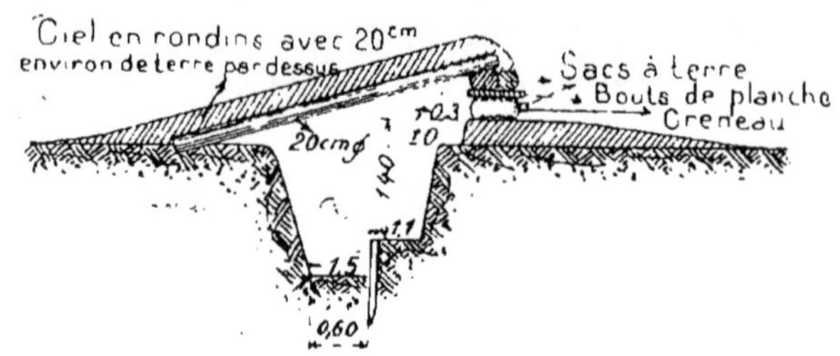

Fig. 140. — Créneau dans une tranchée de tir complètement couv e.

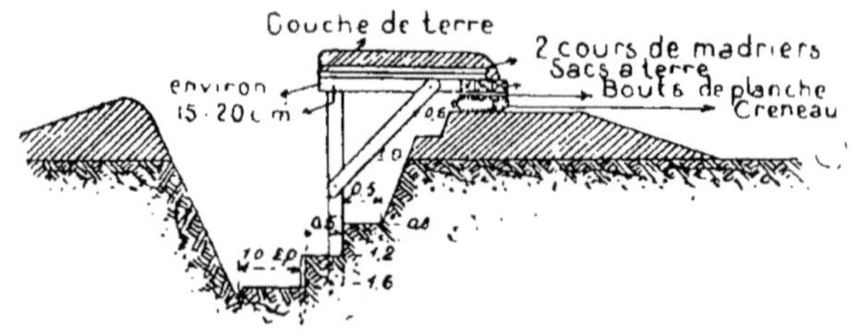

Fig. 141. — Créneau couvert.

332. — Si on ne dispose pas de sacs à terre, on découpe des créneaux d'environ 25 cm. de profondeur dans le parapet qui a été relevé en conséquence et on les rend invisibles autant que possible.

333. — Pour le **tir dans l'obscurité**, voir le Règlement du tir pour l'infanterie, *196 à 206;* chevalets *ann. 5.* Si le temps fait défaut pour l'installation de chevalets de tir, on donne à la plongée une inclinaison telle que le fusil, par sa seule mise en place, reçoive l'emplacement exact qu'il doit avoir pour battre le terrain à distance rapprochée.

Installations diverses.

334. — Pour entreposer les munitions, l'équipement, l'eau potable, les vivres et les projecteurs transportables, pour déposer les jumelles, les cartes, les télémètres, les pistolets éclairants, les torches, etc., ou pour installer des lanternes, on construit dans les parapets des tranchées de tir et des tranchées couvertes des **niches** *plus ou moins grandes,* à l'aide, le plus simplement, de caisses ou de tonneaux.

335. — A l'occasion, des **levées de terre,** *en forme de remblais,* rendent de bons services pour protéger les dispositifs de flanquement (éléments courts de tranchées, emplacements de pièces ou de mitrailleuses) contre les feux latéraux.

336. — Où les tranchees doivent être utilisées pendant longtemps, il faut attacher une attention particulière à **l'évacuation des eaux.** On donne au fond de la tranchée une inclinaison vers l'arrière et on emmène les eaux recueillies vers des puits perdus (fig. 142) ou suivant les circonstances par de longs fossés d'évacuation — sur des terrains plus bas.

Fig. 142.
Évacuation des eaux.

Il faut également veiller à ce que l'eau de l'extérieur n'afflue pas dans les tranchées. Il faut se débarrasser des couches de neige là où on veut amasser de la terre.

Les travaux d'évacuation d'eàu d'une certaine importance sont exécutés, la plupart du temps, avec l'aide des pionniers.

337. — Les poteaux indicateurs (à éclairer la nuit), les lanternes, les gradins, les rampes, les madriers recouvrant les tranchées à certains endroits, **facilitent la circulation.** Des couverts pour les **cuisines de campagne** peuvent être installés à proximité des tranchées et réunis avec celles-ci. Au reste, même des petits feux, tenus bas dans les tranchées profondes, si on emploie du bois sec, ne les trahissent pas.

On recommande d'approvisionner les tranchées de tir d'**eau potable.** Un approvisionnement de paille, de planches, de piquets, de branchages sert à se protéger contre les intempéries et à améliorer dans les pauses du comba. les organisations intérieures (revêtements, etc.).

UTILISATION DES COUVERTS EXISTANTS.

338. — On peut organiser pour la défense les **fosses, fossés, pentes raides,** suivant leur nature, en les recoupant, en les approfondissant, en les munissant de banquettes, de gradins, de rampes, etc., et suivant les besoins, de traverses (fig. 143 et 144).

Si on doit se protéger par derrière, on peut construire la tranchée d'après les indications de la figure 108.

Pour se débarrasser, autant que possible, de l'angle mort devant un **remblai**, on écrête le sommet (fig. 145) ou bien si le sommet du remblai est solide on monte un parapet

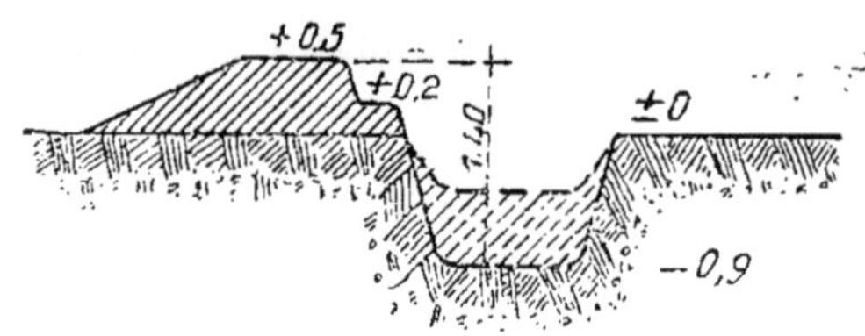

Fig. 143 — Organisation d'un fossé.

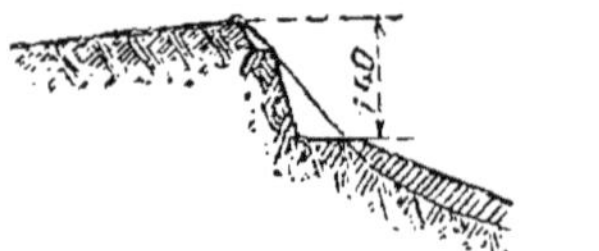

Fig. 144.
Organisation d'une pente.

Fig. 145.
Organisation d'une digue étroite.

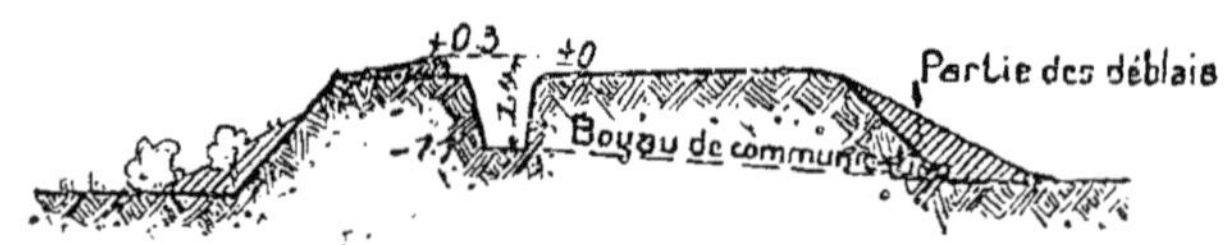

Fig. 146. — Organisation d'une digue.

(La tranchée de tir est reliée par place au moyen des boyaux de communication [fond marqué par la ligne ponctuée] avec le terrain en arrière).

avec l'inclinaison voulue (fig. 146), au cas où des organisations spéciales faites au pied de la digue ne permettraient pas de l'enfiler.

On utilisera les **haies** comme masques ou comme obstacles.

339. — Si les **localités ne servent aux troupes que comme des emplacements dissimulés**, il faut avant tout y organiser de nombreuses communications.

340. — Si les localités et les fermes sont **comprises dans une position**, le but du combat, la situation des éléments adjacents de la position, le champ de tir, la nature des lisières font décider si on doit choisir la ligne de défense, tout entière ou partiellement, à l'intérieur d'elles ou en avant.

L'*occupation de la lisière* rend possible parfois de créer rapidement une position susceptible de défense qui permette la circulation à couvert jusqu'à la ligne de tir et l'évacuation insoupçonnée de la position; elle rend aussi difficile à l'ennemi de reconnaître l'effectif des troupes qui l'occupent. D'autre part, toutefois, elle facilite, si les localités sont visibles de loin, le bombardement par l'artillerie ennemie et favorise ses effets. Les lignes de défense qui sont à l'intérieur ou à proximité des fermes, des meules de paille, des tas de bois, etc., qui peuvent prendre feu facilement, sont désavantageuses, surtout si on a à craindre le feu de pièces lourdes.

341. — Pour s'assurer la possession des localités **conquises**, il faut avant tout en barrer les issues tournées vers l'ennemi, mettre la lisière en état de défense ou installer rapidement une position en avant d'elle, organiser des communications en arrière.

Si les *localités* ne doivent être **tenues que temporairement**, outre les mesures indiquées à 280 et 281, il suffira d'installer des couverts légers, de barrer les issues tournées vers l'ennemi et d'organiser à l'intérieur de la localité et vers l'arrière des communications suffisantes, soustraites aux vues.

Si on doit organiser une localité en vue d'une **défense opiniâtre**, on fortifiera ses flancs de manière que même après la perte des parties adjacentes de la position, elle puisse encore être tenue. On ferme les intervalles par des défenses accessoires. Au reste, on applique dans leur esprit toutes les mesures particulières qui ont été prévues pour les tranchées.

On ouvrira la lisière en arrière de la localité assez largement pour qu'elle puisse être reprise sans trop de difficultés.

342. — Les *positions de tireurs* installées dans des **constructions massives** n'acquièrent une grande valeur que si elles ne sont pas exposées au tir efficace de l'artillerie, comme dans les maisons qui sont couvertes par des hauteurs situées devant ou des parties de la localité (par exemple sur les flancs de celle-ci).

Contre une attaque de nuit par surprise, il est souvent préférable de s'installer sur un terrain découvert.

343. — Les *issues* de la localité tournées vers l'ennemi seront avantageusement barrées d'une manière complète (203) et, suivant les besoins, on les remplacera par des issues accessoires latérales, dissimulées et couvertes.

Des communications couvertes bien tracées derrière la ligne des tireurs et de là aux emplacements des soutiens facilitent la conduite du combat.

344. — **Les organisations de défense, à l'intérieur** de la localité, doivent être aménagées de manière à ce que chaque secteur, chaque ferme puisse être défendue. De larges rues, des places ou des ruisseaux qui coupent la localité parallèlement au front de défense, favorisent la défense par secteurs.

345. — Les **réduits** — bâtiments ou fermes situés sur des places libres ou à des carrefours, capables de résistance et fortifiés de tous les côtés — rendent l'occupation difficile à l'ennemi qui aurait pénétré et facilitent une reprisede la localité.

346. — Les détails ci-après donnent des indications pour l'exécution des travaux de fortification à faire dans les localités.

Les **murs** sont renforcés par un remblai en terre (379). Organisation pour l'utilisation des armes (v. fig. 147 à 150).

ORGANISATION DÉFENSIVE DES MURS.

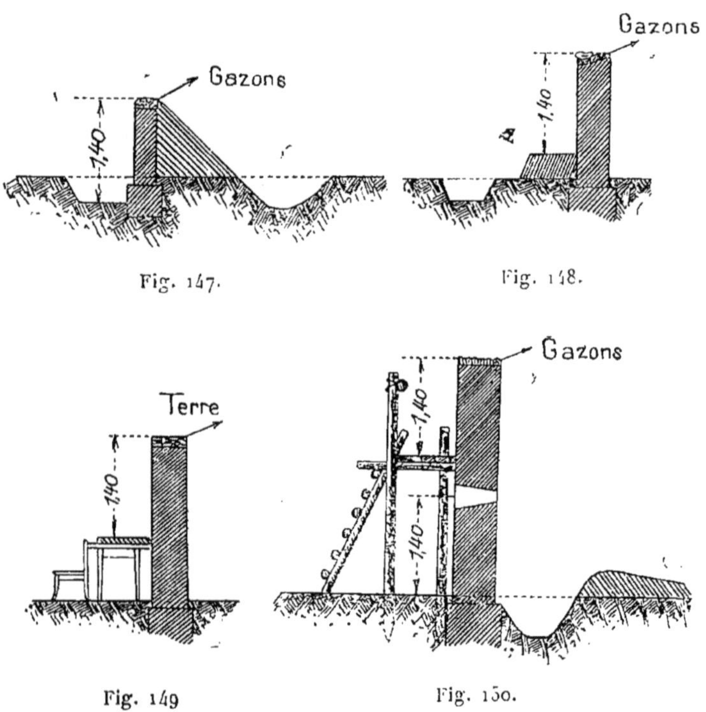

Fig. 147. Fig. 148.

Fig. 149 Fig. 150.

Pour diminuer les effets des éclats, on recouvre le couronnement du mur avec des gazons ou de la terre, ce qui procure en même temps un meilleur appui pour le fusil. Les créneaux en sacs à terre (fig. 184, p. 169) sont indiqués là où, la plupart du temps, la position des tireurs n'a pas à être soustraite aux vues.

Pour limiter les effets des projectiles et des grenades à main, les traverses pourront rendre de grands services. Contre les shrapnells, les vantaux de porte, etc., appuyés contre le mur donnent une bonne protection.

Dans les murs élevés, il est possible d'organiser plusieurs *lignes de feu étagées* si on peut percer des créneaux dans le mur (fig. 150).

ORGANISATION DÉFENSIVE DES PORTES.

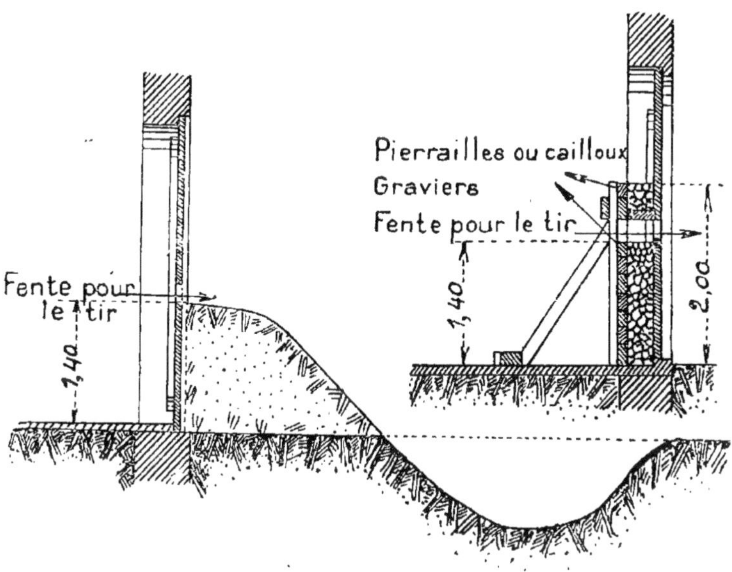

Fig. 151. Fig. 152.

Dans **l'organisation des bâtiments,** tous les objets susceptibles de prendre feu facilement sont éloignés et on tient prêts des réservoirs pleins d'eau; les ouvertures des fenêtres sont organisées de manière que les tireurs puissent faire feu au-dessus des appuis. Les portes sont renforcées contre la fusillade et crénelées. On pratique des créneaux dans les parois et toutes les ouvertures qui ne servent pas à donner des feux ou à la circulation sont barricadées.

347. — Dans les **forêts,** il est nécessaire tout d'abord de compléter les chemins et de les repérer.

La ligne des tireurs de la défense évite autant que possible la lisière facilement visible, ou elle se place en avant ou elle reste assez loin en arrière dans la clairière pour que le feu à travers les arbres ne soit pas gêné.

Si le sol parsemé de racines rend difficile la fouille de tranchées profondes, on constitue des parapets en utilisant des troncs d'arbre ou des rondins (379). Des abatis de branches (358) s'associent souvent aux tranchées (fig. 153).

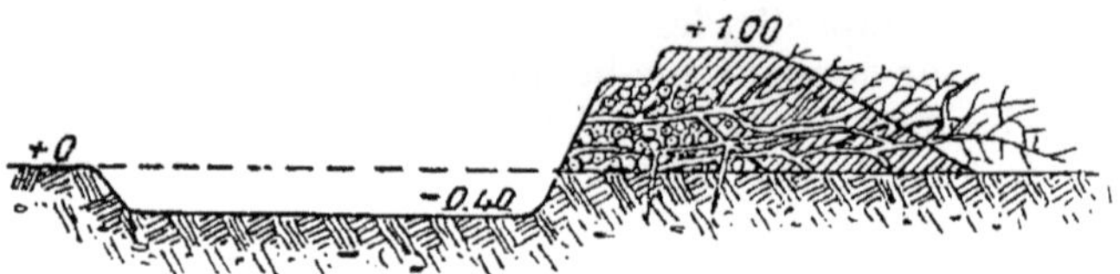

Fig. 153. — Tranchée à la lisière d'un bois.

Les intervalles dans la ligne de défense peuvent être fermés par des défenses accessoires.

Il peut être avantageux de rendre difficile par des abatis pratiqués à l'intérieur de la forêt le déploiement en largeur et en profondeur d'un assaillant qui aurait pu y prendre pied.

DÉFENSES ACCESSOIRES.

348. — Les défenses accessoires doivent être le plus possible soustraites aux vues, placées de telle sorte qu'elles puissent être battues de front ou de flanc et ne pas empêcher le feu des défenseurs. Si elles se trouvent près de la position, elles sont dans la zone de dispersion du feu de l'artillerie dirigé sur celle-ci; elles ne protègent pas d'une manière suffisante la garnison contre les grenades à main. Si leur distance à la position est grande, leur *surveillance* de nuit est

Fig. 154. — Abri de sentinelle pour la surveillance des défenses accessoires.

rendue difficile. L'assaillant peut, suivant les circonstances, s'en débarrasser, tandis qu'il tient la position elle-même sous le feu de son artillerie. La surveillance depuis la position peut s'effectuer si les défenses accessoires sont distantes d'environ 50 m.; pour des distances plus grandes, il faut pousser, dans des couverts près des défenses accessoires, des sentinelles spéciales, en cas de besoin, même des groupes de sentinelles (fig. 154). De nuit, il faut se préoccuper de l'éclairage temporaire des défenses accessoires par des torches, des pistolets éclairants et des projecteurs (380 et suiv.). Des patrouilles traversent les défenses accessoires et se terrent sur le terrain en avant. L'alerte doit pouvoir être donnée à la garnison des tranchées depuis les emplacements des sentinelles.

La disposition des défenses accessoires sur plusieurs lignes augmente leur efficacité, en rend difficiles la reconnaissance et la destruction.

349. — Les défenses accessoires qui ferment les intervalles dans les travaux de défense (par exemple : abatis à la lisière des bois et des localités, 341 et 347) ont besoin également d'être battues et surveillées.

350. — Les défenses accessoires qui ne rendent pas impraticable le terrain en avant non vu ou qui doivent rendre la sortie ou la traversée des forêts difficiles (abatis, 357) reçoivent, autant que possible, une grande profondeur.

351. — On rend difficile le franchissement des **murs, haies, grilles** en creusant des fossés en avant.

On entremêle irrégulièrement de fils de fer les haies et les broussailles.

352. — Les **inondations** ne sont souvent efficaces qu'après un temps assez long. Les travaux nécessaires rentrent, en général, dans les attributions des pionniers.

353. — Des **fils de fer** isolés placés au ras du sol (réseaux bas) et répartis irrégulièrement, des lacets en fil de fer fixés au sol constituent déjà une défense accessoire qui n'est pas négligeable.

On organisera des **réseaux de fil de fer** simples en tendant au-dessus du sol, en croix et en travers, des fils de fer (autant que possible de la ronce artificielle) sur de forts piquets, hauts de 0 m. 10 à 0 m. 50. Ils sont d'autant plus efficaces qu'il y a plus de fils tendus et que la surface couverte est plus large.

Les figures 155 et 185, p. 169, montrent une *forme plus robuste* du réseau de fil de fer.

A cet effet, de solides piquets de 1 m. 50 à 2 m. de longueur et de 8 à 10 cm. de diamètre, sont enfoncés, en se servant avantageusement d'estrades (caisses, tonneaux, etc.), sur plusieurs rangées, l'une derrière l'autre, et assez profondément pour qu'ils émergent du sol à des hauteurs différentes. Les intervalles entre les piquets sont inégaux et sont en moyenne de 2 m. Entre les rangées de piquets, on tend les réseaux en croix. On organise chaque réseau, d'abord, de fils de fer d'environ 5 m/m, en les faisant partir des pieds des piquets d'une rangée pour aboutir au sommet de ceux de la rangée voisine. En outre, dans chaque rangée, les pieux sont réunis entre eux à environ deux largeurs de mains au-dessus du sol. Entre les gros fils de fer, on tresse dans différentes directions et à des distances de 0 m. 50 à 0 m. 70 des fils de fer minces et on entremêle, à travers et en croix, le réseau

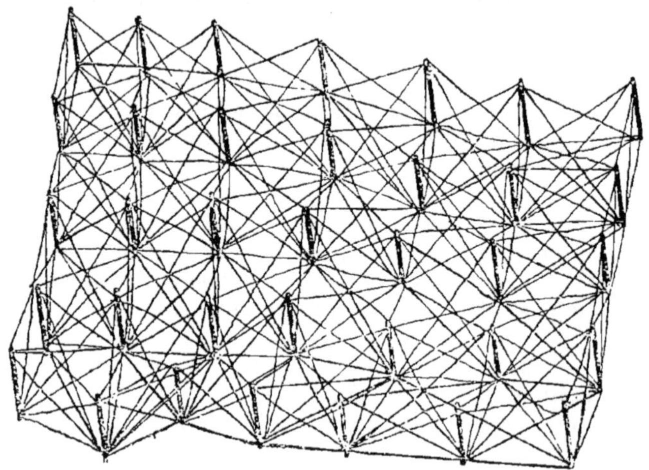

Fig. 155. — Réseau de fil de fer.

terminé, la ronce artificielle dont on peut disposer. Les fils de fer sont fixés aux piquets, les uns au-dessous des autres, soit en les enroulant autour de ceux-ci, soit au moyen de cavaliers que l'on constitue avec des bouts de fil de fer.

Pour atténuer les effets des charges d'explosif et des projectiles et pour rendre le franchissement des réseaux plus difficile, les fils de fer sont tendus d'une manière lâche et ne sont pas reliés entre eux aux points de croisement. Il est désirable d'avoir *une largeur* de 10 m.

A la grande efficacité des réseaux de fil de fer est opposé l'inconvénient qu'il n'est souvent pas possible de les dissimu-

Fig. 156. — Réseau de fil de fer défilé aux vues.

ler. On doit suppléer au défaut de couvert fourni par le terrain au moyen de *masques*. Souvent plusieurs bandes étroites de réseaux se dissimulent mieux qu'un réseau large continu (v. aussi 235, al. 3).

Souvent, — surtout près des ouvrages de campagne — on peut recommander d'organiser des *fossés* spéciaux pour dissimuler les réseaux de fil de fer (fig. 156). Ces fossés doivent être battus de front ou latéralement.

354. — Si on manque de fil de fer, ou si l'on veut organiser une défense accessoire à travers laquelle on puisse bien voir et tirer, on se contente de placer, l'une derrière l'autre, plusieurs **clôtures en fil de fer.** On recommande à cet effet les câbles métalliques et la ronce artificielle.

355. — Pour l'artillerie qui se trouve en position, on peut, en utilisant ses piquets de campement, installer sur les flancs et sur les derrières, des clôtures en fil de fer légères qui peuvent détourner le premier choc d'une cavalerie qui voudrait les attaquer.

356. — Pour **fermer** *rapidement* **les trouées** qu'on a laissées ouvertes dans le réseau de fil de fer pour les patrouilles ou pour pouvoir prendre l'offensive, on suspend aux piquets adjacents des couronnes de fil de fer de réserve. En outre,

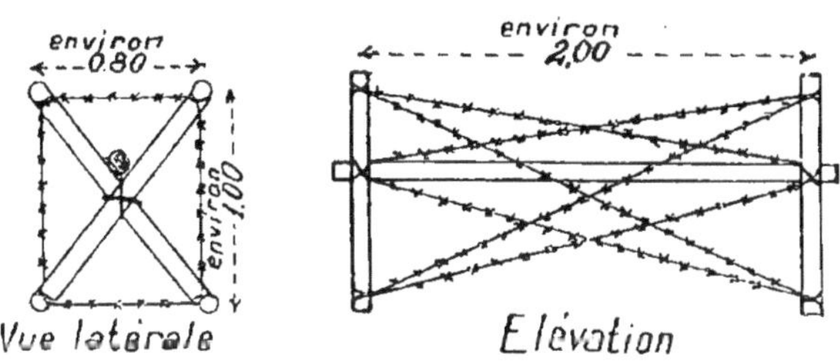

Fig. 157. — Chevaux de frise.

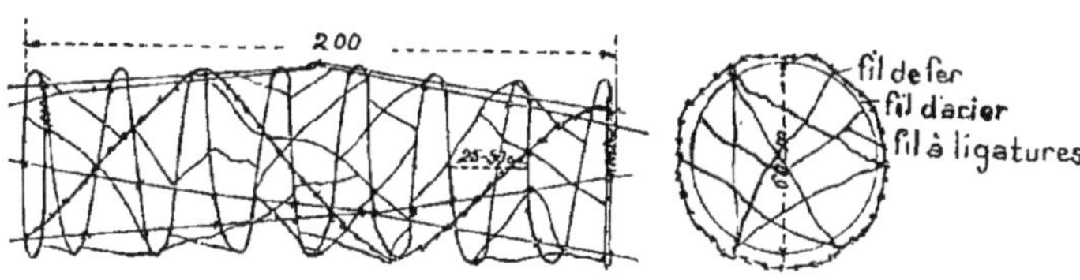

Fig. 158. — Rouleau de fil de fer. Coupe transversale.

on place à côté des passages, des chevaux de frise entourés de fil de fer (fig. 157 et 158), que l'on fixe par des boucles aux piquets voisins ou que l'on jette en travers des passages. De même, on rendra rapidement impraticables, en particulier à la cavalerie, les ponts, les ruelles étroites, etc.

357. — Les **abatis d'arbres** sont employés là où la limitation du champ de tir n'est pas nuisible. A cet effet, on abat les arbres de façon que, tout en adhérant le plus possible à leur souche, leur cime soit couchée du côté de l'ennemi. Les intervalles sont barrés avec des arbres plus faibles, des branches ou des fils de fer.

L'obstacle est plus efficace, si les arbres sont abattus sur *plusieurs rangées* ou sur de larges bandes de forêts, de manière que les cimes des arbres des rangées postérieures recouvrent les troncs des arbres des rangées antérieures et si l'on augmente le fouillis en y entremêlant le plus possible de fil de fer, enfin si l'on y installe des fougasses automatiques.

358. — Les **abatis de branches** sont organisés avec des arbres pauvres en branches et des branches (le mieux avec des bois feuillus qui sont encombrants). On les débarrasse de

Fig. 159. — Abatis de branches couchées.

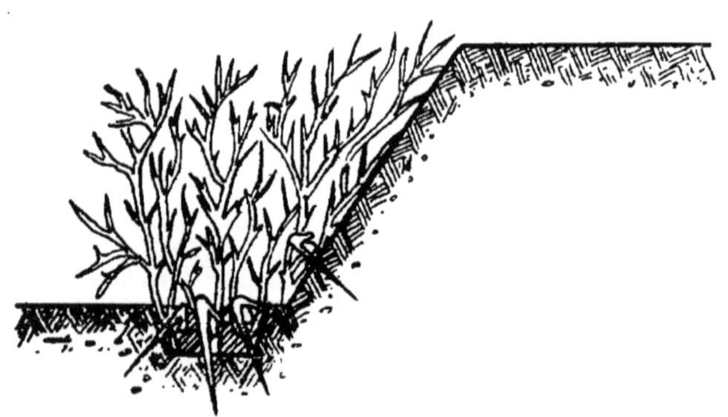

Fig. 160. — Abatis de branches dressées debout.

leurs rameaux minces et on les fixe avec des tringles et des crochets (fig. 159 et 160). On renforce l'obstacle en entremêlant des fils de fer.

Comme l'organisation de ces défenses accessoires demande beaucoup de temps, elles ne sont que rarement employées dans la guerre de mouvement.

359. — Si on manque de fil de fer, on peut employer les *trous de loup* et les *herses*.

Les **trous de loup** sont des excavations à parois raides, de forme conique ayant jusqu'à 1 m. 80 de profondeur et que l'on dispose sur plusieurs rangées l'une derrière l'autre. Les déblais résultant de la fouille sont massés, la plupart du temps, en avant de l'obstacle à la manière d'un glacis. Au fond des excavations, on enfonce des piquets appointés vers le haut. Les intervalles entre les trous peuvent être rendus

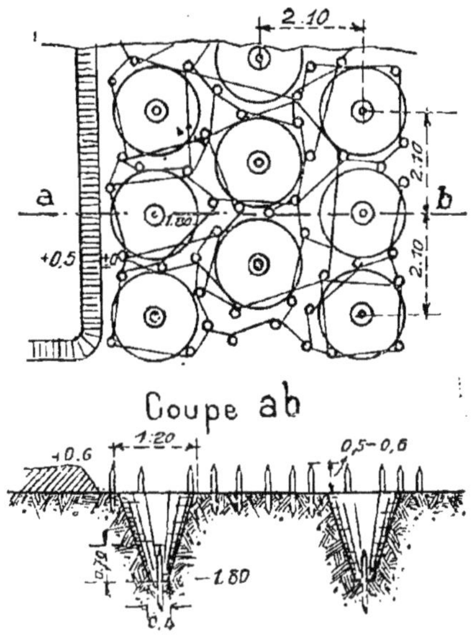

Fig. 161. — Trous de loup sur trois rangées.

impraticables par des piquets de la hauteur du genou, très rapprochés les uns des autres, appointis vers le haut. Les *trous de loup*, en liaison avec un réseau de fil de fer simple ou avec des fougasses automatiques, constituent un obstacle aussi difficile à détruire qu'à franchir (fig. 161).

Les **herses** ou *planches* au travers desquelles on a enfoncé de longs clous, sont juxtaposées; on les fixe entre elles et au sol.

360. — Les **fougasses** (fougasses automatiques ou fougasses auxquelles on peut donner le feu à distance — fougasses d'observation) sont organisées par les pionniers. Elles peuvent renforcer d'autres défenses accessoires, rendre impraticable un terrain défilé aux vues ou, exceptionnellement, être placées en avant de la position. Elles ne peuvent subsister que là où le feu de l'artillerie n'est pas à craindre.

Destruction et franchissement des défenses accessoires.

361. — On pratique des brèches dans les **murs** épais et les **grilles** le plus rapidement avec des charges d'explosifs, dans les murs de faible épaisseur, en les renversant avec des leviers ou en les perçant à coups de bélier. On perce les *haies* et les *clôtures* avec la hache et la cognée. On fait sauter, on démolit ou on passe par dessus les **barricades sur les chemins.**

Pour se débarrasser des **inondations**, on démolit les dispositifs de retenues d'eau.

362. — Si les **réseaux de fil de fer** ne peuvent pas être couchés sur toute leur étendue, il faut y pratiquer des brèches en coupant les fils de fer à la cisaille et en brisant les piquets (263). L'effectif du détachement de destruction se détermine d'après la largeur de la brèche qu'on veut obtenir. Pour un réseau intact, il faut au moins 2 hommes pour chaque rangée de piquets.

On place les *cisailles* tout contre les piquets de manière que le fil de fer soit engagé perpendiculairement entre les couteaux complètement ouverts de la cisaille. Ou bien l'on coupe les fils à tous les piquets et l'on brise ceux-ci, ou bien on pratique seulement — dans le cas de piquets mal enfoncés — un chemin et ensuite le réseau est soulevé avec les piquets et mis de côté.

Les chemins de colonnes sont faits aussi par les pionniers au moyen de charges d'explosifs.

363. — Ce n'est que les réseaux constitués de fil *nu* que l'on peut franchir en rampant, si l'ennemi est contenu par le feu.

On peut *franchir* un réseau de fil de fer en se servant de planches, échelles, matelas, etc., à la manière de pont.

364. — La plupart du temps, on ne peut pratiquer de **brèches à travers les abatis d'arbres et les abatis de transport** qu'à l'aide des explosifs. Leur démolition avec la cognée, la hache, la scie, ne peut être exécutée, en vue de l'ennemi, que s'il s'agit de faibles organisations. On peut franchir les abatis de peu de profondeur comme les réseaux de fil de fer en jetant par dessus des planches, etc. On peut mettre le feu aux abatis faits de bois secs.

365. — On peut franchir les **trous de loup, herses** ou *planches armées de clous*, au moyen de bottes de paille ou de foin, passerelles faites avec des tringles analogues à la figure 2, au moyen d'échelles sur lesquelles on brêle des planches, etc.

Les pionniers rendront inoffensives les **fougasses** aux endroits où l'artillerie n'aurait pu les détruire.

Les bandes de terrain débarrassées de fougasses seront marquées comme les chemins de colonnes au moyen de tresse de couleur claire, de broussailles, etc.

366. Dans l'**assaut des localités**, on recommande pour soutenir les pionniers de constituer des détachements de pionniers d'infanterie et de les doter de haches, cognées; pics, leviers, pinces, échelles courtes, grenades à main, etc. Les pionniers transportent aussi des charges d'explosifs préparées.

367. — Dans les combats de rues, la marche en avant n'est souvent possible que si l'on a pratiqué des communications à l'intérieur des maisons en perçant les murs mitoyens.

OUVRAGES DE CAMPAGNE.

368. — Le tracé d'un ouvrage de campagne (tranchée de tir fermée) est déterminé par le terrain et par la nécessité de donner des feux dans toutes les directions. D'après son rôle dans le combat, on lui donnera les dimensions telles qu'il puisse être occupé par un effectif variant de 1/3 de compagnie (1 section) [1] à 2 compagnies.

369. — Il est d'une importance toute spéciale de se protéger contre un feu d'infanterie supérieur et enveloppant *à courte distance* (créneaux, traverses, parados, etc.). Des boyaux de communication facilitent la circulation dans l'intérieur et vers l'extérieur.

On installe des abris légers suivant les besoins. Des défenses accessoires, solides et bien dissimulées, placées tout autour, augmentent la force de résistance.

370. — Si les *ouvrages de campagne sur les lignes d'etapes*, etc. (251) doivent recevoir un parapet élevé, la terre nécessaire est prélevée sur un fossé extérieur qui peut servir pour l'installation des défenses accessoires.

---

(1) La Compagnie allemande est composée de 3 sections (Zug). (N. d. T.

OBSERVATOIRES.

371. — On organise des **observatoires** sur des points de vues, dans des arbres, des clochers, des moulins à vent ou sur des bâtiments élevés de toute nature; en cas de besoin,

Fig. 162.
Poste d'observation.

Fig. 163.
Poste de sentinelle.

on en construit de fortune. Si on ne peut communiquer à la voix, on les munit de communications téléphoniques ou par signaux.

372. — Les observatoires pour le **commandement supérieur** doivent embrasser une *grande étendue* de terrain. On doit les munir d'accès commodes, de tables pour déployer les cartes, de socles larges et solides pour jumelles-ciseaux et d'installations de protection contre le feu des schrapnels et contre les intempéries.

En ce qui concerne les observatoires destinés **aux sous-ordres** (aussi pour les postes de sentinelles) et qui se trouvent en première ligne, il est important qu'ils aient de bonnes vues sur le *terrain des approches* dans leur voisinage et au moins sur une partie des troupes amies, qu'ils soient défilés aux vues et soient d'une exécution rapide. Si c'est

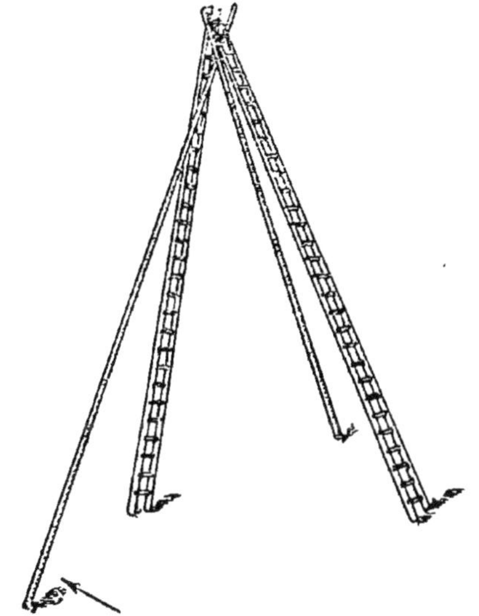

Fig. 164. — Poste d'observation fait avec des échelles.

(La perche peut être remplacée par une corde, par un cordage, ou du fil de fer fixés aux montants).

nécessaire, on leur donne une couverture à l'épreuve des éclats.

Exemples d'observatoires, figures 162 à 164.

Postes d'observation, v. 327 à 329.

COUVERTS POUR L'ARTILLERIE DE CAMPAGNE.

373. — Généralités pour l'exécution des travaux de terrassement et des abris, v. 306 2ᵉ al., 307 renvoi, 316, 318 à 329, 336, 337, défenses accessoires simples 355.

374. — *Dans chaque position de tir, la protection qu'offrent le matériel et les couverts naturels doivent être complétés par des travaux de terrassement dès et autant que les circonstances du combat le permettent.*

En première ligne, il faut se préoccuper d'abriter les **postes d'observation** (242). Dès que la protection par les boucliers (voiture d'observation) fait défaut ou ne suffit pas pour les détachements de conduite, il est nécessaire de s'enterrer. Si on dispose de temps, les postes d'observation peuvent être organisés d'après les indications des figures 137 et 138. On laissera dans la couverture du poste une fente pour donner passage aux bras placés verticalement de la jumelle-ciseau. L'autre fente de visée est blindée de manière à pouvoir être ouverte de l'intérieur dès que l'on veut passer à l'observation directe ou qu'il est indispensable de le faire.

Les *munitions* empaquetées sont enterrées aussitôt dans de simples abris, dans certains cas, en se servant des abris naturels qu'on peut trouver et de sacs à terre. Après que les fossés pour les hommes sont achevés, on peut y entreposer les munitions.

Près de la *pièce*, on ferme tout d'abord l'intervalle entre le

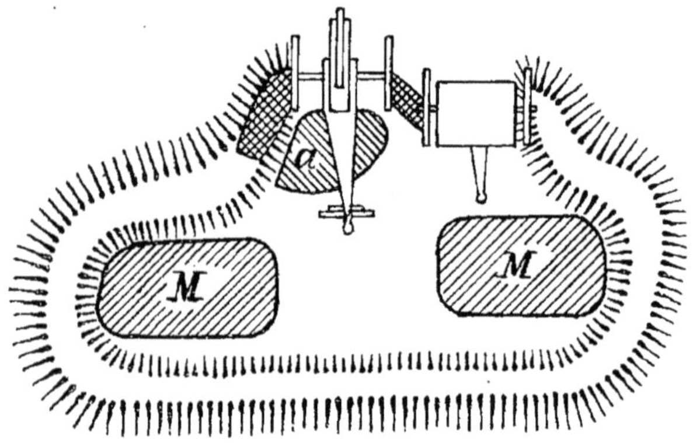

Fig. 165. — Couvert pour pièce exécuté pendant le combat (1). (V. aussi fig. 186 et 187, p. 170).

LÉGENDE.

a Fouille de la profondeur au plus d'un fer de pelle.
M Trous pour les hommes.
Couvert en sacs de terre.

bouclier et le sol avec de la terre, qu'on prélèvera en arrière des boucliers (fig. 165 *a*).

En même temps. on fouillera tout contre l'arrière-train du caisson à munitions et on utilisera les déblais pour remplir les sacs à terre (fig. 165 M à droite).

L'espace entre la pièce et l'arrière-train de la voiture à munitions est fermé par trois ou quatre *sacs à terre*. Pour les maintenir, on peut tendre des cordes de roue à roue. Ces cordes devront être rapidement mises de côté, soit en les

---

(1) Si on place les caissons de munitions d'une autre manière, il faudra modifier la figure en conséquence (Règlement sur les exercices de l'artillerie de campagne *69* et *157*). Dans les exercices du temps de paix, sans caisson à munitions, on exécutera ces couverts comme si on disposait de ces voitures.

détachant, soit en les coupant, etc., au cas où il y aurait lieu de faire un important changement de direction.

En entassant le reste des sacs à terre *à gauche* de l'affût, on organise un *couvert latéral* qui part du milieu de la roue et se dirige obliquement à gauche vers l'arrière. Si c'est nécessaire, on maintient plus solidement les sacs à terre par des piquets que l'on enfonce, des pelles qu'on appuie contre, des pioches, etc.

En approfondissant la fouille derrière l'arrière-train du caisson à munitions et dès que le couvert latéral de gauche protège suffisamment, et, en creusant aussi un fossé à gauche en arrière de l'affût (fig. 165 M à gauche), on obtient de la terre pour des travaux ultérieurs.

Avec toutes les fouilles, on doit, surtout en terrain meuble, rester assez loin de la crosse de l'affût pour que, en cas de changement d'objectif, la bêche puisse trouver un point d'appui solide.

Si le couvert latéral de gauche peut déjà être entrepris pendant le remplissage des sacs à terre en fouillant le sol, les sacs à terre recevront une base solide de sorte qu'on pourra obtenir un couvert jusqu'à hauteur des roues (fig. 187, p. 170).

Le *côté droit* est protégé par une levée de terre qui va du milieu de la roue extérieure du caisson à munitions en dehors de la voie vers l'arrière.

Les fouilles seront utilisées comme trous de couverture et transformées peu à peu en *trous pour les servants*, les *couverts latéraux* renforcés peu à peu, surélevés et prolongés vers l'arrière.

Si l'activité du feu le permet, l'emplacement de pièce peut être approfondi progressivement.

Contre l'effet des éclats des projectiles brisants venant frapper en arrière, on se protège par des *parados* tout contre et derrière la pièce et les fossés des servants. La terre nécessaire est prise, en tout ou en partie, en dehors du couvert.

375. — Si l'on **dispose de suffisamment de temps avant l'ouverture du feu**, on organisera les couverts pour les pièces d'après les indications de la figure 166. Si on ne peut plus commencer de jour à fouiller, il est nécessaire de déterminer d'une manière précise les emplacements de pièces et la principale direction de tir. Il est avantageux que, sous le couvert du crépuscule, tous les chefs, jusqu'aux chefs de pièces exclusivement, s'y appliquent.

Les caissons à munitions sont vidés et renvoyés à l'abri. La largeur de l'emplacement de pièce se détermine d'après l'étendue de terrain que la pièce doit battre.

Les fossés des servants peuvent être munis de toits de protection d'après les indications de 132 et 133. Les parados sont massés après que la pièce a été amenée.

Couverts pour *dispositifs de flanquement*, v. 335.

Si la pièce doit quitter son abri, c'est par l'arrière, ou, si

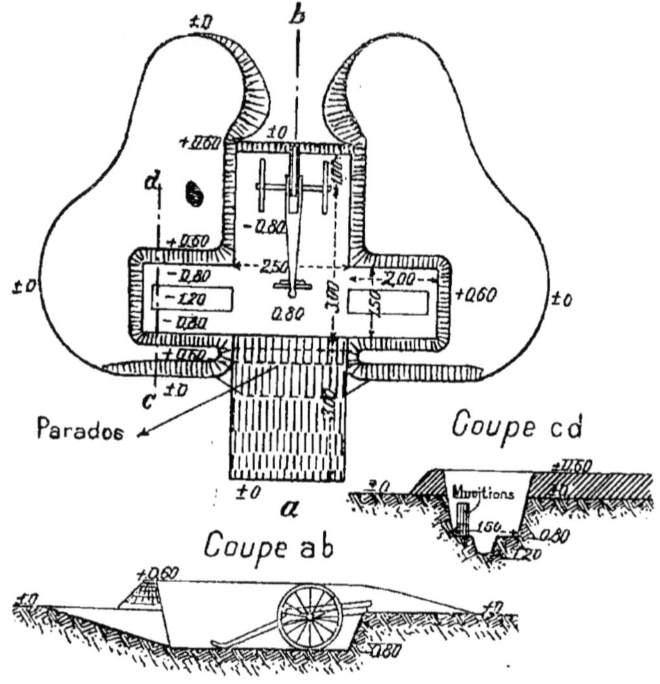

Fig. 166. — Emplacement de pièce.

c'est impossible, par suite de la présence d'un parados, elle est sortie par l'avant, après qu'on a organisé, avec quelques coups de pelle, une rampe pour les roues.

376. — En **terrain mou,** on empêche la crosse de l'affût et les roues de s'enfoncer, en plaçant en dessous des planches, des broussailles, etc., et on crée pour la bêche un appui en ancrant des madriers, des poutres, etc.

377. — La figure 367 donne un exemple de **couverts** encore **plus solides** dans la guerre de siège et autour des positions fortifiées de campagne. Les organisations spéciales de cette position de batterie correspondent aux organisations de tranchées de tir (fig. 115).

Il est souvent avantageux d'organiser au-dessus des pièces des **couvertures** contre le feu des schrapnells et les éclats de grenades. Les parapets latéraux doivent être montés assez haut pour qu'on obtienne pour le couvert une hauteur de 1 mètre 80. On placera des poutres ou des bois en grume

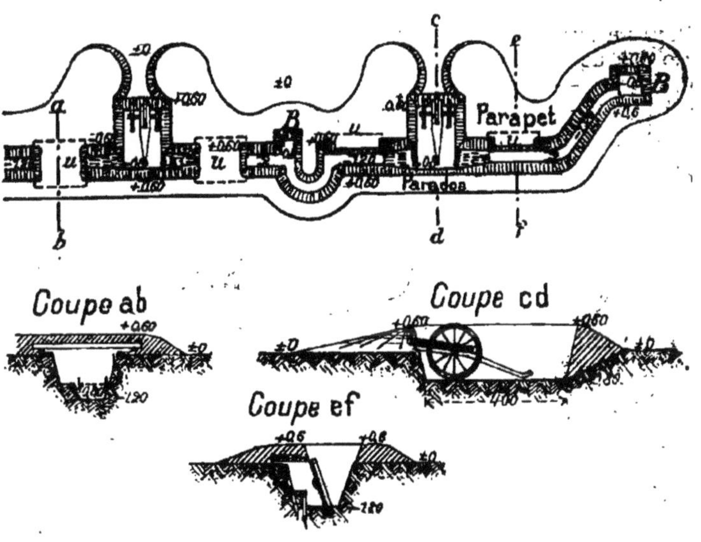

Fig. 167. — Emplacement de batterie.

LÉGENDE.

U Abris légers pour le personnel et les munitions.
B Poste d'observation pour commandant de batterie et chef de section.

'au moins 15 cm. d'épaisseur d'après les indications des figures 126 et 129 au-dessus de l'emplacement de pièce et des ossés pour les servants. Épaisseur de la masse de terre v. 379.

ÉVALUATION DU TEMPS, DES EFFECTIFS ET DES MATÉRIAUX.

378. — L'état des troupes, la manière dont elles sont irigées, la durée du travail, le travail de nuit, la tempéature, la nature du sol, les matériaux dont on dispose et, ventuellement, le feu de l'ennemi exercent une influence elle que les nombres donnés ci-dessous ne fournissent que es *indications tout à fait générales*. On n'a pas tenu compte, ans ce qui suit, de la nécessité de se procurer et d'amener e matériel et les matériaux, ni de la mise en chantier, ni es repos qui sont indispensables après un travail de quatre six heures.

TERRASSEMENT.

Un homme, avec des outils de parc, remue en une heure :

Dans un travail de courte durée :	Dans un travail de 4 heures :
1,0 m^3 de terrain léger.	0,7 m^3 de terrain léger.
0,75 — moyen.	0,45 — moyen.
0,4 — lourd.	0,2 — lourd.

Avec l'emploi exclusif des outils portatifs d'infanterie, ces chiffres doivent être diminués de moitié.

COUVERTS POUR L'INFANTERIE.

Une compagnie d'infanterie organise, avec ses outils portatifs, une *tranchée de tir* de 150 mètres de longueur en *terrain léger :*

Pour tireur à genou en.......... 1 heure environ.
— debout en .... 2 —
Une tranchée renforcée en........ 3 —
150 mètres de boyaux de communication en 2 heures.
100 mètres de tranchée couverte en 2 heures.

En terrain moyen, il faut à peu près doubler les durées du travail.

Il faut les diminuer de moitié si les hommes sont munis d'outils de parc.

ABRIS LÉGERS.

6 hommes font un abri léger pour un demi groupe (d'après la fig 126) en 2 à 3 heures.

4 hommes font un toit de protection (sans blindage à rabattement) pour 10 hommes (d'après la fig. 132) en 1 à 1 heure 1/2.

1 voiture à 2 chevaux charge les matériaux pour 6 abris légers ou 50 m. cts de toit de protection.

ABRIS POUR MITRAILLEUSES.

Abris préparés pour mise en joue debout ou assis (fig. 119 et 120) :

En terrain léger de 3/4 à 1 heure.	Exécution par les servants avec les outils dont ils disposent.
— moyen de 1 à 1 1/2 —	
— lourd de 2 à 4 —	

EMPLACEMENTS COUVERTS POUR L'ARTILLERIE DE CAMPAGNE.

Emplacement d'après la fig. 166 : En terrain léger de 2 1/2 à 3 heures. — moyen de 5 à 6 — — lourd de 10 à 12 —	Exécution par les servants avec les outils de la batterie; on peut aussi utiliser les outils de la colonne de munitions légère. On diminue ainsi la durée du travail de moitié.
Emplacement de batterie d'après la figure 167 : En terrain léger 7 heures. — moyen de 8 à 9 heures. — lourd de 16 à 18 —	Exécution par les servants de la batterie avec l'aide des hommes de la colonne de munitions légère; outils de ces deux formations.

MISE EN ÉTAT DE DÉFENSE DES LOCALITÉS.

En 1 *heure*, 10 hommes mettent en état de défense :

5 mètres courants de maison.

2 — de clôture d'une ferme.

1 — — d'une localité.

DÉFENSES ACCESSOIRES.

En supposant que la dotation en outils est suffisante et que les matériaux sont à pied-d'œuvre.

1 *homme* exécute en *une heure* :

20 mq. de réseau bas (matériel nécessaire pour 100 mq. : 30 petits piquets, 6 kg de fil de fer moyen).

5 mq. de réseau de fil de fer (fig. 155) (matériel nécessaire pour 10 mq. : 3 piquets, 45 m. (6 kg) de gros fil de fer, 120 m. (3 kg) de fil de fer moyen; une voiture à 2 chevaux transporte des matériaux pour 300 mq environ de réseau, 1 wagon de chemin de fer pour 10,000 mq. — Outils nécessaires : maillets, masses, haches, cognées, cisailles);

20 mq d'abatis d'arbres;

1 mq d'abatis de branches;

1/2 mq de trous de loup (matériel nécessaire pour 10 mq : 30 piquets, 3 kg de fil de fer).

AUTRES TRAVAUX.

Déboisements. — 50 à 80 hommes pour 1 hect. en 10 heures environ; pour les forêts de gros chênes environ le double (5/6 de haches, 1/6 de scies),

Percée d'un chemin large de 3 m. dans un bois de nature moyenne : 1 km par 100 hommes en 4 heures.

1 homme prépare 10 *piquets de défenses accessoires* en 1 heure.

1 *chariot* parcourt environ 4 km à l'heure, 24 km dans la journée; dans des chemins défectueux, on peut le charger de 1,000 kg en nombre rond et il transporte environ 1,5 m³ de bois ou 500 piquets ou 5 rails de chemins de fer ou 300 pelles ou pioches.

ÉPAISSEUR À DONNER AUX COUVERTS DANS LA GUERRE DE CAMPAGNE CONTRE LA MOUSQUETERIE.

379. — La *terre ordinaire*, *l'argile* et le *sable* sont de **bons matériaux pour les couverts.** S'ils servent à remplir des sacs, leur force de résistance est augmentée. Les projectiles traversent la terre et le sable *mouillés* plus facilement que quand ils sont secs.

Les *cailloux*, et surtout les *pierrailles* offrent une grande résistance.

Le *gazon* et la *tourbe*, à cause de leur contexture peu serrée, et le *sol gelé* parce qu'il éclate facilement sont **moins avantageux.**

La *neige*, de même que les *bottes de paille* et d'autres *céréales* ne protègent que sur de grandes épaisseurs.

Le *bois de chêne* protège mieux que le *bois de sapin*, entre le *bois vert* et le *bois sec*, il n'y a pas de différence notable.

Des *paquets de paille* ou *de branchages*, ainsi que des *rembourrages de drap*, *d'étoupes*, ne sont **pas indiqués**; ils n'ont qu'une faible capacité de résistance et de même que les *masques en broussailles* provoquent régulièrement des ricochets.

Des **Couverts composés**, par exemple de pierre et de bois, acquièrent une plus grande capacité de résistance, si

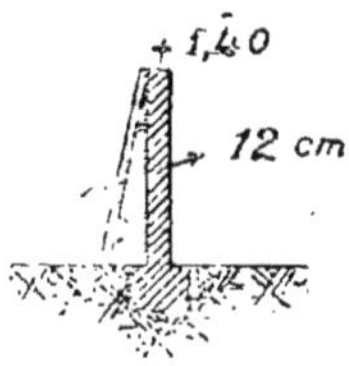

Mur épais renforcé par une porte.

leurs parties constitutives ne sont pas en contact immédiat, mais quand il y a un certain intervalle entre elles. V. par exemple la figure ci-dessus.

NATURE DU COUVERT.	ÉPAISSEUR EN m.	NATURE DU COUVERT.	ÉPAISSEUR EN m.
Pierrailles.............	0^{m}15	Bois de sapin :	
Cailloux, en sacs ou non.	0.40	En dessous de 400 m..	0^{m}90
Terre ordinaire, argile, sable................	0.50	Au delà de 400 m.....	0.65
Terre mouillée, sable mouillé.............	0.60	Bois de chêne :	
Gazons...............	0.80	En dessous de 400 m..	0.70
Tourbe................	1.10	Au delà de 400 m.....	0.55
Neige molle...........	3.00	Tôle de fer fondu.......	0.015
Neige tassée...........	2.00	Tôle d'acier fondu......	0 012
Neige gelée............	1.50	Tôle d'acier spécial......	0.0075
Bottes de paille.........	5.00	Murs en briques contre les coups isolés.......	0.25

Contre un tir continu, on renforce les murs de 0^{m}25 ou d'épaisseur plus faible par de la terre damée ou du bois que l'on place en avant ou en arrière sur une épaisseur de 30 cm. Les portes doivent être renforcées par une épaisseur de 40 cm. de terre.

CONTRE LE FEU DES MITRAILLEUSES.

Comme pour la fusillade. Contre le feu à courtes distances, en raison de la faible dispersion, les épaisseurs des couverts doivent être augmentées. Pour une distance de 100 mètres, il suffit d'une épaisseur de terre de 1 mètre ; pour une distance de 50 mètres, il faut encore renforcer notablement l'épaisseur.

CONTRE LE FEU DE L'ARTILLERIE.

a) BALLES ET ÉCLATS DE SCHRAPNELLS.

NATURE DE LA PIÈCE.	NATURE DU COUVERT.	ÉPAISSEUR EN *m*.
Canon de campagne..	Terre..........................	0.40 à 1.00
	(Le ciel des abris légers doit se trouver autant que possible à 0m45 en dessous de la crête de feu).	
	Bois..........................	0.08
	Maçonnerie de briques..........	0.25
Obusier lourd et léger de campagne......	Terre..........................	1.00
	Bois..........................	0.16
	Contre les gros éclats, épaisseur de la terre au-dessus du bois...	0.30 à 0.50
	Maçonnerie de briques..........	0.25
	Rails de chemins de fer, couche de pierrailles entre parois solidement fixées en madriers, tôle ordinaire ou tôle ondulée......	0.25

b) COUPS AU BUT.

NATURE DE LA PIÈCE ET DU TIR.		NATURE DU COUVERT.	ÉPAISSEUR EN *m*.
Canon de campagne..		Terre..........................	2.00
		Maçonnerie de briques..........	1.00
		Neige..........................	8.00 env.
Obusier léger de campagne.	Tir de plein-fouet.	Terre..........................	3.00
		Maçonnerie de briques..........	2.00
		Murs en béton..................	1.00
	Tir courbe.	Contre les coups au but, même de l'obusier léger, on ne peut créer un couvert avec les ressources que l'on trouve *en campagne*.	
		Pour les grosses constructions, il faut :	
		Terre sur bois, tôle ondulée ou rails de chemins de fer (juxtaposées) plus de..............	2.50
		Maçonnerie de briques..........	0.90
		Béton..........................	0.70

Remarque. — *On n'a représenté les arêtes vives que pour la clarté.*

Fig. 168. — Tracé des tranchées de tir en crémaillère (290).

Fig. 169. — Degrés successifs de la construction d'une tranchée de tir (290).

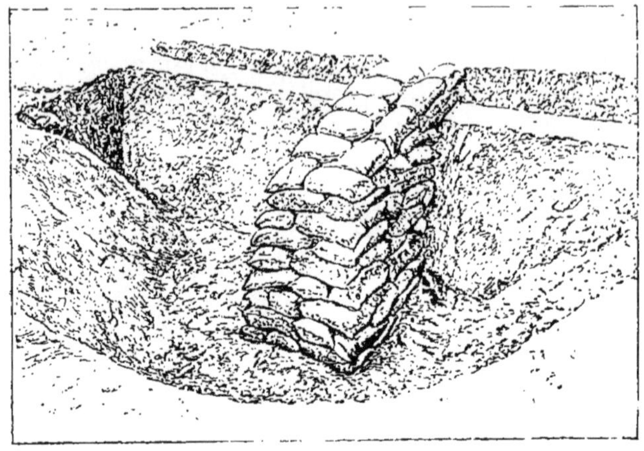

Fig. 170. — Traverse en sacs à terre (290).

Fig. 171. — Couvert de mitrailleuse dans le combat en employant des sacs à terre (tir dans la position couchée) [298].

La figure a été prise d'un point de vue élevé afin de mieux montrer la position des servants.

Fig. 172. — Couvert de mitrailleuse organisé pour le tir dans la position debout (299 et fig. 119).

Fig. 173. — Couvert de mitrailleuse organisé pour le tir dans la position assise (299 et fig. 120).

LÉGENDE.. { *a* Dans la figure une partie du parados a été enlevée.
{ *b* Fossé pour l'emprunt de terre.

Fig. 174. — Installation d'une mitrailleuse dans une tranchée de tir (tir dans la position debout) [299].

Fig. 175. — Fouille d'une excavation sous le feu de l'ennemi.

Dans le cas d'un sol consistant l'homme couché sur le côté exécute la fouille, en saisissant la pelle avec les deux mains et en levant les bras pour donner le coup de pelle (310).

Fig. 176. — Tranchée latérale couverte dans la terre pour prolonger le couvert (313 et fig. 123).

Fig. 177. — Manière de porter les sacs à terre pleins (316).

Fig. 178. — Organisation d'un parapet en sacs à terre (317).

Les sacs sont passés dans l'obscurité par des hommes faisant la chaîne.
Les hommes se couvrent contre le feu
en se couchant derrière les tas de sacs à terre qu'ils ont à côté d'eux.

Fig. 179. — Avancement d'un couvert en sacs à terre
en partant d'un couvert existant, même de jour (317).

Fig. 180. — Revêtement d'un parapet au moyen d'un clayonnage (320).

LÉGENDE.

a Ancrage à un piquet avec du fil de fer.

Fig. 181. — Vue d'abris légers construits d'après la figure 126 avec blindage à rabattement (323).

A gauche: Double cours de madriers avec support intermédiaire,
A droite : Poutre sans support intermédiaire.

Fig. 182. — Poste d'observation dans une tranchée de tir (327 et fig. 137).

Fig. 183. — Construction d'un poste d'observation en dehors de la tranchée de tir (327 et fig. 138).

(On voit l'organisation du créneau avec les bois *a a* et les madriers de ciel *b b*; *c c* représentent les madriers de ciel pour le poste proprement dit).

Fig. 184. — Créneaux en sacs à terre (330).

Fig. 185. — Installation d'un réseau de fil de fer (353).

Couverts pour les pièces organisés dans le combat sans parados (373, 374 et fig. 165).

Fig. 186.

Fig. 187.

ÉCLAIRAGE.

380. — On emporte en campagne :

Du matériel de projecteurs dans des formations spéciales ;

Des pistolets éclairants et des torches sur les voitures d'outils des compagnies de pionniers ;

Des lanternes de tranchées et des lampes à gaz d'éclairage dans l'équipage de siège des pionniers.

381. — On réquisitionnera des lanternes pour les entreprises nocturnes de la guerre de campagne. Pour les rendre sourdes du côté de l'ennemi, il suffit de les attacher à une planche ou à un sac. La lumière blanche éclaire le plus loin. Les lanternes de couleurs différentes facilitent l'orientation. On obtient la couleur rouge ou la couleur verte en collant sur les verres des papiers de la couleur correspondante.

MATÉRIEL DE PROJECTEUR.

382. — On distingue le matériel lourd, le matériel léger et le matériel portatif.

Le matériel lourd et le matériel léger sont transportés sur voitures ; les appareils portatifs sont réunis par plusieurs sur une voiture spéciale.

Le **matériel lourd** est, en général, lié aux chemins ; il trouve son emploi principal dans la guerre de siège et est à la disposition des commandants de secteurs.

Le **matériel léger,** semblable comme construction et mobilité au matériel d'artillerie de campagne, est destiné, en première ligne, à la guerre de campagne et est affecté aux divers corps d'armée.

Le **matériel portatif** est employé dans la guerre de campagne comme dans la guerre de siège.

Tout le matériel peut être mis en œuvre dans la défense comme dans l'attaque.

383. — Les principales **missions à donner aux projecteurs** sont les suivantes :

Aider l'exploration et les reconnaissances ;

Éclairer les buts qui doivent être battus par le feu de l'artillerie et de l'infanterie;

Éclairer d'une manière insoupçonnée de l'ennemi les points de direction des troupes amies;

Aveugler l'adversaire et ses projecteurs ;

Faire des signaux.

384. — **L'emploi des projecteurs** n'est *utile que s'il correspond au but du combat.* Les projecteurs seront donc placés *sous les ordres du commandant des troupes* qui doit les utiliser. S'ils sont affectés à des sous-ordres, en cas de besoin, ils ne recevront que de ceux-ci les ordres pour leur action et les renseignements sur la situation, les intentions du commandement, ainsi que les mesures prises par ce dernier.

Ce n'est qu'ainsi qu'on évitera les effets nuisibles de la lumière des projecteurs, par exemple l'éclairement des troupes amies.

385. — *L'officier des projecteurs* est responsable du maniement technique du matériel. D'après la reconnaissance du terrain à éclairer, il choisit ses emplacements. Les *officiers-observateurs* dirigent l'éclairage dans l'esprit de leur mission. Ils sont instruits, dès le temps de paix, dans le service d'observation avec le matériel lourd et sont affectés d'une manière permanente aux projecteurs ; dans le cas du matériel léger et du matériel portatif, ils sont éventuellement prélevés sur la troupe qui doit utiliser les projecteurs.

Il est avantageux d'affecter deux observateurs à chaque appareil lourd et à chaque appareil léger; un suffit pour le matériel portatif.

Les observateurs qui ont reçu les instructions du commandant des troupes reconnaissent le terrain à éclairer, encore de jour, si c'est possible. Ils recherchent les emplacements appropriés, latéralement, ou mieux, en avant du projecteur et latéralement.

L'officier des projecteurs assure les communications téléphoniques des observateurs avec les projecteurs et avec le commandant des troupes.

386. — *L'emploi de projecteurs dans l'attaque exige une attention et une habileté spéciales, afin de ne pas trahir les dispositions prises par les troupes amies.* Des communications sûres entre les troupes qui se portent en avant et les observateurs sont indispensables (téléphones, plantons, signaux lumineux, etc.). Suivant les circonstances, les projecteurs s'associeront au mouvement en avant.

L'emploi de la lumière des projecteurs pour éclairer sur la situation des attaques combinées est à éviter, car presque toujours les troupes amies sont éclairées en même temps.

387. — Autant que possible, on utilise les projecteurs par deux. On peut ainsi élargir la surface éclairée (392) ou augmenter la clarté; l'un des projecteurs sera aussi employé à la recherche, tandis que l'autre maintient le but en pleine lumière.

Il n'est pas avantageux d'éclairer d'une manière ininterrompue; l'éclairage doit plutôt produire un effet de surprise. Les pauses dans l'éclairage qu'on produit en aveuglant la lumière, rendent également difficile à l'ennemi le tir contre les projecteurs. La possibilité d'élever et d'abaisser le projecteur lourd et le projecteur léger quand ils sont aveuglés, permet d'opérer dans ce sens.

388. — Les points du terrain dominants (392) et ceux d'où l'on peut avoir une action de flanc sont les plus indiqués comme **emplacement de projecteur.** Le matériel lourd et le matériel léger sont placés généralement en arrière de la position, le matériel portatif destiné à l'éclairage du terrain en avant aux distances rapprochées (des défenses accessoires), est placé dans la position.

389. — Pendant l'attaque, il peut être avantageux de pousser quelques projecteurs en dehors des ailes avec des détachements de sûreté, parce que, ainsi, l'éclairage de la première ligne amie pourra être évité.

390. — On peut obtenir l'**aveuglement** de l'adversaire et de ses projecteurs déjà en l'éclairant; on l'augmente en donnant un mouvement pendulaire rapide à la lumière et en produisant des alternatives de lumière et d'obscurité.

391. — **La troupe se protège contre la découverte** par la lumière des projecteurs, autant que le permet le but du combat.

Aux grandes distances et dans un terrain mouvementé, il lui suffit de rester immobile tant que le faisceau lumineux repose sur elle. Plus près de l'ennemi, la plupart du temps, il faut faire coucher les hommes avant que le faisceau lumineux les atteigne. Une troupe marchant à l'assaut ne doit jamais s'arrêter quand elle est éclairée.

392. — **L'efficacité de la lumière d'un projecteur** dépend du terrain et des circonstances atmosphériques. Un terrain fortement mouvementé qu'on ne peut pas dominer produit des surfaces d'ombre étendues; l'air trouble et un beau clair de lune affaiblissent les effets de la lumière; le brouillard, une forte pluie et des tourbillons de neige la neutralisent presque complètement.

L'utilisation complète de la lumière n'est possible qu'avec une bonne observation. L'observation poussée en avant augmente le champ de tir et en même temps la portée lumineuse utile.

Dans le cas d'une observation poussée en avant et dans des conditions favorables, la portée lumineuse est de : 3 kilomètres environ pour le matériel lourd, 2 kilomètres environ pour le matériel léger, entre 600 et 1,200 mètres pour le matériel portatif, suivant la nature des matériels.

Le cône lumineux, dans le matériel lourd et le matériel léger, à 1,000 mètres, a une largeur moyenne de 40 mètres environ, dans le matériel portatif, sa largeur à 500 mètres, est de 15 mètres environ.

Les rayons lumineux rasant le terrain en avant donnent, par suite de l'étendue plus grande des surfaces éclairées et des parties dans l'ombre, un éclairage terne. Plus l'angle d'incidence des rayons lumineux sur le sol est grand, plus la lumière est rassemblée et plus grande est la clarté. Un emplacement élevé du projecteur est donc avantageux. Les matériels lourds possèdent un dispositif permettant d'élever le projecteur à 8 à 10 mètres, les matériels légers à 6 mètres, pour pouvoir éclairer par-dessus les obstacles qui se trouvent à proximité du projecteur, tels que haies, clôtures, etc.

Avec les projecteurs, on peut **faire des signaux**, dans des conditions favorables, jusqu'à 100 kilomètres.

PISTOLETS ÉCLAIRANTS (1), TORCHES, LANTERNES DE TRANCHÉE, LAMPES A GAZ (2).

393. — Les **pistolets éclairants** servent à l'éclairage du terrain, en avant tout, à proximité, et rendent possible les feux dirigés à l'intérieur des limites du faisceau lumineux qu'ils produisent. Pendant le feu, la conduite de celui-ci et le réglage de l'éclairage doivent marcher de concert ; les tireurs de pistolets éclairants seront, par suite, le mieux placés auprès de l'officier qui dirige le feu. L'éclairage dans des buts de découverte et de reconnaissance peut aussi se faire au moyen de patrouilles poussées en avant et enterrées, s'il y a lieu.

---

(1) En temps de paix, le tir des pistolets éclairants sur le terrain, en vue d'éviter des incendies, n'est permis que si une reconnaissance préalable a établi qu'il n'y a aucune construction à proximité et si l'on a pu débarrasser auparavant le terrain des objets inflammables, comme des meules de foin ou de paille.

Si ces conditions ne sont pas remplies, on ne peut pas tirer les pistolets éclairants. Il en est de même, si des parcelles de forêt à proximité pouvaient se trouver en danger. Les tireurs doivent être des hommes choisis et de confiance ; on les surveillera de près. (Extrait de 79 *a* du «Manuel relatif au pistolet éclairant et à ses munitions ».)

(2) Il faut probablement entendre par lampes à gaz également les lampes à acétylène (N. d. T.).

Un éclairage prématuré ou en partant d'un emplacement peu approprié, trahit souvent la position amie et les dispositions qui ont été prises. Dans les travaux d'approche, dans la marche des détachements de destruction et dans des entreprises analogues, il y aura lieu de donner des instructions précises et d'exercer une surveillance active.

La difficulté des réapprovisionnements exige un emploi des munitions éclairantes aussi économique que possible.

394. — Les *pistolets éclairants*, comme les autres armes qui se tirent au poignet, sont mis en joue en hauteur. La cartouche éclairante atteint environ 200 m. et éclaire sur un diamètre de 100 m. pendant 8 à 10 s. Pour obtenir un éclairage plus prolongé, on tire plusieurs pistolets éclairants l'un après l'autre. Même une forte pluie n'influe pas sur l'effet éclairant.

395. — Les **torches à longue durée de combustion** éclairent pendant deux ou trois heures. Elles sont destinées, tout d'abord, à l'éclairage des travaux de nuit, mais elles peuvent aussi être utilisées pour l'éclairage des défenses accessoires placées devant la position. Elles reçoivent par derrière, un écran, le mieux, en tôle ondulée.

396. — Les **torches éclairantes** servent pour l'éclairage du terrain en avant à proximité, principalement des défenses accessoires dans la défense des places.

397. — Les **lanternes de tranchée** servent pour l'éclairage des chemins d'accès, des boyaux de communication et des positions d'infanterie. Elles sont disposées de manière à pouvoir être rendues sourdes et à recevoir des verres rouges et verts.

398. — Les **lampes à gaz** sont destinées principalement à l'éclairage des chantiers, des parcs de pionniers, etc. Elles éclairent un espace de 100 m. environ de diamètre.

BIVOUACS ET CAMPS.

PRINCIPES GÉNÉRAUX.

399. — Les *emplacements pour les bivouacs et les camps* doivent avoir un sous-sol sec et procurer, autant que possible, un abri contre le vent et les intempéries. Les prairies, bien qu'elles paraissent complètement sèches, dégagent toujours dans la nuit de l'humidité et du brouillard. Un sol ferme (chaumes, jachères, réserves) et les clairières offrent, en général, un sous-sol favorable; et les forêts, en même temps, un abri contre les observations aériennes. Une alimentation commode et suffisante en eau et en bois, la satisfaction des besoins spéciaux des différentes armes et, pour les emplacements du camp, l'évacuation des eaux, sont d'une importance capitale.

400. — Les **installations de bivouacs** se bornent, dans le cas d'un séjour provisoire, aux dispositifs les plus simples pour se protéger contre les intempéries, pour faire la cuisine et satisfaire ses besoins.

401. — Pour les séjours plus longs et si les cantonnements font défaut, on doit organiser des **camps.**

402. — Il est toujours malaisé de se procurer les **matériaux** pour la construction d'un camp, dans les pays pauvres en forêts, c'est généralement très difficile. L'exploitation des localités voisines s'impose, si leur occupation n'a pas été envisagée.

Pour de **grands camps**, la plupart du temps, des transports étendus sont nécessaires. On recommande de transporter les éléments des différentes constructions dans un état de préparation tel qu'il n'y ait plus qu'à les assembler sur place. Cette préparation se fait le plus avantageusement dans les scieries et dans les installations industrielles analogues.

Si c'est possible, on fera appel à l'industrie dans une large mesure.

403. — La **disposition des camps** est analogue à celle des bivouacs; il en est de même pour l'espace qui leur est nécessaire.

Les places de rassemblement, les rues et même les chemins servant à la circulation des piétons doivent rester libres, ni chevaux ni voitures ne doivent y circuler. Il faudra tenir compte de cette prescription pour les emplacements à réserver aux chevaux et aux écuries, à ceux des parcs et de toutes les constructions auxquelles aboutissent des convois attelés.

404. — Le sol sur lequel un camp est installé devient malsain avec le temps. On peut y pallier pendant un certain temps par un bon drainage de la surface supérieure du sol, le comblement régulier et la désinfection des feuillées, l'enfouissement des débris, et par toutes sortes de mesures d'hygiène appropriées ; quand on aura utilisé un camp pendant longtemps, il faudra **changer son emplacement.**

EXÉCUTION.

BIVOUACS.

Installation.

405. — Dans la bonne saison, la **tente-abri portative** peut suffire même pour un long séjour.

Les petites tentes pour trois hommes, à cause de leur rapide repliement, correspondent à leur meilleure *préparation pour le combat* ; la troisième toile de tente sert pour fermer celle-ci d'un côté.

De **grandes tentes** (pour sections, demi-sections et escouades) permettent une meilleure utilisation de l'équipement en matériel de campement. Les toiles de tentes non utilisées servent pour s'abriter du côté du vent et pour protéger les fusils.

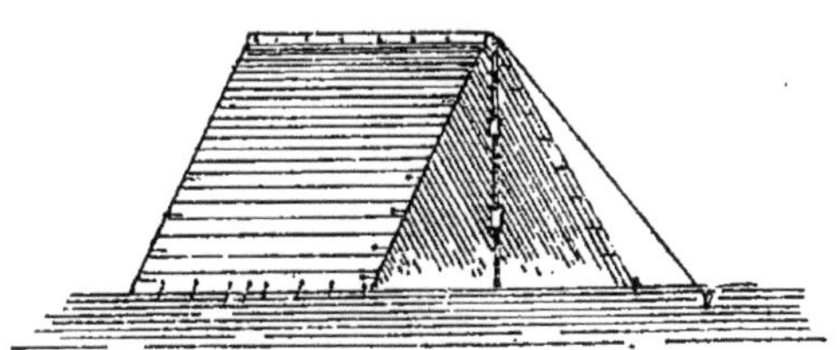

Fig. 188.

L'installation d'une tente demande une demi-heure.

Entre les tentes ou à proximité immédiate, on ne doit pas allumer de feux.

406. — La figure 188 donne la disposition d'une tente par temps humide et frais; la figure 189 par temps humide

Fig. 189.

Fig. 190.

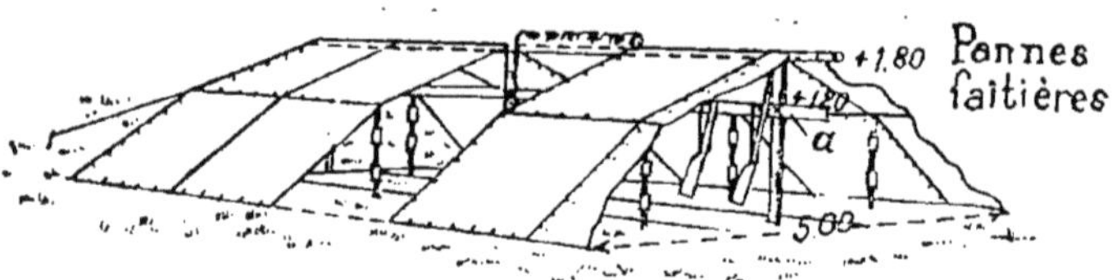

Fig. 191.

et chaud; la figure 190 par temps sec et chaud. Toutes les tentes construites avec ces dispositions peuvent être allongées à volonté.

407. — On organise des **tentes plus vastes** à l'aide de perches, de planches, etc., le plus simplement possible avec quatre toiles de tente, d'après les indications de la figure 191; on fixe sur les supports intermédiaires une perche servant de panne faîtière.

S'il faut se tenir en préparation de combat, on peut placer les fusils dans les tentes construites de cette façon (perche *a* avec chevilles en bois ou clous).

Pour mieux se protéger contre le froid, on approfondit

l'emplacement des camps d'après les indications de la figure 192 et on double les toiles de tente en y interposant de la paille.

408. — L'équipement en toiles de tente peut être remplacé, en cas de besoin, par des *abris contre le vent* (fig. 193).

On doit tracer le cercle de manière que chaque homme puisse disposer de 0 m. 60. Pour fixer le revêtement (paille,

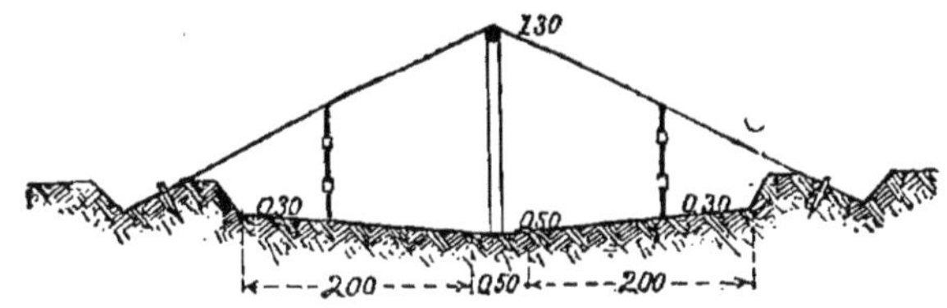

Fig. 192. — Tente par temps froid.

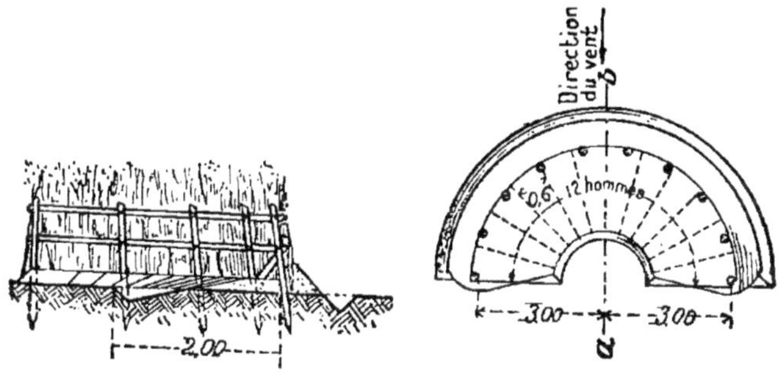

Fig. 193. — Auvent pour une escouade.

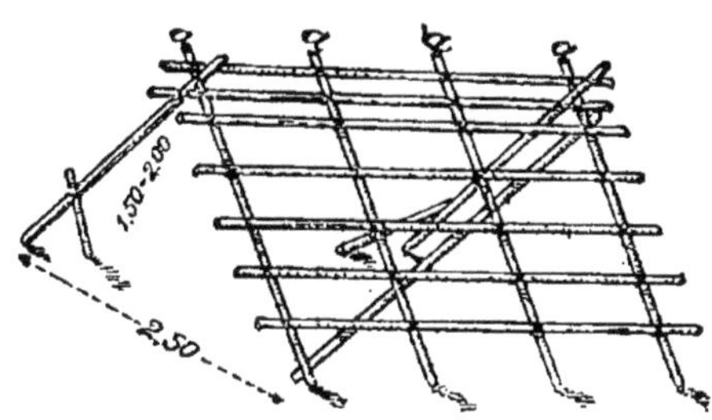

Fig. 194. — Auvent en perches.

roseaux, branchages), on peut employer des perches flexibles ou des cordes, des cordes à paille, du fil de fer mince.

Pour la couverture, on peut aussi employer des planches, comme l'indique la figure 194 ; cependant il faut prendre des perches plus fortes.

Cuisines.

409. — A défaut de temps, dans le cas de terrain défavorable ou de forte pluie, on installe des excavations d'après les indications de la figure 195.

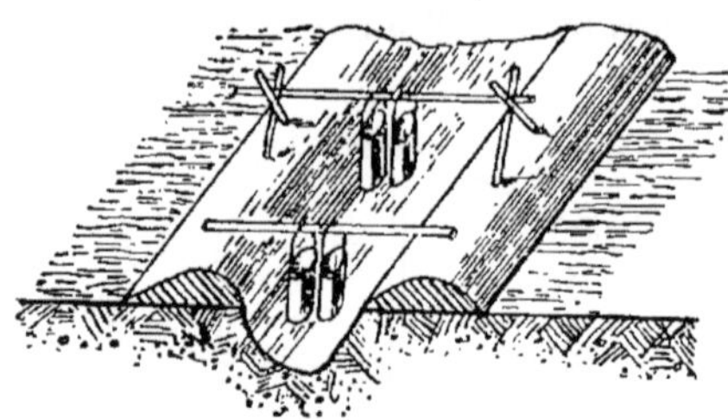

Fig. 195. — Fosse pour la cuisine.

Des **cuisines**, avec banquette pour s'asseoir, d'après la figure 196, retiennent bien la chaleur et par suite exigent moins de combustible et conduisent à une cuisson rapide des aliments. On utilisera les fossés existants, par exemple ceux des routes.

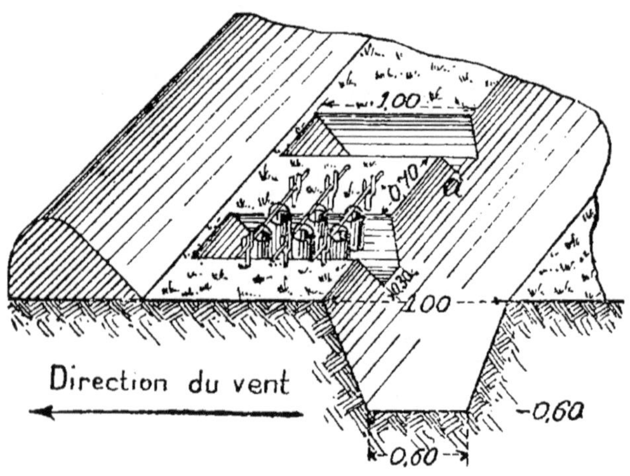

Fig. 196.

a Petit merlon de terre servant d'appui aux manches pour la cuisson des aliments dans le couvercle de la marmite de campement et protégeant aussi les mains contre la chaleur.

Dans l'installation des cuisines, il faut tenir compte de la direction du vent.

On pourra également installer des cuisines pour tenir

chauds ou réchauffer les aliments qui ont été cuits dans les cuisines roulantes.

Les **nécessaires en bois pour la cuisson des aliments et en bois de chauffage** (la moitié pour chacun de ces besoins) sont (1) :

Pour 1 bataillon d'infanterie, 14,0 cm³ en chiffres ronds.

Pour 1 régiment de cavalerie, 12,5 —

Pour 1 groupe d'artillerie de campagne (à 3 batt.), 9,0. —

Pour 1 groupe d'artillerie de campagne, y compris la S M A. légère, 12,5. —

Il faut pour la **cuisson** des conserves de 1 h. 1/2 à 2 h., pour les autres aliments de 3 à 4 h.

Alimentation en eau.

410. — Les **fontaines,** les emplacements où l'on peut puiser de l'eau, les abreuvoirs, sont répartis entre les troupes et désignés en conséquence (eau potable, pour la cuisine, pour l'abreuvoir, pour le lavage); quand l'eau ne sera pas utilisable, on le fera connaître par des écriteaux. En cas de besoin, on jalonnera le chemin depuis le bivouac.

411. — Pour les **eaux à l'air libre,** il faudra strictement séparer les emplacements où on peut puiser dans ces buts différents ; dans le cas des eaux stagnantes, ces emplacements devront être à la plus grande distance possible les uns des autres. Dans les eaux courantes, on évite, autant que possible, de puiser en aval des localités et des usines. Les emplacements où l'on puise l'eau potable et l'eau pour les cuisines devront toujours être en amont des abreuvoirs et les lavoirs le plus loin possible en aval.

412. — Aux endroits où l'on puise **l'eau potable et l'eau de cuisine,** l'eau doit toujours rester claire. A cet effet, on place dans l'eau des pierres plates, des fagots, etc., on consolide les rives avec des pierres, avec un revêtement en branchages ou en planches, ou on dispose des bancs à la manière des passerelles aux endroits où l'on puise l'eau.

Des mesures analogues sont aussi nécessaires aux emplacements des **lavoirs.**

Dans les cours d'eau plats et étroits, on forme des retenues

(1) En temps de paix, les quantités nécessaires sont fournies d'après les ordres de l'administration de garnison.

d'eau au moyen de petits barrages que l'on démolit, autant que possible, tous les soirs et que l'on refait à neuf.

413. — Les **abreuvoirs** exigent des accès unis vers l'eau, un sol résistant, de 0 m. 50 à 1 mètre de profondeur, et pour donner le temps de s'abreuver aux chevaux d'un régiment de cavalerie, environ 25 mètres de longueur.

414. — Où il n'est pas possible de faire boire les chevaux dans l'eau directement, ou dans des seaux d'abreuvoir, ou si l'eau est troublée par l'accès des chevaux, on installe des *auges* que l'on constitue au moyen de planches solides, exemptes de fentes, que l'on cloue d'après les indications de la figure 197.

Les parois sont maintenues par des liteaux cloués en travers.

Les joints sont calfatés avec de l'argile, mieux avec de l'étoupe goudronnée ou suiffée, ou bien on les recouvre avec

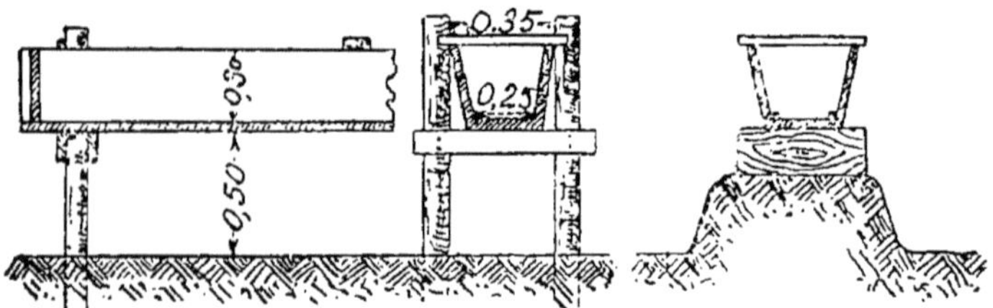

Fig. 197. — Auge pour abreuvoir.

des liteaux cloués par dessus. Pour que les auges restent étanches, il faut les maintenir remplies en permanence.

Les grandes installations pour l'alimentation en eau rentrent dans les attributions des pionniers.

La **quantité d'eau potable** nécessaire par jour à un homme pour boire et pour la cuisson des aliments est de 4 litres environ; pour un cheval, il faut 30 litres; il faut compter que les trois quarts au plus de la contenance d'une auge sont utilisables.

Latrines.

415. — Des fossés étroits de 0 m. 50 de profondeur, creusés autant que possible dans une direction opposée au vent par rapport au bivouac ou de la position occupée, suffisent comme *latrines*. Quand ils sont utilisés pendant longtemps, il faut recouvrir les excréments tous les jours de terre et de cendre et, si possible, de chlorure de chaux.

416. — Pour une utilisation d'une certaine durée, il est désirable d'installer des latrines comme l'indique la figure 198.

Les poteaux-supports sont espacés jusqu'à 2 mètres d'intervalle, suivant l'épaisseur des perches servant de siège,

Le fossé est profond d'au moins 1 mètre, afin qu'il ne soit pas trop vite comblé par l'accumulation régulière des matières fécales.

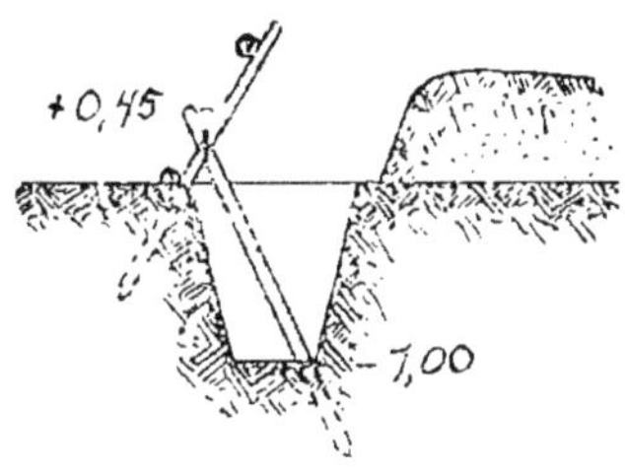

Fig. 198. — Latrines.

Suivant les besoins, on creusera de nouveaux fossés.

On entoure les latrines à l'air libre de parois légères en branchages, en paille, etc.

CAMPS.

Installation.

417. — Des **huttes** entourées sur toutes leurs faces exigent beaucoup de matériel et beaucoup de temps.

Pour chaque homme, il faut 2 m. de longueur, 60 cm. de largeur; pour les couloirs, 1 m. de largeur environ pour 2 m. au moins de hauteur. On ne donne pas aux huttes, pour économiser les murs de pignon, la plupart du temps, moins de 6 m., mais pas plus de 10 m., pour des considérations d'aération et de lumière. La forme du toit à angle droit est la plus avantageuse.

418. — La figure 199 représente la charpente d'une hutte de la construction la plus simple; on la revêt de paille, de roseau ou de branchages.

En approfondissant l'emplacement de la hutte comme l'indique la figure 192, celle-ci gagne en hauteur et en confortable. Pour s'opposer à la poussée du vent, on fixe des perches *a* sous les chevrons *b*. Toutes les perches sont réunies par du fil de fer, des cordes, de la paille tressée, des harts, etc. et même avec des clous.

419. — Sur les perches horizontales, on dispose par contre, les matériaux de couverture, en commençant par le pied, la paille avec les épis dirigés vers le bas et on les maintient par des perches que l'on place par-dessus (fig. 200, de manière à ce que chaque couche empiète sur la précédente et que le tout ait, autant que possible, une surface unie.

Sur le faîte, il faut installer une couverture particulièrement épaisse et comprimée, des deux côtés, de l'extérieur de manière que l'eau n'y séjourne pas.

On ne peut rendre étanche une couverture en branchages qu'à l'aide de toiles de tente ou d'étoffes analogues que l'on

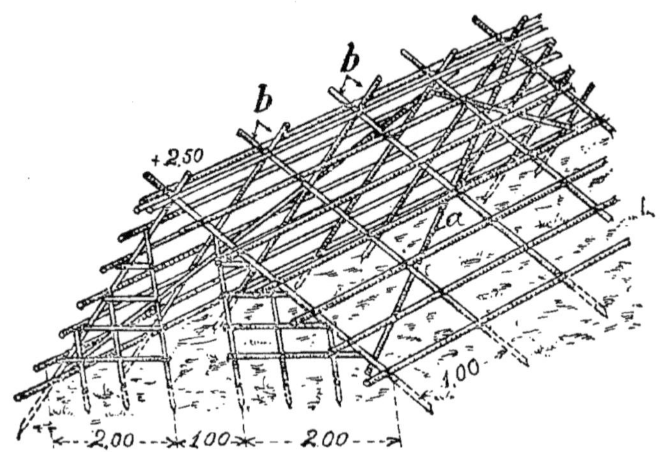

Fig. 199. — Hutte.

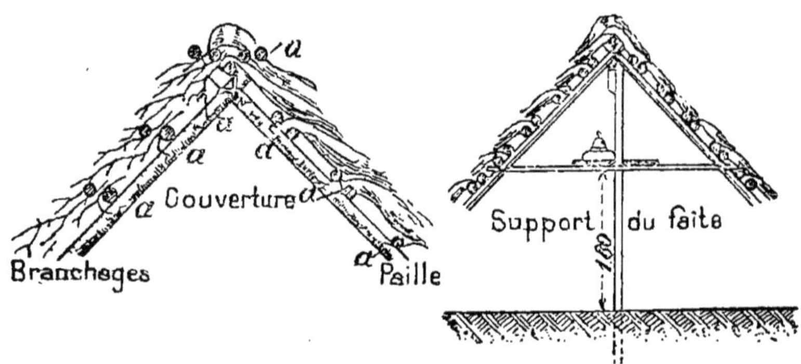

Fig. 200. Fig. 201.

fixe, le mieux, à l'intérieur de la hutte sous les chevrons. Si les chevrons sont trop faibles, on soutient le faîte comme l'indique la figure 201 et on contrevente les chevrons; on obtient ainsi, en même temps, des échafaudages qui permettent de resserrer l'équipement.

420. — La figure 202 représente une **baraque en planches.** Tous les assemblages peuvent être cloués.

Les planches les plus fortes sont utilisées comme chevrons, elles sont placées à l'intervalle de 2 hommes, soit 1 m. 20. En clouant les pieds des chevrons à des pieux ou des planches fortement enfoncés, on donne à la baraque la solidité nécessaire.

Au lieu de planches, des poutres de faible équarrissage ou de fortes perches peuvent servir de chevrons; elles sont assemblées au faîte.

Les planches de couverture doivent se recouvrir, si elles ne reçoivent pas de revêtement; mais si on les recouvre de

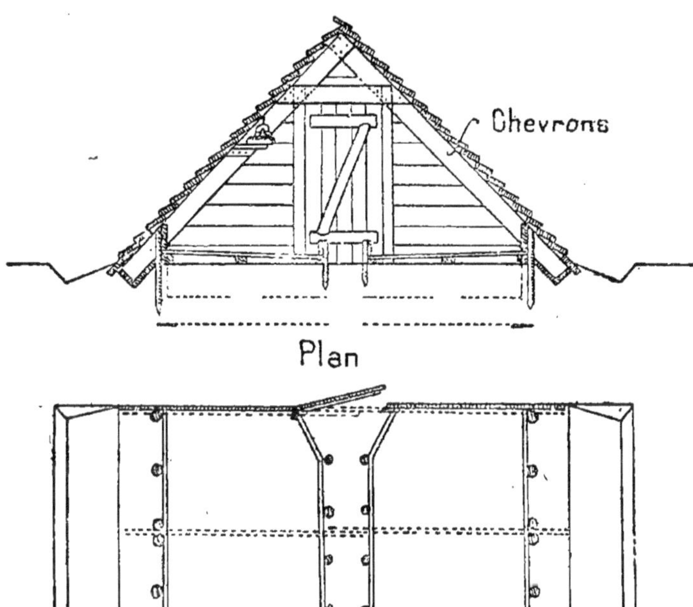

Fig. 202. — Hutte.

cartons pour toiture, de toiles de tente ou d'autres matériaux imperméables, on peut les clouer côte à côte.

Dans la bonne saison, on peut remplacer les fenêtres par des ouvertures fermées de simples volets. A la place de vitres, on peut se servir de papier huilé.

Pour des baraques construites comme l'indique la fig. 202, il faut 6 mq. de planches par homme. Par chaque mq. de planches, 10 clous solides ou broches en fil de fer.

421. — Les **baraquements d'hiver** sont enfoncés dans le sol pour se préserver du froid, mais pas à plus de 75 cm. à cause des effluves provenant de la terre et qui sont nuisibles à la santé. On peut cependant descendre plus bas, si on revêt les parois en terre, si on installe un plancher creux et si tous les jours on peut chauffer et aérer. Dans le cas d'un terrain perméable, il faudra creuser des fossés de drainage profonds ou des puits perdus.

Avec la terre des déblais, on recouvre le toit qu'on peut construire comme l'indiquent les figures 199 ou 202, cependant en l'inclinant davantage.

Les chevrons devront, pour pouvoir supporter le poids de la terre, avoir au moins 15 cm. d'épaisseur et être sou-

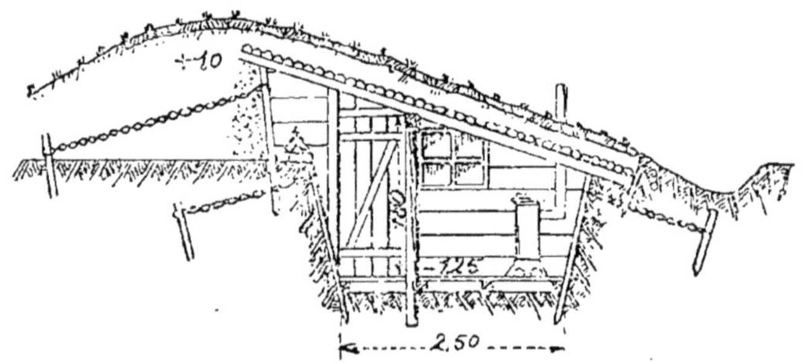

Fig. 203. — Hutte d'hiver.

tenus s'ils sont distants de plus de 75 cm. On conseille toujours un contreventement latéral des chevrons (fig. 201). On peut également utiliser comme chevrons de forts madriers ou des planches doubles clouées solidement.

Le toit de planches reçoit, si possible, une couverture en carton pour toiture.

La couverture en terre doit être lissée ou recouverte de gazon pour faciliter l'écoulement de l'eau.

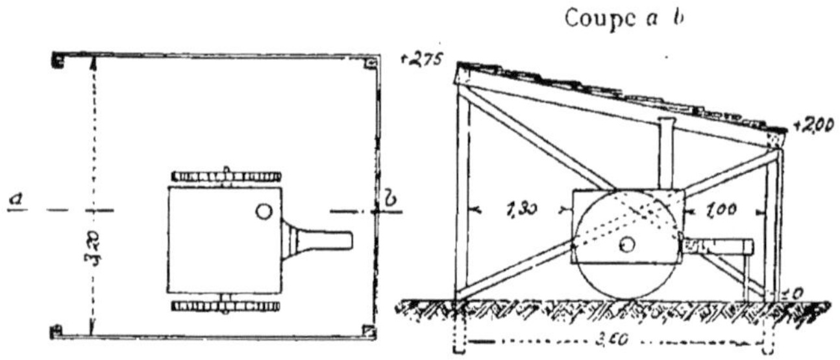

Fig. 204. — Toit protecteur d'une cuisine roulante.

Une antichambre ou un tambour sert pour maintenir chaleur dans la baraque.

La figure 203 représente une baraque profondément enfoncée dans la terre qui protège contre les éclats de projectiles par une forte épaisseur de terre soutenue par des bois solides (326, 379).

Les appareils de chauffage (poêles en fonte ou foyers en briques) doivent avoir de bonnes conduites d'évacuation de la fumée.

Les fusils reposent sur des appuis ou sont suspendus à des chevilles de bois ou des clous.

422. — La figure 204 montre un **toit pour protéger une cuisine roulante.** Les parois sont revêtues autant que le permettent les matériaux disponibles.

423. — Pour **protéger les chevaux contre le vent** on peut construire un auvent comme l'indique la figure 205. Entre deux contrefiches, on place un cheval. Les parois sont

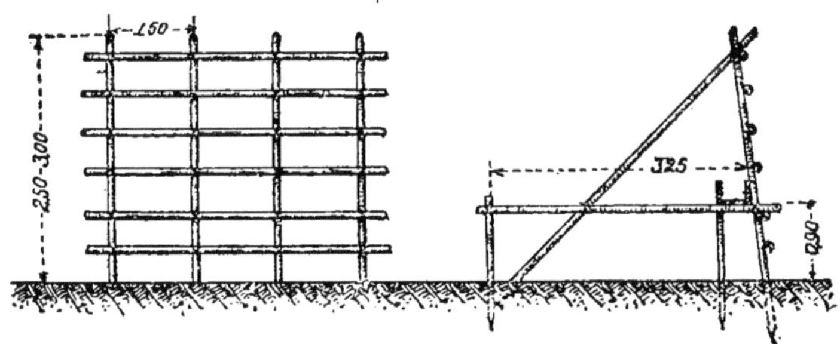

Fig. 205. — Auvent pour chevaux.

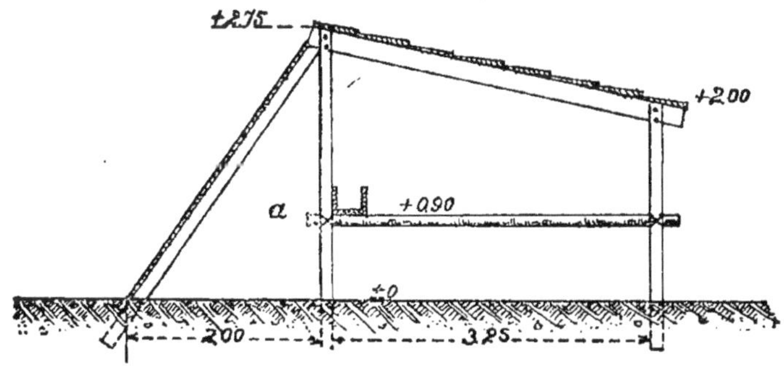

Fig. 206. — Emplacement pour chevaux.

revêtues avec des toiles de tente, des branchages ou de la paille.

La figure 206 donne des indications pour un emplacement de cheval couvert. Si c'est possible, on fermera au moins le côté de la tête. On gagne ainsi un espace *a* pour les hommes, le harnachement et le fourrage.

Outillage (1).

TROUPES. *	TRAVAUX DE TERRASSEMENT. Pelles. Petites.	Pelles. Grandes.	Pioches.	Haches, pics.	TRAVAUX DE CHARPENTE. Haches.	Cognées.	Scies. Égohines.	Scies. Ordinaires.	Cisailles.
Rgt. Inf. — Outils portatifs	1,200	»	»	120	60	»	»	»	»
Rgt. Inf. — Outils du train de combat	»	30	15	»	15	24	»	12	»
Rgt. Inf. — Outils des convois	»	230	65	»	30	30	6	2	»
TOTAL	1,200	260	80	120	105	54	6	14	»
Cie. mitr. y compris le convoi	18	24	3	9	12	3	4	»	»
S Mitr. y compris le convoi	18	28	14	6	20	4	11	»	»
Rgt. de cav. (à 4 esc.) — Outils portatifs	32	»	»	»	32	»	»	16	»
Rgt. de cav. (à 4 esc.) — Outils du train de combat	»	6	4	»	6	2	»	2	»
Rgt. de cav. (à 4 esc.) — Outils des convois	»	8	»	16	15	»	»	»	»
TOTAL	32	14	4	16	53	2	»	18	»
Bie. d'art. de camp	»	38	31	»	33	7	1	»	»
S M A. légère et (F.) S M A. légère	»	50	50	»	52	25	1	»	»
S M A. légère d'une D C	»	38	38	»	47	15	1	»	»
Bie. d'obusiers lourds de camp	»	93	43	»	19	3	4	2	»
Bie. de mortiers	»	112	52	»	31	7	4	2	»
S M A. légère d'un Btn. d'obusiers lourds de camp	»	173	58	»	29	3	3	1	»
S M A. légère d'un Btn. de mortiers	»	221	125	»	29	3	3	1	»
Cie. de pionniers. — Outils portatifs	»	99	57	»	21	57	»	»	6
Cie. de pionniers. — Outils du train de combat	»	8	4	»	4	»	9	6	30
TOTAL	»	107	61	»	25	57	9	6	36
Détachement de pionniers d'une D C	»	15	7	»	4	20	2	2	»
Outils portatifs et sur voitures d'une Div. (en nombre rond)	1,800	1,800	950	500	1,100	450	50	80	»
Équipage de siège des pionniers	»	4,000	3,000	»	500	500	75	36	»

* Les abréviations employées sont celles usitées dans l'*Aide-Mémoire de l'Officier d'état-major en campagne.*

(1) Les nombres donnés ci-dessous sont soumis à des variations qui n'affectent pas sensiblement le tableau d'ensemble.

APPENDICE.

TRAVAUX EXÉCUTÉS PAR LA CAVALERIE SEULE.

Le plus important a été imprimé en gros caractères et devra être enseigné tout d'abord à fond.

Ce qui a été écrit en *petits caractères* sont les dispositions moins importantes, ainsi que la description des travaux qui doivent être exécutés principalement par les détachements de pionniers des divisions de cavalerie et, exceptionnellement, sans leur concours.

FRANCHISSEMENT DES COURS D'EAU.

GÉNÉRALITÉS.

424. — Chaque régiment de cavalerie emmène avec lui 4 demi-bateaux et du matériel de pontage sur 2 haquets. Ce faible approvisionnement en matériel ne permet que l'établissement de ponts très courts.

La cavalerie, en général, fait passer les chevaux à la nage tandis que les hommes et l'équipement traversent dans les bateaux, les voitures sur des bacs.

Des ponts pourront être nécessaires, si, à cause de la saison et de la température ou à cause de la nature marécageuse des rives, on ne peut faire passer les chevaux à la nage, s'il faut faire passer beaucoup de véhicules, ou encore si l'on doit fermer une brèche dans un pont détruit par la mine.

425. — *Une bonne instruction individuelle dans la navigation (ramer et gouverner un bateau, gaffer) est la base de toute l'instruction de la traversée d'un cours d'eau. Il faut par conséquent lui attribuer une grande importance (442 à 451).*

La formation du plus grand nombre possible d'hommes sachant nager est également importante.

Dans les traversées ou à la nage, seul, l'homme qui sait nager, agit intelligemment et résolument. Il est indispensable de soumettre ceux qui savent nager à des exercices spéciaux de manière à renforcer la confiance qu'ils ont en eux-mêmes, car souvent, même de bons nageurs renoncent soudain, au milieu du cours d'eau, par suite du manque de confiance en eux-mêmes et coulent à pic comme paralysés. Par suite, la confiance en eux-mêmes des hommes sera renforcée par le plus grand nombre possible d'exercices de traversée à la nage d'une rivière.

INSTRUCTION AVEC LE MATÉRIEL DE PONT DE LA CAVALERIE.

DESCRIPTION DU MATÉRIEL DE PONT DE LA CAVALERIE.

426. — Le matériel de pont d'un régiment de cavalerie comprend :

4 demi-bateaux............	12 rames.........	Matériel de bateau.
6 chapeaux...............	12 tolets.........	
8 panneaux...............	8 gaffes.........	
4 traverses...............	4 cordages d'ancre	Cordages.
6 montants de garde-fou....	16 commandes de garde-fou....	
2 ancres..................		
12 piquets de rive { 6 courts. 6 longs.	8 commandes....	

2 haquets de cavalerie à 6 chevaux.

Sur chaque voiture se trouvent : 1 cognée, 2 haches, 1 pioche, 2 pelles et 1 scie ordinaire. Dans l'emploi de matériel de pont, ces outils doivent toujours être à leur place.

427. — *Le matériel de pont est susceptible de détérioration. Il faut, par suite, dans les exercices, apporter un grand soin à manier le matériel convenablement et le ménager. Il est défendu de sauter dans les bateaux ou d'y jeter des objets pesants. L'emploi des supports de garde-fou comme leviers ou marteaux interdit.*

Demi-bateau.

428. — e **demi-bateau** (fig. 207) consiste en une carcasse en fer fondu recouverte de tôle d'acier de 0,6 mm. d'épaisseur.

L'extrémité pointue s'appelle le nez d'avant (Kaffe), l'angle aigu sous lequel s'assemblent les deux parois du nez d'avant, l'étrave Steven), l'extrémité non pointue, l'arrière (Spiegel).

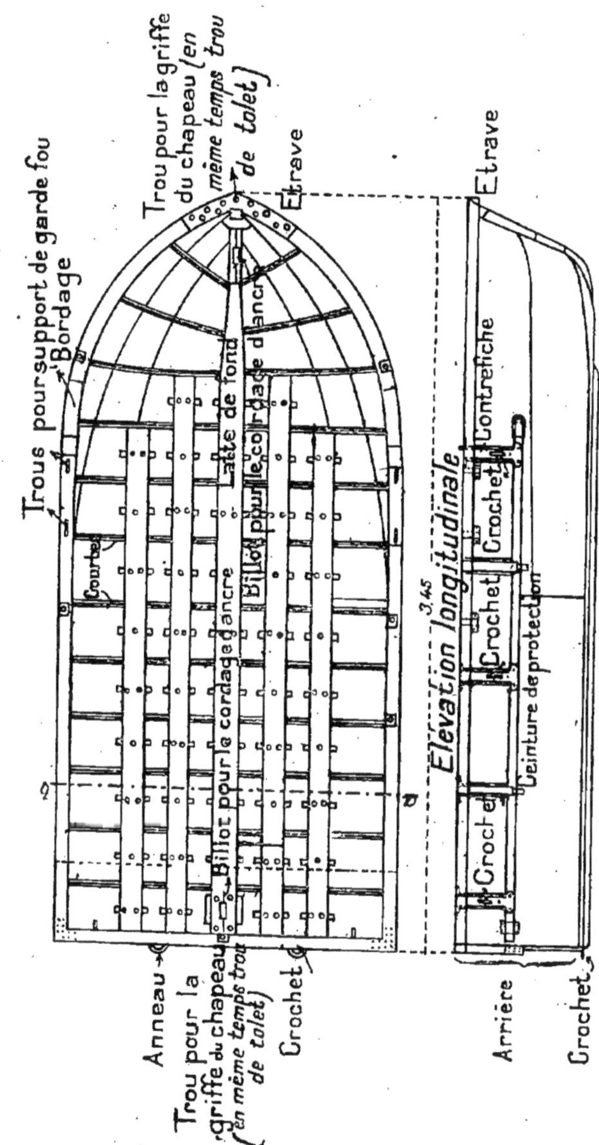

Fig. 207. — Demi-bateau.

Par-dessus et tout autour du demi-bateau court le bordage avec les trous de tolets et les trous destinés à recevoir le chapeau et les supports de garde-fou.

Sur le fond du bateau, dans le nez d'avant et près de l'arrière, se trouvent deux billots sur lesquels on fixe les cordages d'ancre.

Le fond du bateau est protégé extérieurement par 3 quilles en bois, à l'intérieur, il y a 5 lattes de fond; les parois sont préservées chacune par une ceinture de protection en bois qui, dans le chargement sur le haquet, sert de support pour le deuxième demi-bateau qui coiffe le premier préalablement retourné; pour cette raison, la ceinture latérale porte des contrefiches prenant appui sur le bordage.

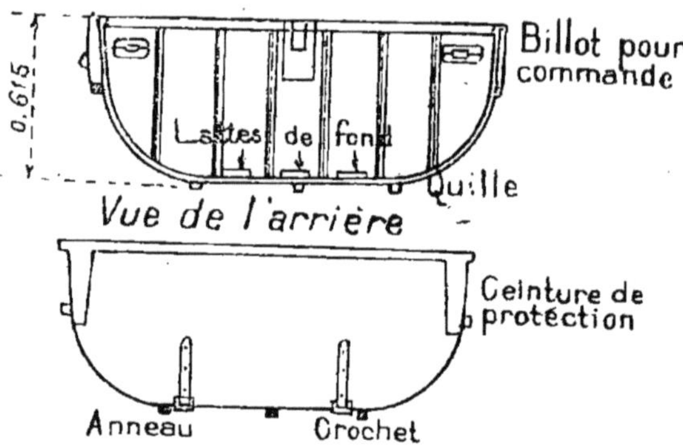

Fig. 207 *bis*. — Coupe *a*-*b*.

Sur ces contrefiches sont placés des crochets qui servent à fixer le demi-bateau sur le haquet au moyen de chaînes d'attache et à brêler les panneaux sur le bordage dans la construction des bacs.

Poids du demi-bateau : 155 kilos environ.

429. — La **réunion de deux demi-bateaux** en un bateau entier (fig. 208) s'effectue au moyen des crochets et des anneaux fixés au fond des demi-bateaux et de commandes qui sont fortement brêlées autour du billot sur le côté intérieur de l'arrière.

On peut réunir et détacher les demi-bateaux sur la terre ferme et dans l'eau.

Chapeau.

430. — Le **chapeau** (fig. 209) en bois de sapin avec des ferrures, est introduit par l'extrémité arrondie à l'arête supérieure *a* dans l'échancrure du bordage de l'étrave et l'autre dans l'échancrure du bordage de l'arrière, ses griffes se plaçant dans des trous correspondants du bordage.

Les trous dont il est percé servent à recevoir les montants de garde-fou, savoir : les trous 1 les montants de la passerelle, les trous 2 ceux du pont-passerelle, quand on utilise le bateau entier comme corps de support, les trous 3 ceux d'un pont-passerelle ren-

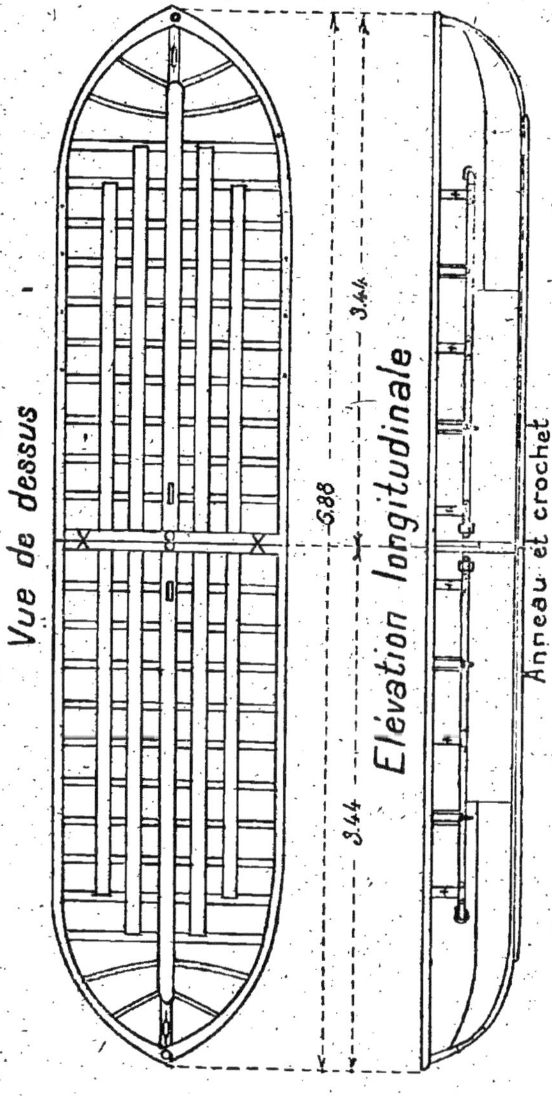

Fig. 208. — Bateau entier composé de deux demi-bateaux.

forcé. Les 2 trous qui restent reçoivent les montants de garde-fou quand on utilise le demi-bateau dans la construction du pont-passerelle.

Dans le pont-passerelle et le pont-passerelle renforcé, les chapeaux sont employés aussi comme supports de culées pour les panneaux.

Fig. 209. — Chapeau.

A cet effet, on les enterre légèrement et on les maintient solidement au moyen de six piquets de rive.

Poids d'un chapeau : 20 kilos environ.

Panneau.

431. — Le **panneau** (fig. 210) en bois de sapin, se compose de 3 poutrelles sur lesquelles est vissé le platelage. Les madriers des extrémités du platelage sont en bois de frêne et sont renforcés par une cornière vissée.

Dans la construction d'un bac sur les bordages, les deux poutrelles extérieures se placent sur le chapeau au moyen de crochets en fer, la poutrelle intermédiaire repose par une ferrure sur le chapeau.

La ferrure du milieu du panneau porte des anneaux sur les deux côtés; elle sert à réunir à la traverse plusieurs panneaux placés parallèlement et côte à côte dans la construction du pont-passerelle et du pont-passerelle renforcé.

Poids d'un panneau : 92 kilos environ.

Traverse.

432. — La **traverse** (fig. 211) est en bois de frêne muni de ferrures. Elle sert dans la construction des ponts-passerelles et des ponts-passerelles renforcés à relier et à soutenir les panneaux.

Pour pouvoir être fixée sous les panneaux, elle porte deux crochets doubles et deux crochets simples mobiles qu'on peut manœuvrer au moyen d'écrous à oreilles. Pour empêcher que ces écrous se dévissent, à côté de chacun se trouve un anneau dans lequel on engage une de ses oreilles.

Poids d'une traverse : 44 kilos environ.

Montant de garde-fou.

433. — Le **montant de garde-fou** (fig. 212) en bois de frêne, avec un sabot en fer, porte à son extrémité supérieure un anneau à travers lequel on fait passer la commande de garde-fou ou auquel on la fixe. Son sabot est engagé dans un des trous du cha-

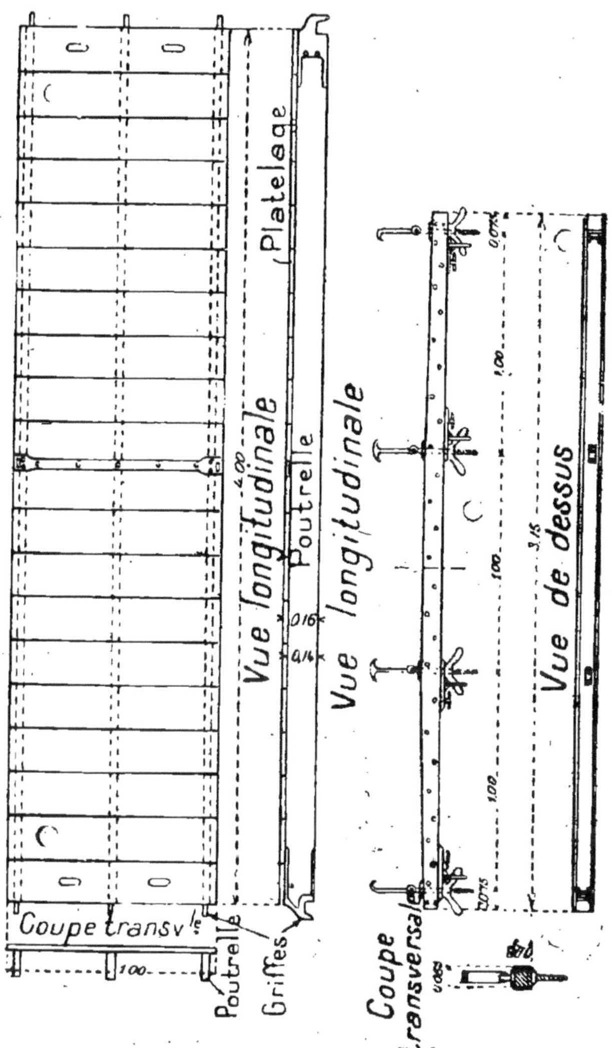

Fig. 210. — Panneau.
(Vue de dessus.)

Fig. 211. — Traverse.

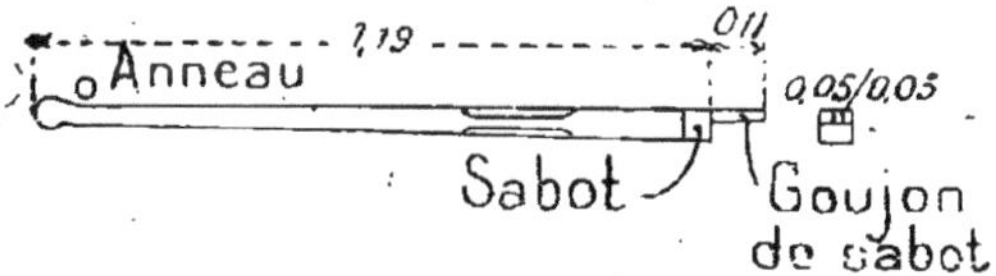

Fig. 212. — Montant de garde-fou.

peau, dans un trou du bordage quand il s'agit de la construction d'un bac. Si les sabots ne s'adaptent pas dans les trous avec un certain jeu, on agrandit ceux-ci à la lime.

Poids d'un montant de garde-fou : 1 kg. 75 environ.

Ancre.

434. — **L'ancre** a deux bras et un jas qu'on peut rabattre. Elle pèse environ 30 kilos.

435. Cordages.

DÉSIGNATION.	LONGUEUR m.	ÉPAISSEUR m.	POIDS KG.	OBSERVATIONS.
Cordages d'ancre	45.00 (1)	17	6.60	Avec une boucle.
Commandes de garde-fou et commandes de brêlage	6 50	10	0.50	
Petites commandes de brêlage	2.50	8	0.16	

(1) On consommera les cordages de 35 m. de longueur utilisés jusqu'ici.

Matériel de bateau.

436. — **La rame,** en sapin, longue de 3 m. 50, faite d'une seule pièce, comprend la poignée, la perche et la palette. L'extrémité de la palette porte une coiffe de tôle dont on a rabattu les pointes.

Poids : environ 4 kg.

Le **tolet en fer** comprend un manche avec une embase en forme de plateau et la fourche.

Poids : environ 4 kg.

La **gaffe** consiste en une perche en sapin, longue de 4 mètres, épaisse en son milieu de 4 cm. 5, munie à son extrémité inférieure d'une pointe de fer émoussée de 130 mm. de longueur et de 51 mm. de largeur en haut. Depuis la pointe, elle porte des marques tous les 25 cm. de manière à pouvoir être utilisée pour des mesures (profondeurs de l'eau).

Poids : environ 3 kg. 500.

Piquet de rive.

437. — Le **piquet de rive** est en bois de frêne, long de 50 ou 80 cm., épais de 3 cm. 5, appointé à l'une de ses extrémités et muni d'un sabot en fer; l'autre extrémité est renforcée par un anneau en fer.

Poids de 0 kg. 50 à 0 kg. 80.

DÉCHARGEMENT ET CHARGEMENT DES HAQUETS À BATEAUX.

438. — Suivre pour les détails sur la figure 213.

Pour le **déchargement** du matériel de pont sur la rive et la constitution d'un dépôt de matériel (fig. 214), on formera: 1 détachement de déchargement des bateaux, du matériel

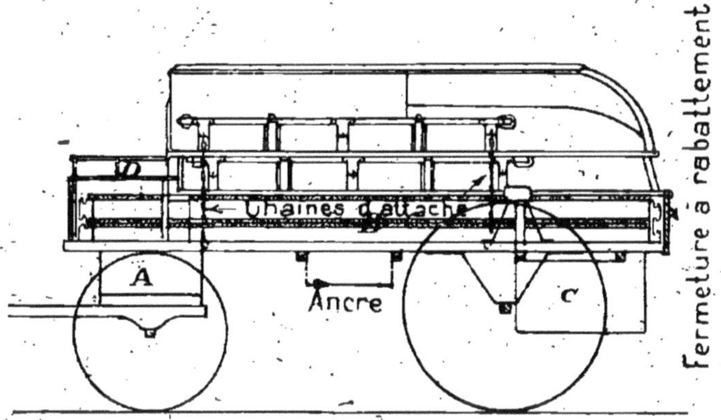

Fig. 213. — Haquet avec son chargement.
(Élévation latérale).

LÉGENDE.

A Avant-train (accessoires de voitures et rechanges).
B Espace pour le chargement (matériel de pont).
C Caisse de derrière (1/2 pour explosifs, 3 paires de sacoches, petit matériel de pont, matériel pour l'entretien des bateaux).
D Deux grands sacs à fourrage avec six rations.

de bateau et d'ancre ainsi que des chapeaux, composé de 1 sous-officier, 8 hommes, et 1 détachement pour le déchargement du reste du matériel, 1 sous-officier et 4 hommes.

439. — Le premier détachement délie les courroies d'attache des crochets situés sur les parois extérieures des demi-bateaux, tourne les écrous doubles des chaînes d'attache et accroche ces dernières, rabat en dessous la fermeture à rabattement, soulève en même temps les deux demi-bateaux emboîtés l'un dans l'autre en les tirant vers l'arrière du haquet, les pose à terre avec précaution, soulève le bateau supérieur, donne quartier aux deux bateaux, les assemble en bateau entier, si c'est nécessaire, et les équipe d'après l'emploi auquel ils sont destinés. Ensuite il les pousse dans l'eau (ne pas les traîner sur le sol!) et les fixe au moyen des amarres et des cordages d'ancre à des poteaux qu'il a enfoncés sur la rive.

440. — L'autre détachement retire des haquets les traverses, tire les panneaux, après avoir enlevé le plancher avec les deux *cuisines norvégiennes* (1) en dehors de l'espace réservé au chargement et les place, de même que le reste du matériel de pontage et les outils aux emplacements désignés.

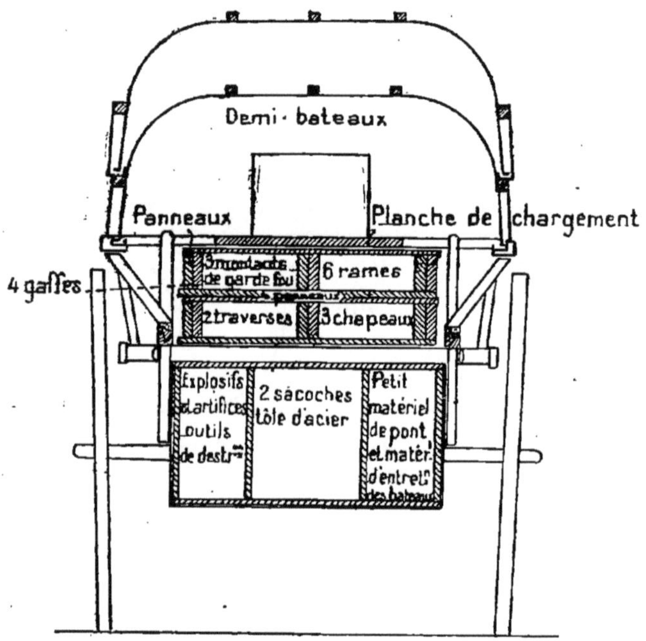

Fig. 213 *bis*. — Haquet avec son chargement.
(Coupe transversale de la fig. 213).

On peut aussi utiliser le matériel en *le prenant directement sur la voiture* et renoncer à en faire un dépôt. Il n'y a pas besoin, alors, de détachements spéciaux de déchargement, mais on emploie dans ce but les détachements de construction. Ils ne déchargent que le matériel nécessaire à celle-ci.

441. — Le **chargement de voitures** s'exécute en ordre inverse du déchargement. On placera préalablement les deux bateaux l'un dans l'autre et on placera entre les deux les cor-

(1) On suppose que l'expression « Selbstkocher » du texte allemand peut recevoir cette interprétation, sans pouvoir l'affirmer (N. d. T.).

dages d'ancre. A cet effet, les cordages doivent être lovés en longues couronnes et répartis également sur le fond du demi-bateau inférieur, afin qu'ils ne s'emmêlent pas pendant la marche.

Dans le chargement des voitures, il faudra veiller à ce que le bateau supérieur repose avec toute l'étendue de son bor-

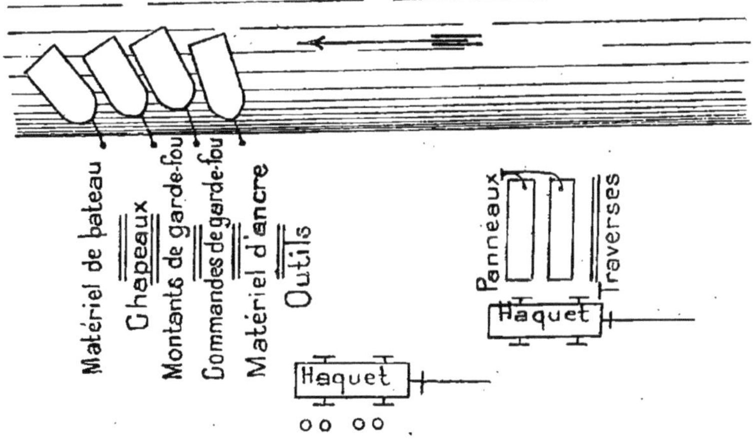

Fig. 214. — Dépôt de matériel.

dage sur les ceintures extérieures du bateau inférieur et non pas avec la surface intérieure du nez d'avant sur l'étrave de ce même bateau. Les chaînes d'attache pour la marche doivent être fortement tendues.

NAVIGATION.

442. — La pointe d'un bateau dans laquelle se tient le pilote s'appelle avant, l'autre l'arrière.

Vu en regardant vers l'avant, on a : à droite le bordage de droite, dans les bacs, le bateau de droite, etc.

En ce qui concerne la situation par rapport à la rive, on emploie les expressions : bordage de rive et bordage de courant, bateau de rive et bateau de courant, côté de rive et côté du courant, et en ce qui concerne la direction du courant : amont et aval.

443. — En navigation, on distingue le mouvement et le pilotage.

Le bateau est mû :

en gaffant,
en ramant en arrière ou en avant,

en faisant pont volant, en hâlant,
les chevaux à la nage à côté du bateau,
en se hâlant sur une corde tendue en travers au-dessus de l'eau.

Piloter un bateau, c'est lui donner la direction nécessaire et l'y maintenir.

Un bateau peut être piloté :

à la gaffe (444),
en tenant obliquement vers la direction de marche la rame utilisée comme gouvernail,
en ramant avec le gouvernail.

Manœuvre à la gaffe.

444. — La **manœuvre à la gaffe** s'exécute avec un ou plusieurs bateliers, avec ou sans pilote.

Pour gaffer, quand il n'y a qu'un batelier, celui-ci se tient dans le bateau à l'arrière; s'il y a deux bateliers, l'un se tient à l'avant, l'autre à l'arrière, faisant face vers le bordage le long duquel on veut gaffer, le visage tourné vers la direction de marche. Les deux mains écartées à une longueur de bras environ, saisissent la gaffe et la tiennent verticalement en hauteur au-dessus de l'eau, la pointe en bas.

La gaffe est poussée verticalement dans l'eau; en cas de besoin, le batelier laisse glisser la gaffe entre ses deux mains. Dès que la pointe atteint le fond, le batelier appuie vigoureusement sur la gaffe, en donnant à son corps une position telle que le bateau soit poussé en avant dans la direction de la marche.

En plongeant la gaffe dans l'eau de manière à l'écarter du bateau — gaffer en travers — la pointe du bateau s'écarte du côté où l'homme agit.

Si l'on plonge la gaffe sous le bateau, celui-ci se déplace dans le sens opposé.

De cette manière, le batelier peut piloter le bateau. Dans le le cas de deux bateliers, celui qui se tient en arrière fait les fonctions de pilote.

Si l'on a affecté un pilote spécial au bateau, les bateliers s'occupent seulement du mouvement.

445. — Les commandements que doit faire le chef du bateau ou le pilote sont les suivants :

A vos postes! Les bateliers embarquent, le bateau est détaché de la rive.

Préparez-vous à gaffer! Chaque batelier prend dans le bateau la position décrite ci-dessus et tient la gaffe prête à être plongée.

En arrière, gaffez! Les gaffes sont plongées et maniées.

Halte! Les gaffes sont enlevées du fond et placées dans la position de « Préparez-vous à gaffer! ».

Arrêtez! Le bateau est arrêté en plongeant la gaffe de manière à ce qu'elle touche le fond.

Couchez vos gaffes! Les gaffes sont couchées sur le fond du bateau.

Débarquez! Le batelier le plus près du bord saute à terre et maintient le bateau: le reste des bateliers débarquent et le bateau est amarré à la rive.

Ramer en arrière, ramer en avant.

446. — La **manœuvre à la rame** est exécutée dans un demi-bateau par 2 rameurs, dans un bateau entier par 2 ou 4. Le pilote s'assied ou reste debout, le visage vers l'avant du bateau, à gauche de la rame-gouvernail mise en place.

Les rameurs se tiennent debout ou assis dans le bateau, le visage tourné vers le pilote; ils ont placé la rame, le milieu de la perche dans les tolets et perpendiculaire à l'axe du bateau, la palette verticale, à une largueur de main au-dessus de l'eau, saisi la poignée avec les deux mains par en-dessus, les bras courbés naturellement et joints légèrement au corps.

Ramer en arrière. Le rameur écarte de lui la poignée de la rame, en se portant en avant, les bras tendus.

Il enfonce la palette dans l'eau, se rejette en arrière, tire vigoureusement la rame à lui et soulève la palette à une largeur de main environ au-dessus de l'eau.

Le premier mouvement recommence.

La manœuvre à la rame s'exécute à la vitesse que donne le rameur qui se trouve près du pilote (de 16 à 24 coups de rame par minute.)

447. — *Ramer en avant.* Le rameur rapproche la poignée tout contre son corps.

Il enfonce la palette dans l'eau, écarte la poignée de lui, en tendant les bras et en se penchant en avant; il retire ensuite la palette de l'eau comme dans le mouvement de ramer en arrière.

Le mouvement recommence.

448. — Les commandements que fait le pilote ou le chef de bateau sont les suivants :

A vos postes! Le pilote embarque le premier et place la

rame-gouvernail, puis les rameurs prennent leurs places, le bateau est détaché de la rive.

Au large! Les rameurs qui se trouvent du côté de la rive poussent au large.

Préparez-vous à ramer! Chaque rameur place sa rame dans le tolet qu'il a enfoncé et se prépare à ramer.

En arrière ou **En avant, Ramez!** Exécution comme ci-dessus.

Halte! On cesse de ramer; la palette de la rame est retirée de l'eau, la rame est mise dans la position hors de l'eau.

Stoppez! La palette est enfoncée dans l'eau verticalement et le mouvement du bateau est arrêté en contre-ramant.

Couchez vos rames! Les rames et les tolets sont couchés dans le bateau.

Bordez vos rames! Les rames sont enlevées des tolets et maintenues en dehors du bateau par la poignée de manière que la palette flotte sur l'eau tout contre le bateau.

Amarrez! Le rameur le plus en avant saute à terre et maintient le bateau.

Débarquez! Les autres rameurs quittent le bateau, le pilote couche la rame-gouvernail et suit le mouvement.

Le bateau est amarré à la rive.

449. — En général, **en marche, le pilote fait exécuter seul les changements de direction.** Si le bateau doit exécuter une conversion à l'aide des rameurs ou changer rapidement de direction, cela s'exécute en faisant ramer les rameurs d'un côté en avant, tandis que ceux de l'autre côté rament en arrière.

Les commandements, à cet effet, sont les suivants: **A droite (à gauche) en avant (en arrière) — ramez! — En avant!**

Faire pont-volant.

450. — Si on donne à un bateau qui est attaché dans le courant à un cordage, une position oblique par rapport à la direction du courant, le bateau se déplace à travers le cours d'eau vers la rive sur laquelle on dirige l'avant du bateau.

Le bateau est piloté soit par la rame-gouvernail, soit par des amarres qui sont fixées par l'une de leurs extrémités au cordage auquel est attaché le bateau et dont l'autre est tenue lâche par-dessus un des bordages; en halant cette amarre ou en donnant à passer, on obtient l'inclinaison nécessaire pour faire pont-volant (147, 469).

Halage.

451. — Si on doit tirer un bateau du bord en amont, on fixe une amarre à l'avant et on hale sur celle-ci. Le pilote maintient le bateau à une certaine distance du bord.

CONSTRUCTION DE PONTS ET DE BACS

452. — Avec le matériel, on peut organiser :

des passerelles, des ponts-passerelles, des ponts-passerelles renforcés, des bacs.

Pour les détails concernant la capacité de transport et les portées, voir 166, 482.

Ancrage.

453. — Tous les ponts doivent être ancrés contre le courant et contre le vent. La manière dont doit se faire l'ancrage dépend de la largeur du cours d'eau, de la vitesse du courant, de la force du vent et de la nature du fond d'ancrage.

On recommande — surtout en cas de fort courant ou de vent violent — de maintenir chaque bateau par un cordage d'ancre.

Si des chevaux doivent traverser à la nage le long d'un pont on devra enlever les cordages d'ancre en aval.

454. — On ne mouillera pas les ancres, en général, à moins de 35 pas du pont,

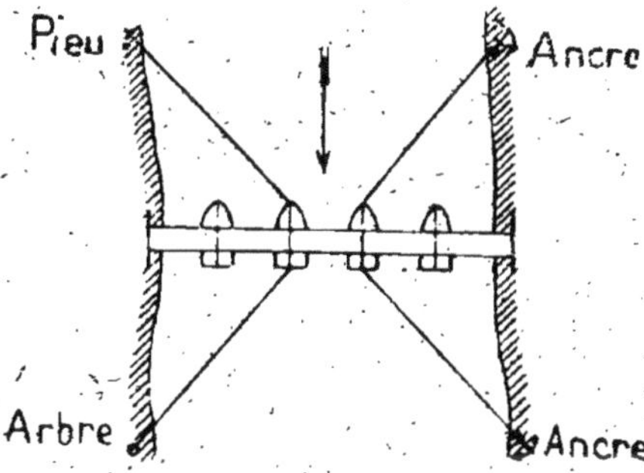

Fig. 215. — Exemple d'ancrage d'une passerelle de faible portée.

Dans le cas de ponts très courts (fig. 215), les cordages d'ancre sont fixés aux rives (ancres de rive); **dans le cas de**

ponts plus longs (fig. 216), on mouillera les ancres qui ne peuvent plus être fixées aux rives, en aval et en amont, au moyen d'un bateau (entier) affecté spécialement à cette opération.

Les cordages d'ancre des bateaux pontés tout d'abord sont passés, au fur et à mesure de l'avancement de la construction du pont, aux bateaux nouvellement pontés, tandis que les premiers bateaux reçoivent les cordages des ancres qui viennent d'être mouillées.

Les cordages d'ancre sont passés par les bateaux destinés au mouillage des ancres au premier demi-bateau ou au premier bateau avant la construction d'une nouvelle travée. Dès

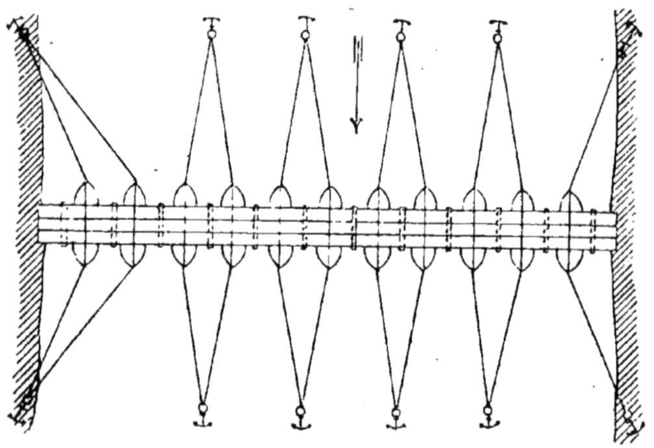

Fig. 216. — Exemple d'ancrage d'un pont-passerelle de grande portée.

que le premier bateau a reçu les nouveaux cordages d'ancre, il passe ses cordages d'ancre primitifs au second bateau, celui-ci passe les siens au troisième bateau, et ainsi de suite.

Les rameurs manient les cordages d'ancre d'après les indications du chef de détachement des bateaux qui veille à ce que le pont reste toujours dans la direction choisie.

Les rameurs tiennent les cordages d'ancre librement dans la main ou, dans le cas d'un fort courant ou d'un vent violent, ils les fixent provisoirement au billot placé sur le fond du bateau. Ils ne fixent définitivement les cordages d'ancre qu'après que le pont est terminé et de telle façon que les cordages soient enroulés autour des billots susmentionnés et autour des chapeaux et soient enfin de nouveau fixés aux billots. Les cordages d'ancre doivent toujours être bien tendus.

Construction d'une passerelle.

455. — La **passerelle** sert au passage du cavalier avec sa selle et son paquetage, tandis que les chevaux nagent à côté (475).

La construction d'une passerelle ne peut être faite que dans le cas d'un faible courant. Comme corps de support, on se sert uniquement des demi-bateaux pontés; le tablier comprend *une* rangée de panneaux.

Les différents détachements sont les suivants:

Pour chaque demi-bateau (1) 2 rameurs, soit pour le matériel d'un régiment 1 sous-officier et 8 hommes — détachement des bateaux;

1 détachement de porteurs (pour le matériel de 1 à 3 régiments [2]) 1 sous-officier, 4 hommes, puis une réserve convenablement choisie, si l'on doit exécuter des travaux spéciaux, comme l'organisation des accès, la construction de corps de support de circonstance pour les appontements, etc.

456. — Les **haquets à bateau** s'approchent le plus possible de la rive. Si on n'a pas constitué de détachements spéciaux de déchargement et si l'on n'a pas formé de dépôt de matériel, les bateliers déchargent d'abord les bateaux, les équipent avec 2 gaffes, 1 rame, 1 tolet, 1 montant et 1 commande de garde-fou, placent un chapeau dans les échancrures du bordage, mettent le bateau à l'eau et l'amarrent à la rive en aval de l'emplacemeut du pont. Ils disposent ensuite les cordages d'ancre pour l'ancrage à la rive, enfoncent, en amont et en aval de l'emplacement du pont, des piquets pour y fixer les cordages d'ancre (on peut aussi enterrer les ancres) et occupent les bateaux. Ceux-ci sont amarrés en aval de l'emplacement du pont ou maintenus par les bateliers.

Le **détachement de porteurs** décharge le reste du matériel nécessaire pour la construction des ponts ou le sort des haquets au moment même de la construction (440).

Un **batelier** amène, dans la ligne du pont, le premier demi-bateau, le nez d'avant tourné vers l'amont et l'y maintient avec la gaffe parallèle à la rive.

Le deuxième batelier a placé pendant ce temps les ancres de rive pour le bateau, comme il est dit à 454, il embarque

---

(1) Si des bateaux pour le mouillage des ancres sont nécessaires (454), il faudra les doter d'un détachement d'un sous-officier et 4 hommes.

(2) Pour accélérer, les détachements de porteurs peuvent être augmentés et on peut affecter au déchargement des détachements spéciaux (438).

ensuite avec le cordage d'ancre lové, passe les cordages d'aval à l'autre batelier et place le montant de garde-fou dans le trou 1 du chapeau.

Le **détachement de porteurs** apporte un panneau, le fixe sur le chapeau et le pousse tout contre le montant du garde-fou. Si c'est nécessaire, les premiers numéros de ce détachement passent dans le bateau.

Là-dessus, on pousse le bateau au large en se servant du panneau, assez loin pour qu'un deuxième demi-bateau, qui pendant ce temps a été amené tout contre le pont puisse être poussé en dessous du panneau un peu soulevé du côté de la rive, si c'est nécessaire, et on fixe ce dernier de la même manière sur le chapeau du deuxième demi-bateau.

Au cas où il y aurait des cordages d'ancre disponibles, on munira aussi ce deuxième demi-bateau d'un **ancrage de rive** (fig. 216 gauche). Après qu'on l'a fait passer sous le panneau relevé, on place sur lui le montant de garde-fou.

Ensuite le **détachement de porteurs** apporte un autre panneau, le fixe et pousse les deux demi-bateaux au large assez loin pour qu'un troisième demi-bateau puisse être passé dessous près de la rive.

457. — Le **pontage des autres demi-bateaux** s'effectue de la même façon. Pour les ponts un peu longs, il se produit une déviation, si on ne peut plus ancrer à la rive. Dans ce cas, les ancres sont mouillées par un bateau d'ancres d'après les indications de 454, les cordages d'ancre passés de bateau à bateau et fixés.

Le sous-officier du détachement des bateaux (1) se tient sur la partie du pont assemblée et règle de là les mouvements des bateliers (464).

Sur les deux rives, des panneaux que l'on fixe avec leurs chevilles du côté de terre sur la rive et avec leurs chevilles du côté de l'eau sur le chapeau du premier bateau forment les extrémités du pont. On les maintient en place au moyen de piquets que l'on enfonce.

Quand le pont est terminé, les bateliers installent les commandes de garde-fou.

458. — Si à cause de la faible profondeur de l'eau, les bateaux ne peuvent servir de corps de support ou si après le pontage de tous les bateaux, les panneaux disponibles doivent encore être employés, on construira des **supports de cha-**

---

(1) Dans le cas du pontage effectué au moyen du matériel de plusieurs régiments, seul le sous-officier dont le détachement amène le bateau le premier, se place sur le pont; les sous-officiers des autres détachements de bateau surveillent de la rive l'équipement des bateaux et leurs mouvements.

peau de circonstance. Dans ce but, on enfonce dans le lit du cours d'eau deux pieux à 1 m. 80 de distance l'un de l'autre (119), on taille les têtes des pieux d'après les indications de la figure 217, on place les chapeaux dans l'entaille et on les assujettit aux pieux.

Il faudra contreventer les pieux d'un support (fig. 33).

La distance de deux corps de support consécutifs devra être de 4 mètres (longueur d'un panneau).

Des travaux de circonstance pourront aussi devenir nécessaires, si l'on doit installer des ponts assez larges en partant de rives marécageuses (fig. 35, 36, 58).

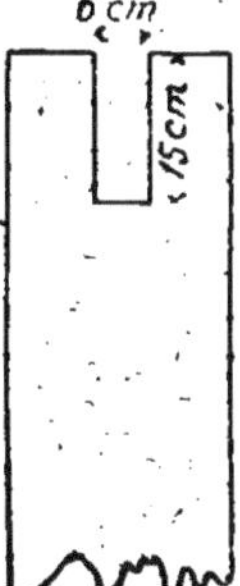

Fig. 217.

459. — Si le **matériel de pont de cavalerie** doit être exceptionnellement **employé avec du matériel de circonstance,** il faut, quand on passe de l'un des matériels à l'autre, installer un corps de support avec double chapeau; l'un des chapeaux (celui du matériel de pont) sert de support au panneau, l'autre (celui de circonstance) aux poutrelles du matériel de circonstance, ou bien, on construit 2 corps de support à côté l'un de l'autre.

460. — On franchira souvent des fossés ayant des talus raides ou un fond marécageux avec *une* travée (panneau) ou avec deux travées et un support de circonstance exécuté de la manière la plus simple (108, 458).

On exercera spécialement dans l'exécution de ces petits ponts.

461. — Le repliement d'un pont s'exécute à la manière inverse du lancement.

Construction d'un pont-passerelle.

462. — Le **pont-passerelle** peut être utilisé par les cavaliers ayant mis pied à terre et sur un rang — les chevaux à distance, — par l'infanterie en rangs ainsi que par les voitures vides et traînées par les hommes.

Comme **corps de support,** on emploie alternativement des demi-bateaux et des bateaux entiers. Le tablier est constitué par deux rangs de panneaux qui, dans chaque travée, sont reliés entre eux par une traverse.

Constitution de détachements : Pour chaque demi-bateau ou pour chaque bateau entier (1) 2 bateliers, en tout pour le matériel d'un régiment 1 sous-officier, 6 hommes.

2 détachements de porteurs de 4 hommes chacun (pour le matériel de 1 à 3 régiments) [2], puis une réserve convenable pour les travaux spéciaux 455).

463. — Le lancement et le repliement s'exécutent comme pour la passerelle avec les différences suivantes :

Chaque bateau entier ou demi-bateau est équipé avec 2 gaffes, 1 rame, 1 tolet, 2 montants et 2 commandes de garde-fou ; dans les bateaux on placera deux chapeaux.

Les **détachements de porteurs** assujettissent à chaque deuxième panneau une traverse de manière à ce que les crochets doubles du milieu soient passés dans les anneaux qui se trouvent sur les côtés des panneaux, que les vis à oreilles de ces crochets soient serrées modérément et que les écrous à oreilles soient maintenus dans leur position par l'anneau de fixation d'une de leurs oreilles.

Le premier **corps de support** est constitué par un demi-bateau, le deuxième par un bateau entier; après les avoir amenés, les deux bateliers de chaque demi-bateau installent les montants du garde-fou dans les trous des chapeaux qui ne portent pas de numéros, les bateliers des bateaux entiers dans les trous marqués « 2 ».

Le **détachement de porteurs n° 1** apporte un panneau muni d'une traverse, le fixe sur le chapeau du premier demi-bateau entre les montants de garde-fou et le pousse contre le montant qui se trouve en aval, en cas de besoin, les premiers numéros de ce détachement passent dans le bateau.

Le **détachement de porteurs n° 2** apporte un panneau sans traverse et le fixe en amont du premier sur le chapeau, de manière à pouvoir accrocher l'un des anneaux au crochet du milieu de la traverse en le faisant basculer légèrement et en le poussant par en dessous.

Les deux détachements de porteurs poussent les deux panneaux l'un contre l'autre et jointifs, accrochent le second panneau par son côté extérieur à la traverse, vissent à fond les écrous à oreilles du crochet extérieur et poussent au large le demi-bateau avec les deux panneaux assez loin pour que le premier bateau entier puisse passer par-dessous. Sur ce dernier, ils fixent les chevilles de deux panneaux entre les montants de garde-fou des deux chapeaux.

Les détachements de porteurs apportent deux autres panneaux, l'un avec traverse et l'autre sans traverse et les placent de la même manière qu'il est dit ci-dessus sur les deux cha-

(1) Voir renvoi (1) de la page 206.
(2) Voir renvoi (1) de la page 106.

peaux du bateau entier, puis sur l'un des chapeaux du demi-bateau suivant que, pendant ce temps, on a fait passer par en dessous,

464. — Le **pontage des travées suivantes** s'exécute comme celui des première et deuxième travées.

On **place à chacune des extrémités du pont sur les deux rives** deux panneaux, qui sont réunis entre eux par une traverse. Ils sont placés du côté de la rive sur un chapeau légèrement enterré et maintenu par 6 piquets de rive. On égalise le gradin qui en résulte avec du bois ou des broussailles, des pierres, des gazons ou de la terre disposés en forme de rampe.

Construction d'un pont-passerelle renforcé.

465. — Le **pont-passerelle renforcé** permet le passage, par un, de cavaliers ayant mis pied à terre, et en files serrées, exceptionnellement par deux, dans le cas de ponts très courts et dans des conditions favorables de courant et de vent; par l'infanterie, en colonne de marche avec distance double entre les rangs et en rompant le pas; par les pièces de campagne, les mitrailleuses, les caissons à munitions et à cartouches; puis par les voitures du train de combat avec 10 pas de distance entre les différentes voitures, les avant-trains, les pièces et les arrière-trains étant séparés.

On emploie uniquement les bateaux entiers comme *corps de support*. Le tablier est composé de *trois* files de panneaux qui, dans chaque travée, sont réunis par une traverse.

Répartition des détachements.

Pour chaque bateau entier (1) 2 bateliers, par conséquent pour tout le matériel de pont d'un régiment : 1 sous-officier 4 hommes.

3 **détachements de porteurs** chacun de 4 hommes pour le matériel de 1 à 3 régiments (2), puis une réserve convenable pour les travaux spéciaux (455).

Équipement des bateaux entiers et construction comme dans le cas du pont-passerelle. Pour la mise en place des montants de garde-fou, on utilise les trous marqués « 3 » des chapeaux.

C'est toujours le détachement de porteurs n° 1 qui fixe le panneau du milieu avec la traverse qu'il porte sur le chapeau

(1) Voir renvoi (1) de la page 206.
(2) Voir renvoi (1) de la page 206.

du bateau à ponter, puis les deux panneaux amont et aval que lui apportent les détachements n°s 2 et 3. Il les place, les fixe sur les chapeaux, reliés avec les doubles crochets de la traverse, les pousse contre le panneau du milieu et les fixe par leur côté extérieur à la traverse.

Si on emploie des **chapeaux comme supports intermédiaires**, on les supporte chacun par 3 piquets distants de 1 m. 50 l'un de l'autre (116, 117). L'assemblage sur les piquets et le contreventement de ceux-ci s'exécutent comme il est dit à 458.

466. — **Exceptionnellement**, on peut organiser un **pont-passerelle renforcé long de 12 mètres** avec le matériel d'un régiment. Un des appontements ne se compose que de deux panneaux munis d'une traverse et que l'on place dans la ligne médiane du pont (fig. 218).

De même, **on constituera les appontements** dans les **ponts construits avec le matériel de plusieurs régiments**, si tous les panneaux dont on disposait ont dû être employés. De tels ponts sont utilisés par l'infanterie et la cavalerie comme des ponts-passerelles, par les voitures, comme des ponts-passerelles renforcés.

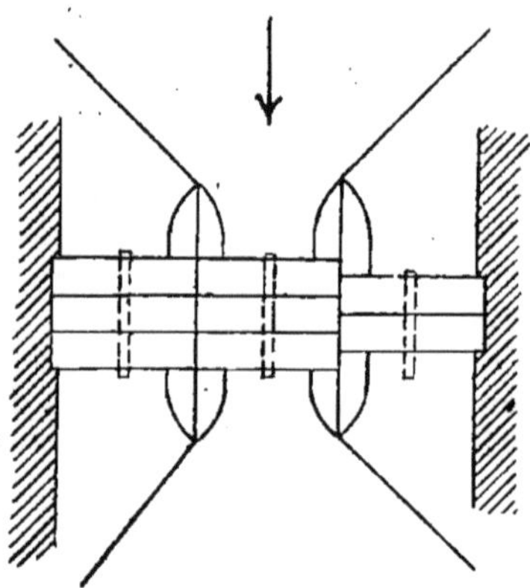

Fig. 218. — Pont-passerelle renforcé, fait avec le matériel de pont d'un régiment de cavalerie.

Bacs.

467. — Dans la construction des bacs, on ponte deux bateaux entiers avec 4 panneaux sans utiliser les chapeaux.

Après le déchargement du matériel, on constitue pour la construction d'un bac :

Pour chaque bateau entier, une équipe de 2 bateliers, en tout 4 hommes.

Un détachement de porteurs, 1 sous-officier, 4 hommes.

Equipement des bateaux entiers, pour chacun: 1 gaffe, 3 rames, 3 tolets, 2 montants de garde-fou, 2 commandes de garde-fou, et 4 commandes de brêlage ou ordinaires.

Les deux bateaux sont fixés l'un à côté de l'autre par leurs bateliers à l'emplacement de construction au moyen de cordages d'ancre ou de pieux.

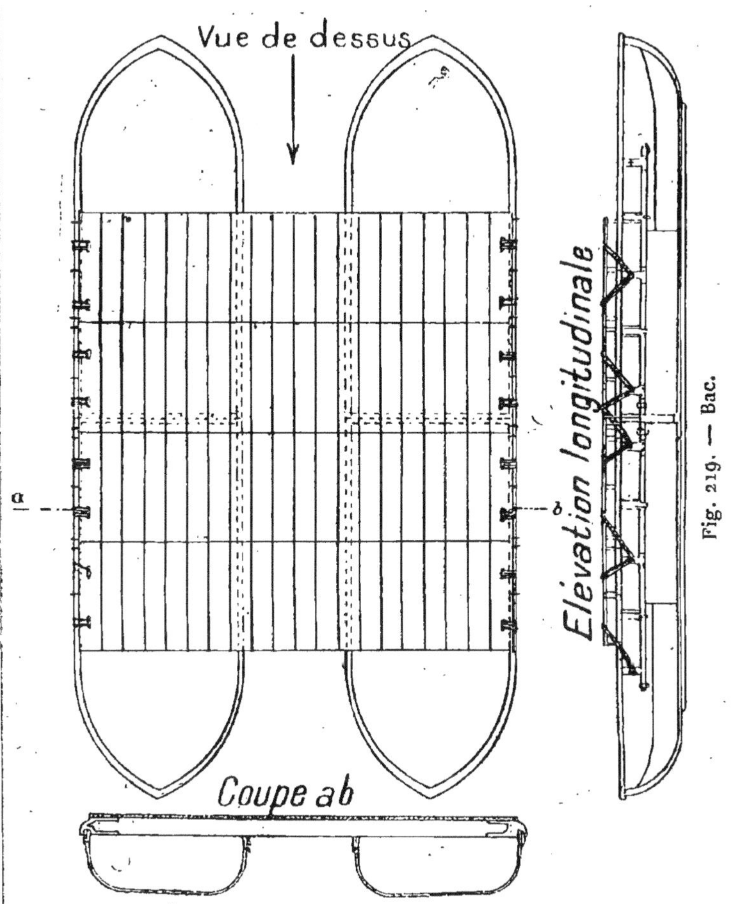

Fig. 219. — Bac.

Le **détachement de porteurs** apporte 4 panneaux et les fixe, l'un après l'autre, en commençant par ceux du milieu, et dans ceux-ci, par celui d'aval, d'abord sur le bordage de courant du bateau de courant, puis sur le bordage de rive du bateau de rive et brêle solidement tous les panneaux avec des commandes de brêlage ou des commandes ordinaires à leurs poignées et aux crochets placés à l'extérieur des bordages des bateaux.

De la bonne exécution de ces brêlages dépend la solidité du bac, il faut donc y apporter un soin tout particulier.

Le panneau du milieu d'amont chevauche par l'une de ses poutrelles dans le demi-bateau d'aval (fig. 219, vue de dessus). Les bateliers placent les montants de garde-fou dans les trous des bordages extérieurs qui se trouvent tout contre le tablier (fig. 207, vue de dessus), et y fixent les commandes de garde-fou. En remplacement des commandes de garde-fou, on peut employer des gaffes ou des perches.

468. — On peut former les **appontements** nécessaires pour l'embarquement et le débarquement des pièces et des voitures en utilisant les panneaux en excédent.

Ces panneaux sont fixés à la rive à un chapeau, sur le bac du bordage de rive du bateau de rive et reliés les uns aux autres par des traverses. (Fig. 220).

On poussera le bac assez loin de la rive pour qu'il flotte quand il est chargé. Il peut être nécessaire pour cela, dans le cas de rives plates, de placer le chapeau dans l'eau.

Avec le matériel d'un régiment, on peut organiser, outre un bac, des appontements de deux panneaux chacun sur les deux rives.

Si l'on dispose de matériel de plusieurs régiments, on peut construire avec les panneaux en excédent des appontements qui s'appuient sur des bateaux entiers (fig. 221).

Appontements et rampes de circonstance (149, 150).

469. — On utilise le bac en le faisant mouvoir à la rame ou à la gaffe, ou bien comme bac à traille (147, 450).

Le **cordage de la traille** est tendu en travers et au-dessus d'un cours d'eau, fixé à des arbres situés sur les deux rives ou à des pieux bien enfoncés, et on organise un va-et-vient soit en se halant à bras sur le cordage (146), soit au moyen d'une poulie montée sur une corde à chevaux (fig. 222).

Suivant la vitesse du courant et celle du vent, on mettra un ou deux pilotes.

Dans le cas d'un faible courant, le mouvement de va-et-vient peut être produit par deux cordages qui sont fixés au bac et qui sont tirés alternativement de chacune des rives. A cet effet, les hommes se répartissent sur les deux rives. (Fig. 73).

Construction de ponts de circonstance (98 à 142).

Franchissement avec des moyens de fortune (146 à 160).

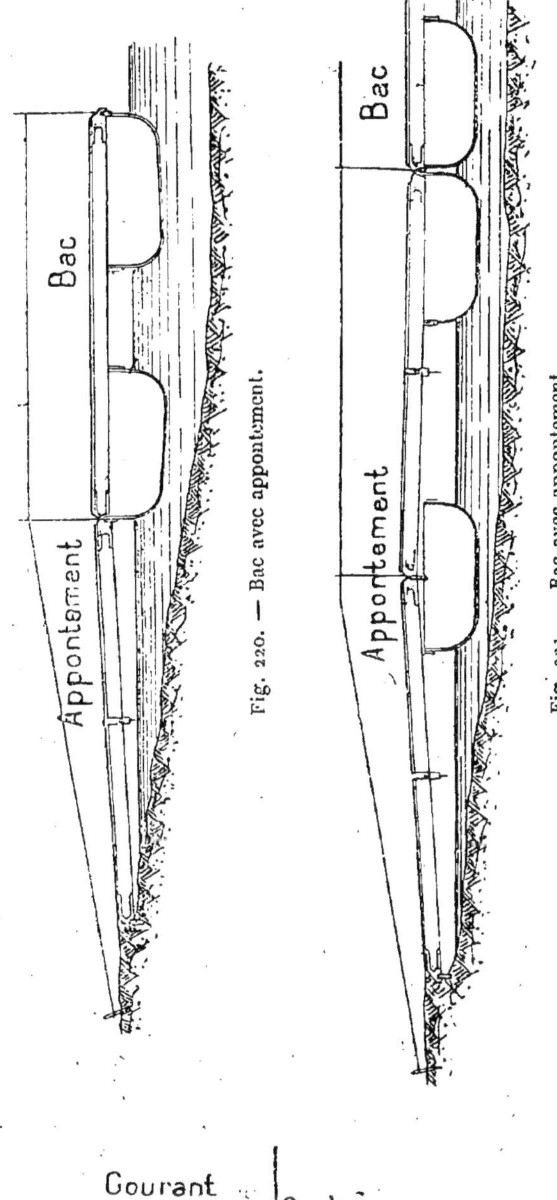

Fig. 220. — Bac avec appontement.

Fig. 221. — Bac avec appontement.

Courant
Poulie
Corde à
Tourrage

Fig. 222. — Bac a traille.

EXÉCUTION DES PASSAGES DE COURS D'EAU.

470. — Choix de **points de passage** et mesures préparatoires (70 à 72, 98, 102 à 106).

PASSAGE DE CHEVAUX A LA NAGE.

471. — Presque tous les chevaux savent nager. Dans les exercices de natation, on consacrera autant de temps qu'il sera nécessaire pour habituer les chevaux à se mettre à l'eau sans aucune crainte et on exercera les hommes à faire nager les chevaux à côté des embarcations, à côté d'une passerelle et sans moyen de passage, et aussi à nager eux-mêmes à côté des chevaux ainsi qu'à piloter des embarcations traînées par des chevaux.

Comme de nager longtemps, cela épuise les chevaux, on ne prolongera pas les exercices individuels.

472. — Un officier dirigera, en principe, tous les *exercices de natation*. Son attention sera principalement attirée *tout d'abord* sur les mesures de sécurité à prendre pour éviter les accidents.

L'emplacement où se font les exercices ne doit pas avoir des rives trop raides ou marécageuses aux points où s'exécutent l'entrée et la sortie; l'eau ne doit pas former de tourbillons, mais avoir un courant aussi égal que possible. **Mesures** de sécurité et de **sauvetage** de 167 à 171.

Passage des chevaux à la nage près d'une embarcation.

473. — L'embarcation auprès de laquelle les chevaux doivent nager est occupée par les bateliers et **ceux qui tiennent les chevaux;** les deux premiers de ceux-ci prennent place dans l'embarcation le plus loin possible en avant, les deux derniers le plus loin possible en arrière.

L'embarcation sera tenue assez loin du bord dans la direction du passage pour que les chevaux puissent commencer à nager le plus tôt possible après que l'embarcation a été mise en mouvement.

Les **chevaux**, 4 ordinairement, même 6 dans les grandes embarcations, sont amenés par les hommes contre l'embarcation et confiés à ceux qui doivent les tenir et qui se sont assis le plus bas possible dans l'embarcation.

Il faut prendre garde qu'aucun des chevaux n'entre dans l'embarcation avec ses deux pieds de devant et que celle-ci s'éloigne sitôt que les deux derniers chevaux ont été confiés à leurs conducteurs. Ceux-ci les tiennent par le bridon et les laissent nager contre l'embarcation.

Ils veillent à ce que les chevaux ne soient pas gênés pour tendre l'encolure dans la direction du mouvement.

Il est avantageux de prendre des deux côtés, en avant, des chevaux calmes, nageant avec sécurité pour tranquilliser les chevaux qui viennent derrière et qui sont peut-être encore anxieux et agités.

Dès que les chevaux ont commencé à entraîner l'embarcation et nagent simultanément, on cesse de ramer. Il est d'une grande importance pour la simultanéité des mouvements de natation de **gouverner** l'embarcation, en prenant garde toutefois de ne pas gêner les chevaux qui nagent. On peut faire passer isolément derrière le bateau les chevaux bien entraînés à la nage. Ils sont montés ou poussés dans l'eau par des hommes sachant nager et livrés à eux-mêmes dès qu'ils commencent à nager vers la rive opposée.

474. — On emploie une partie des embarcations disponibles **pour charger le paquetage et les armes.** Quand on dispose de grandes embarcations, le paquetage, etc., peut être chargé sur les bateaux à côté desquels nagent les chevaux.

Le paquetage de chaque cheval doit être solidement attaché et placé dans ou sur l'embarcation. On liera ensemble les lances.

Passage des chevaux à la nage à côté d'une passerelle.

475. — Si on peut faire passer les hommes avec leur paquetage sur la rive opposée en utilisant les passerelles existantes ou des passerelles nouvellement construites, on fait nager les *chevaux*, en les dirigeant *avec la lance* à côté et en aval de la passerelle après avoir enlevé les ancrages contre le vent. Dans ce but, la courroie de la lance est poussée entre les deux anneaux supérieurs de la flamme et on la fixe alors dans l'anneau de gorge du licol de marche de manière que la pointe de la lance fasse saillie de 0 m. 20 en dehors et à côté de la tête du cheval.

Dans cette manière de faire passer les chevaux, deux hommes doivent entrer dans l'eau et mener chaque cheval assez loin pour que celui-ci n'oppose plus aucune résistance à la direction que doit lui donner l'homme qui se tient sur la passerelle. La marche de l'homme se règle d'après les mouvements du cheval. En maniant habilement le fouet depuis la rive, on facilitera le passage.

Passage des chevaux à la nage sans moyen de passage.

476. — Il est préférable de monter les chevaux nus, cependant les chevaux peuvent aussi nager pendant de courts trajets avec la selle sans le paquetage; il est toutefois bon d'allonger le harnachement de devant et de desserrer, mais pas trop, les sangles. Avec la selle garnie du paquetage, aucun cheval ne peut nager, la couverture en laine même l'en empêche. Un bon nageur même ne peut franchir de grands trajets en nageant avec tout son équipement et ses grandes bottes. Par suite, il faut nécessairement prendre des précautions pour faire nager le cheval avec son cavalier.

Les cavaliers enlèvent leur tunique et leurs bottes que l'on fait traverser avec les selles, le paquetage et les armes sur des corps flottants (151 à 156). Les rênes de bride et de filet sont tirées au moyen de la sous-gorge et nouées assez court sur la tête du cheval pour qu'elles ne puissent pas passer par-dessus ses oreilles et tomber en avant. Il est preférable de détacher la gourmette.

Les cavaliers montent à cheval, le meilleur nageur prend la tête, seul, sur un cheval sûr, les autres *suivent, en conservant une certaine distance,* entrent dans l'eau, autant que possible, perpendiculairement à la direction du cours d'eau, et maintiennent leurs chevaux dans la direction de la rive opposée. A cet effet, le cheval est guidé par le nœud des rênes que l'on prend dans la main gauche, tandis que la main droite saisit fortement une poignée de crins en arrière des rênes à une largeur de main en avant du garrot.

Quand le cheval perd pied et commence à nager, le cavalier conserve la poignée de crins qu'il a saisie dans la main droite, il se laisse glisser, en évitant de gêner le cheval avec les rênes ou sous l'effet de son propre poids; insensiblement le long du côté gauche du cheval. Il s'étend pour nager et nage avec la main gauche et les jambes à côté du cheval, ou bien se laisse traîner par lui. Il dirige le cheval, avec la main gauche par des mouvements doux, à peine perceptibles, imprimés au nœud des rênes qui est en avant de la main qui tient la crinière ou par des coups légers donnés dans l'eau sur le côté de l'encolure du cheval dans la direction qu'on veut lui faire prendre. Il faut éviter d'une manière absolue toute gêne du cheval par des mouvements brusques de rênes ou de charger son arrière-train, parce qu'il pourrait arriver que le cheval se renverse en arrière dans l'eau.

Si, exceptionnellement, et pour quelques motifs que ce soit, le cavalier était obligé de lâcher la crinière, il doit essayer de saisir la queue du cheval et de se faire tirer ainsi.

Quand le cheval reprend pied de l'autre côté, le cavalier doit chercher alors à se replacer sur son dos de manière à pouvoir sortir de l'eau à cheval et de ne pas se séparer de celui-ci (1).

On observera ces prescriptions partout où il y aura à compter avec la traversée d'un cours d'eau à la nage.

477. — Si on doit passer un **gué** avec tout l'équipement, il faudra auparavant le reconnaître d'une manière précise et on veillera strictement à ce que les cavaliers *isolés* le passent à distance et suivent exactement le tracé du gué, car il se trouve souvent à côté des endroits plus profonds.

FRANCHISSEMENTS.

478. — Si l'on n'a pas à faire passer de voitures, le franchissement s'exécute, le plus rapidement et le plus simplement, **en employant des embarcations isolées.**

La **construction de bacs** dès le commencement d'un franchissement, tout en employant des embarcations isolées est, par contre, indiquée, si l'on doit exécuter ces franchissements avec de la cavalerie et de l'artillerie, des mitrailleuses ou des voitures. On emploie les bacs, non seulement dans ce but, mais encore leur grande capacité de chargement leur permet de faire traverser les selles et les paquetages.

479. — Pour chaque bac, il faut désigner un chef aux indications duquel la troupe qui passe doit se conformer.

L'**embarquement dans les embarcations**, l'engerbement des selles, des paquetages et des armes doivent se faire avec ordre et avec calme. Si on n'a pas construit d'appontements pour l'embarquement et le débarquement, les hommes devront se mettre à l'eau, si c'est nécessaire.

Les hommes qui doivent passer dans les embarcations,

(1) Pour éviter les accidents, dans les exercices de natation de bons nageurs seron placés dans des embarcations pour porter secours.

ceux qui tiennent les chevaux, s'asseyent sur le fond de l'embarcation (473).

Passage des chevaux, canons etc. (148 à 150, 158 à 160, 165).

FRANCHISSEMENT AU MOYEN DE PONTS (162 À 164).

480. — Si l'on doit franchir un cours d'eau sur un pont exécuté par la cavalerie, on désigne un officier comme **commandant du pont**. Cet officier doit maintenir l'ordre sur le pont et se préoccuper de l'état de celui-ci. On lui adjoint les sous-officiers et les hommes nécessaires.

Il faut compter, pour chaque corps de support, 2 hommes, et pour 10 corps de support, 1 sous-officier; en outre, on fait occuper les embarcations de réserve dont on dispose. A l'entrée du pont, on place quelques hommes pour aider à conduire les chevaux particulièrement difficiles.

Les hommes désignés pour les corps de support se placent dans les nez d'avant, sur les chapeaux des supports fixes et près des culées.

On s'oppose aux oscillations des bateaux pendant le passage en enfonçant des gaffes. Si, en raison de la grande profondeur de l'eau, il n'est pas possible d'enfoncer des gaffes, on calmera les oscillations du pont en raidissant et en fixant un cordage d'ancre posé lâche et en interrompant, de temps en temps, le passage des troupes.

Pendant le passage des chevaux, il faut éviter les mouvements précipités, ainsi que les bruits violents.

Pendant les arrêts dans le passage, on répare les dégradations qui auraient pu survenir.

481. — Pour l'ordre nécessaire dans le passage (162 à 164, 462 et 465).

Les **véhicules** *ne doivent pas utiliser les ponts-passerelles renforcés de la cavalerie, quand ils sont attelés à 4 ou 6 chevaux.*

Les *avant-trains* des pièces, les mitrailleuses ou les caissons à munitions et les caissons de ravitaillement des mitrailleuses, puis les voitures du *train de combat*, sont traînés par les attelages de derrière, les conducteurs ayant mis pied à terre, les chevaux conduits chacun par un homme.

Les pièces et les arrière-trains sont poussés par des hommes. Les attelages de devant et de milieu suivent sur un rang, les conducteurs à pied.

On fera passer, avec précaution, sur les **ponts qui n'ont que 2 mètres de largeur utile,** les canons, mitrailleuses ou voitures.

Les voitures doivent tenir exactement le milieu du tablier. Si cela n'est pas possible à cause du terrain (par exemple dans le cas de descente le long des digues), les arrière-trains doivent être ripés par les hommes avant l'entrée sur le pont dans la direction de celui-ci.

482. — Capacité de transport du matériel de pont de la cavalerie et portées des ponts que l'on peut construire avec ce matériel.

Capacité de transport d'un bateau entier : 10 hommes d'infanterie ou 8 cavaliers avec selle, paquetage et équipement.

I. — Passage des troupes

Matériel de *m* régiments.	En bateaux entiers.			Sur des bacs.				
	Nombre des bateaux entiers.	Capacité de transport.		Nombre des bacs.	Capacité de transport.			
		Hommes d'infanterie avec armes et bagages.	Cavaliers avec selle, paquetage et équipement.		Hommes d'infanterie avec armes et bagages.	Chevaux avec les hommes qui les tiennent.	Selles, paquetages et équipements de *n* cavaliers.	Pièces (mitrailleuses) et servants ou voitures réglementaires.
$m = 1$.....	2	20	16	1	30	4	$n = 50$	1
$m = 2$.....	4	40	32	2	60	8	$n = 100$	2
$m = 3$.....	6	60	48	3	90	12	$n = 150$	3
$m = 4$.....	8	80	64	4	120	16	$n = 200$	4
$m = 5$.....	10	100	80	5	150	20	$n = 250$	5
$m = 6$.....	12	120	96	6	180	24	$n = 300$	6

Observations.

(1) Les hommes nécessaires pour la manœuvre d'un bateau entier (1 pilote, 2 rameurs) et pour les bacs (1 ou 2 pilotes, 4 rameurs) ne sont pas compris.

(2) En cas de vent violent et de mouvement de vagues, le nombre des hommes qu'on peut embarquer diminue.

(3) En ce qui concerne les constructions d'appontements pour les bacs, on dispose dans chaque régiment de 4 panneaux et de 6 chapeaux; si on doit employer des bateaux comme corps de support des appontements, sans que l'on puisse les remplacer par des embarcations de circonstance, le nombre des bacs diminue.

(4) On ne fera passer des chevaux sur les bacs que tout à fait exceptionnellement.

MATÉRIEL de m RÉGIMENTS.	PASSERELLES.		PONTS-PASSERELLES.		PONTS-PASSERELLES RENFORCÉS		
	Avec exclusivement des corps de support flottants.	Avec l'utilisation de tous les panneaux et à l'aide de corps de support de circonstance.	Avec exclusivement des corps de support flottants.	Avec l'utilisation de tous les panneaux et à l'aide de corps de support de circonstance.	Avec exclusivement des corps de support flottants.	Avec l'utilisation de tous les panneaux ou autant que possible de tous les panneaux et à l'aide de corps de support de circonstance.	
						Portées (largeur 3 mètres).	1 ou 2 appontements de 2 m. de largeur seulement.
	mètres.	mètres.	mètres.	mètres.	mètres.	mètres.	mètres.
$m = 1$........	20	32	16	16	8 (2)	8	12
$m = 2$........	36	64	24 (1)	32	20 (3)	20	24
$m = 3$........	52	96	36	48	28 (3)	32	32
$m = 4$........	68	128	48	64	36 (3)	40	44
$m = 5$........	84	160	56 (1)	80	44 (3)	52	56
$m = 6$........	100	192	68	96	52 (3)	64	64

Observations.

(1) Il reste un demi-bateau disponible.
(2) Il reste un bateau entier disponible.
(3) La longueur du pont diminue de 4 mètres si on réserve un bateau entier pour le mouillage des ancres ou bien pour le service de surveillance ou de sauvetage.

MANIEMENT, CONSERVATION ET RÉPARATION DU MATÉRIEL.

483. — **Après emploi**, le matériel de pont, au cas où il n'est pas rechargé, est conservé à terre sur des supports, les bateaux sont retournés, on protège contre l'humidité les cordages et les parties en bois.

Les **réparations** aux bateaux ainsi qu'au reste du matériel ne peuvent être exécutées que par des spécialistes (chefs armuriers, ouvriers en bois ou en fer), en ayant soin de respecter les dimensions exactes, afin que les diverses parties du matériel puissent toujours s'adapter entre elles.

Les **bossellements** de la paroi des bateaux sont redressées par de légers coups donnés avec précaution au moyen d'un maillet de manière à ne pas détériorer le zingage. S'il survient cependant une détérioration à l'enveloppe de telle sorte que le zinc soit enlevé sur une certaine longueur, on refait avec un fer à souder à l'étain une nouvelle couche protectrice.

Si **l'enveloppe en tôle est percée,** on repousse le métal dans sa position primitive et, ensuite, on place sur l'ouverture, à l'extérieur, une feuille de tôle d'acier découpée de manière que tous les trous et crevasses soient recouverts.

On percera cette feuille de tôle sur tout son pourtour de trous distants de 15 à 20 mm., de 3 mm. de diamètre, et situés à 10 mm. du bord. Après avoir ajusté la feuille de tôle ainsi percée sur l'enveloppe du bateau, on marquera les trous sur celle-ci et on les percera à l'emporte-pièce comme ceux de la plaque de tôle.

En perçant ces trous, on appliquera à l'endroit voulu un morceau de bois dur pour empêcher que les parois ne se bossellent. Puis, le morceau de tôle est rivé avec des rivets en nickel brevetés de 3 mm. de diamètre de la tige. A cet effet, le rivet est placé de l'intérieur dans un trou de rivet et sa tête est serrée fortement contre la pièce de tôle et la paroi avec un appuyeur. Puis on place le marteau à bouterolle sur le rivet et on presse fortement la paroi du bateau par de petits coups sur le marteau à bouterolle contre la tôle à river. Ensuite on aplatit la tige du rivet par quelques coups de marteau et on en constitue la tête au moyen d'un refouloir. Il faut veiller à ce que les bords des têtes de rivets intérieurs et extérieurs reposent bien tout autour sur la tôle. Quand tous les rivets ont été enfoncés et que l'on a soudé tout autour les joints avec le fer à souder, on recouvre également de soudure les têtes des rivets (1).

484. — Sur chaque haquet, il y a dans une **caisse d'outils** le matériel et les objets nécessaires pour la réparation des bateaux, savoir :

100 rivets au nickel petits (2,5 × 6,5 mm.) } dans une petite caisse.
100 — grands (3 × 9 mm.) } dans une petite caisse.

1 cisaille (2) ;	1 marteau à bouterolle ;
1 emporte-pièce ;	1 fer à souder ;
1 refouloir à bouterolle ;	1/2 kg. de soudure ;
1 appuyeur ;	1 bouteille en gutta-percha avec
1 marteau à river ;	1/8 l. d'eau à soudure.

En outre 0,5 mq. de tôle d'acier dans le tiroir du milieu du haquet.

(1) Dans les bateaux en acier au nickel mis en service primitivement, on ne peut employer la soudure. Pour fermer hermétiquement les joints, on place entre l'enveloppe du bateau et la plaque de tôle une bande d'étoffe imprégnée de térébenthine, de la futaine, etc.

(2) Dans les bateaux en acier au nickel mis en service primitivement, il y a encore une paire de petits ciseaux pour couper les bandes d'étoffe. (V. renvoi ci-dessus.)

DESTRUCTION PAR LES EXPLOSIFS.

GÉNÉRALITÉS.

DOTATION DE LA CAVALERIE EN EXPLOSIFS, ARTIFICES ET OUTILS DE DESTRUCTION.

485. — Un **Rgt. de Cav.** à 4 Esc. **emmène** sur ses deux haquets à bateaux, en tout :

Explosifs et artifices.	32 pétards dans 8 poches à pétards;	
	32 détonateurs de cavalerie...........	dans 8 poches à détonateurs.
	8 — longs........	
	40 amorces fulminantes libres..........	
Outils pour la destruction des communications télégraphiques.	2 poulies à cordes (fig. 223)	dans 2 trousses en cuir.
	2 cisailles (fig. 224)	

486. — Une DC. **emmène** sur le 1er et le 2e caisson de munitions **d'inf.** de sa SMI. légère :

Explosifs et artifices.	112 pétards en 8 petites caisses nouv. mod., peintes en bleu;	
	80 détonateurs de cavalerie.......	dans 2 caisses semblables.
	20 — longs..	
	100 amorces fulminantes libres.....	
Outils pour les destructions sur les voies ferrées et les ouvrages d'art. 2 assortiments comprenant chacun :	2 pinces pied-de-biche (fig. 225)......	Chaque assortiment dans une caisse en bois.
	2 — courtes (fig. 227)	
	1 marteau à frapper devant à panne en travers (fig. 226).............	
	1 marteau à frapper devant à panne en long (fig. 228)................	
	6 masses à tranche avec 2 manches (fig. 229)......................	
	2 clefs anglaises (fig. 231)...........	
	4 clefs à tirefonds (fig. 230).........	
	2 pelles (fig. 232)...................	

Des 112 pétards, 80 sont placés par 20 dans *quatre caisses à pétards* et 32 par 4 dans des poches à pétards empaquetées dans *quatre caisses à pétards.* Ces caisses se trouvent dans les tiroirs supérieur et inférieur du milieu de l'arrière-train des deux caissons à pétards, par deux les unes derrière les autres.

Les détonateurs de cavalerie, les détonateurs de cavalerie longs et les amorces fulminantes isolées sont empaquetées dans 8 poches à amorces (495 et 496) qui sont placées par deux, les unes au-dessus des autres, dans *deux caisses à pétards*, le reste (12 rouleaux de 4 détonateurs de cavalerie, 1 détonateur de cavalerie long et 2 boîtes métalliques contenant chacune 30 amorces fulminantes libres) à même dans les deux caisses et calées avec de l'étoupe ou de la fibre de bois. Les deux caisses à pétards sont dans le tiroir d'avant de l'avant-train des deux caissons à pétards.

Les caisses en bois contenant les **outils de destruction** sont chargées dans les tiroirs extérieurs et inférieurs de l'arrière train des deux caissons à pétards; les **pelles** sont attachées derrière le marche-pied arrière sur les armons de ces voitures.

Ces moyens de destruction peuvent, en cas de besoin, être emportés sur les chevaux de selle ou les chevaux haut-le-pied.

487. — Figures des outils (1).

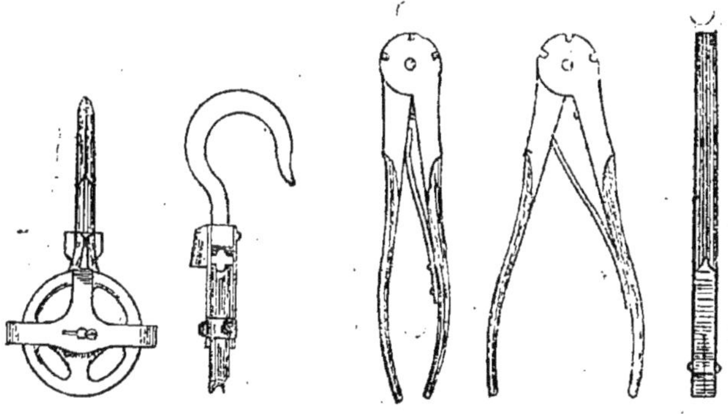

Fig. 223. — Poulie. Fig. 224. — Cisailles.

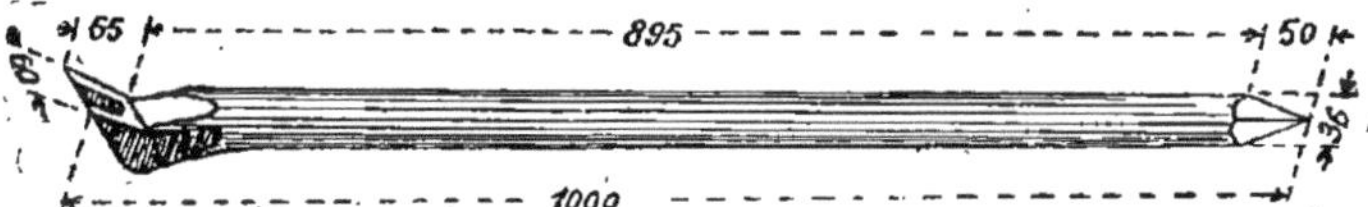

Fig. 225. — Pince pied-de-biche.

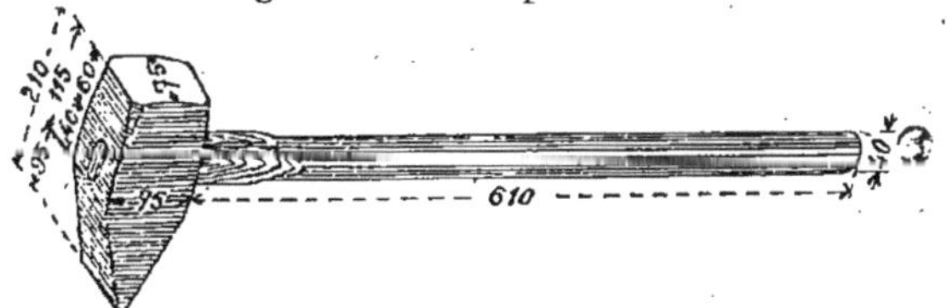

Fig. 226. — Marteau à frapper avec panne en travers.

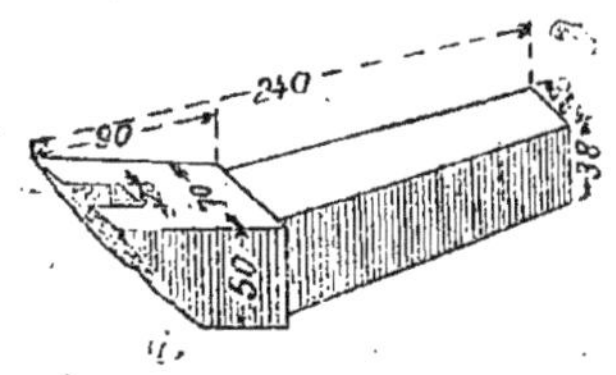

Fig. 227. — Pince pied-de-biche courte.

(1) Les figures représentant les modèles règlementaires pour les nouvelles formations, on consommera les outils ancien modèle. Les dimensions sont données en millimètres. Pour celles de la poulie et de la cisaille. — Cf. Tableau de construction Tr. XII. pl. 3.

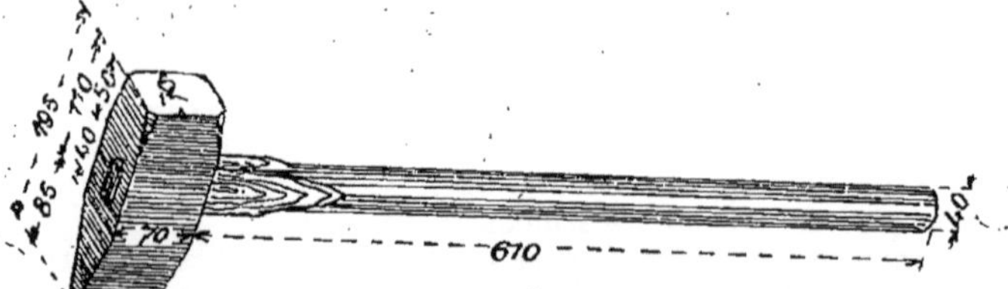

Fig. 228. — Marteau à frapper avec panne en long.

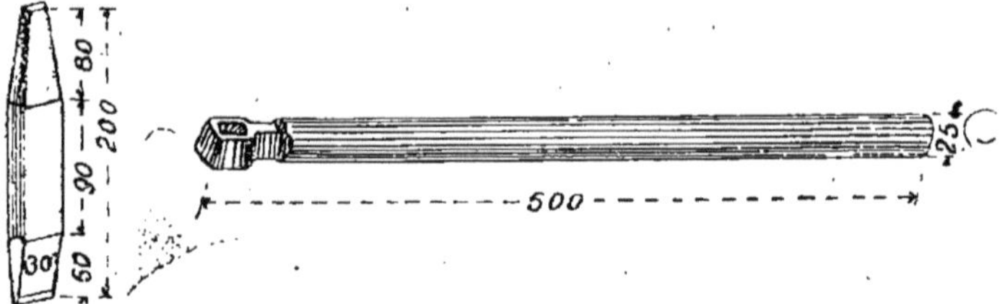

Fig. 229. — Masse à tranche.

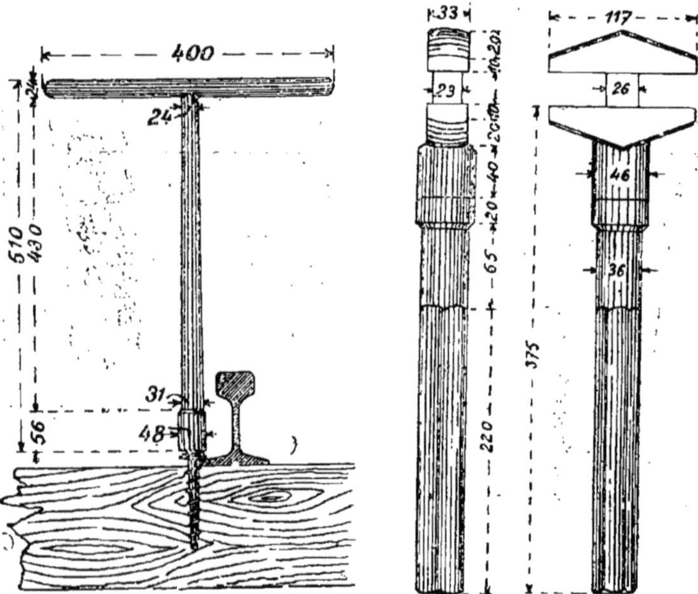

Fig. 230. — Clef à tirefonds. Fig. 231. — Clef anglaise.

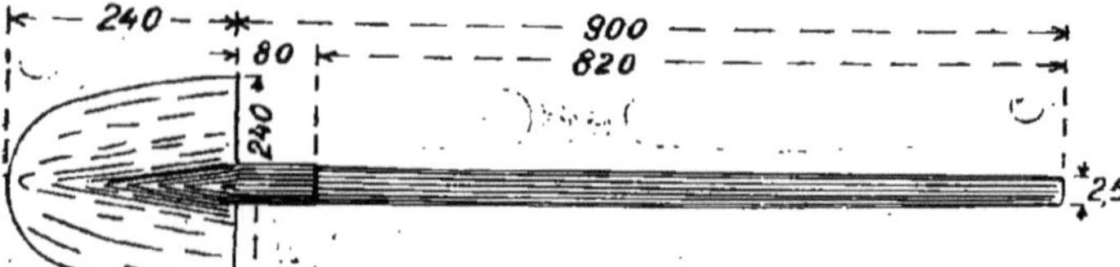

Fig. 232. — Pelle.

488. — Dotation d'une D C. en explosifs et artifices.

DÉSIGNATION.	6 RÉGIMENTS	1er ET 2e CAISSONS de munitions d'infanterie de S M A. légère.	VOITURE À OUTILS du détachement de pionniers.	TOTAUX.
Pétards	192	112	—	304
Détonateurs de cavalerie.	192	80	—	272
Détonateurs de cavalerie longs	48	20	—	68
Amorces fulminantes	240	100	200	540
Pétards de 206 g.	—	—	1,080	1,080
Amorces électriques	—	—	25	25
Mèche lente	—	—	100	100
Cordeau détonant	—	—	50	50

RAVITAILLEMENT EN EXPLOSIFS ET ARTIFICES EN CAMPAGNE.

489. — Les Rg.ts de Cav. réunis en une DC. se ravitaillent en explosifs et artifices auprès de la SMA. légère de leur DC. Celle-ci recomplète ses approvisionnements auprès des caissons d'explosifs de l'équipage de pont de corps qu'elle peut joindre ou auprès du convoi de ravitaillement en matériel et munitions le plus voisin.

La DC. comble son déficit en munition explosive et en amorces fulminantes en s'adressant aux caissons de munition explosive de l'équipage de pont de corps d'armée, celui en détonateurs de cavalerie auprès du convoi de ravitaillement en matériel et explosifs le plus voisin.

EXPLOSIFS ET ARTIFICES.

DESCRIPTION, EMPAQUETAGE ET EMPLOI.

490. — Le **pétard** est constitué par une **enveloppe** en zinc, soudée de manière à la rendre imperméable, longue de 20 cm., large de 7 cm. et épaisse de 5 cm.; il est chargé de 1 kilog. de munition explosive.

Dans le *couvercle*, *sur le côté étroit* et *sur le côté large*, se trouvent des canaux d'amorçage aux parois en laiton pour l'introduction du détonateur de cavalerie; il faut, à cet effet, repousser la rondelle de parchemin qui ferme le canal d'amorçage.

A côté de l'ouverture de chacun des canaux d'amorçage, sont soudés deux fils de fer. Ceux-ci sont enroulés solidement autour de l'amorce fulminante du détonateur de cavalerie, de manière que l'amorce fulminante ne puisse pas se séparer du pétard sans qu'on le veuille.

La conservation et l'emploi des pétards sont, dans les circonstances habituelles, sans danger. L'empaquetage ou l'engerbement avec d'autres objets, en particulier avec des amorçages, dans une même caisse, sont interdits.

491. — Une **poche à pétards** contient quatre pétards, placés côte à côte (fig. 233). Les pétards doivent être introduits et enlevés avec précaution afin de ne pas arracher les fils de fer soudés aux enveloppes métalliques. Pour pouvoir la fixer à l'équipement, la poche est munie d'une courroie.

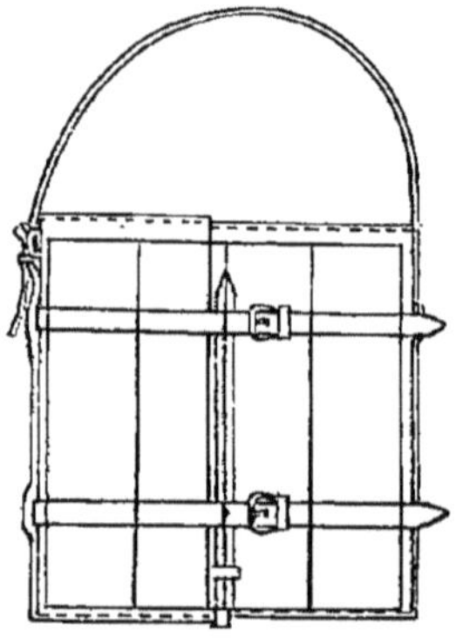

Fig. 233. — Poche à pétards.

492. — Le **détonateur de cavalerie** consiste en un bout de mèche lente de 1 mètre de longueur, coiffé à l'une de ses extrémités d'une amorce fulminante, serti et rendu étanche avec du chatterton; l'autre extrémité de la fusée, en vue de la préserver de l'humidité, porte un manchon en caoutchouc, fermé à sa partie libre par un tampon de caoutchouc. Dans ce manchon en caoutchouc est fixé à l'extrémité coupée de la mèche lente, un morceau de pulvérin de 1 cm. 25, destiné à faciliter la mise de feu.

La durée de combustion du détonateur de cavalerie est de 100 secondes, en nombre rond.

493. — Le **détonateur de cavalerie long** ne se distingue du précédent que par sa plus grande longueur (2 mètres, en nombre rond) et sa plus grande durée de combustion (200 secondes, en nombre rond).

494. — L'**amorce fulminante** consiste en un petit tube en cuivre ou étamé, fermé à l'une de ses extrémités, et qui, dans le tiers inférieur, renferme une certaine quantité de fulminate de mercure (fig. 234).

Le fulminate de l'amorce fulminante s'allume sous un choc modéré, un frottement, un ébranlement, même causé par un violent courant d'air, par frottement entre deux objets durs et aigus ou par suite d'une élévation de température. Comme de graves lésions peuvent survenir, *les amorces fulmi-*

nantes, tant dans leur transport que dans leur emploi, doiven être manipulées avec une extrême prudence.

Pour agir sûrement, les amorces fulminantes doivent toujours être introduites jusqu'au fond (1) du canal d'amorçage du pétard et *maintenues en position* en les ficelant solidement

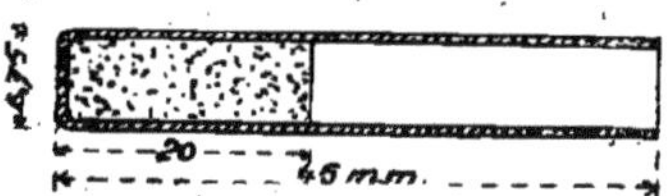

Fig. 234. — Amorce fulminante.

avec les fils de fer soudés au pétard ou de la ficelle ou au moyen de petites cales en bois.

L'amorçage de la charge est incertain, si l'amorce fulminante a été sortie, même très peu.

On doit préserver soigneusement de l'humidité les amorces fulminantes *ouvertes*, même de celle de l'air, qui compromet leur puissance explosive. Dans ce but, chaque amorce possède un tampon protecteur qu'on doit enlever avant de l'employer.

495. — La **boîte à détonateurs** est une boîte cylindrique, en métal pour 4 détonateurs de cavalerie, 1 détonateur de cavalerie long et 5 amorces fulminantes isolées.

Les détonateurs sont, pour qu'on puisse facilement les sortir isolément de la boîte, enroulés suivant la forme de celle-ci et liés. Pour les maintenir en position, on les recouvre d'une plaque de feutre.

Pour recevoir les amorces fulminantes isolées qui sont livrées en petits paquets de 5 dans une enveloppe protectrice, au milieu du fond de la boîte d'amorces, est soudée une petite boîte en métal.

496. — La **poche à détonateurs** sert à recevoir les boîtes d'amorces et la ficelle nécessaire pour fixer les pétards (497, 499). Elle est munie, comme la poche à pétards, d'une courroie pour pouvoir être fixée au paquetage.

CONFECTION ET DISPOSITION DES CHARGES

497. — Les charges constituées par un ou plusieurs pétards sont, suivant la forme de l'objet à détruire, ou placées de l'extérieur ou disposées à l'intérieur.

---

(1) Dans les pétards qui n'ont pas été modifiés, jusqu'à la rondelle en liège, qui ne doit pas être enlevée.

Dans la confection des charges, les différents pétards doivent être placés, aussi bien entre eux que contre l'objet à détruire *dans le contact le plus étroit et le plus immédiat.*

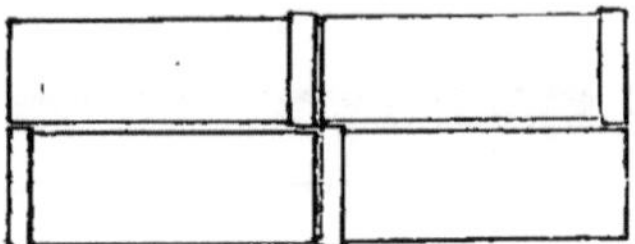

Fig. 235. — Disposition à donner aux pétards d'une même charge.

Si pour une charge, il faut plusieurs pétards, on les place de telle sorte qu'un couvercle soit alternativement à côté ou au-dessus d'un fond, et on les ficelle (fig. 235).

498. — D'après la forme on distingue :

les **charges concentrées** et

les **charges allongées.**

Dans les charges concentrées, on assemble les pétards de manière à se rapprocher de la forme cubique, dans les charges allongées, on place les pétards en file, les unes à côté des autres.

Dans le plupart des cas, la forme des charges se déduit des contours extérieurs des objets à détruire, contre lesquels on les place, ou d'après la forme de la cavité dans laquelle on doit les mettre.

499. — Les **charges encastrées** seront appliquées le plus fortement possible par des morceaux de bois ou des pierres contre l'objet à détruire; les *charges à l'air libre* sont soigneusement ficelées avec du fil de fer ou de la ficelle ou sont maintenues en position par des piquets, des gazons entassés, etc.

BOURRAGE.

500. — L'effet explosif d'une charge sera augmenté par le bourrage, c.-à-d. en entassant au-dessus ou en avant de celle-ci des gazons, de l'argile, de la terre, des pierres, etc. *Il faudra prendre des précautions dans l'emploi de pierres comme matériaux de bourrage, car elles sont souvent projetées très loin.*

Dans le bourrage, l'amorçage ne doit pas être détérioré et ne doit pas sortir du canal d'amorçage. Il est avantageux de le recouvrir d'une tringle ou d'un bout de planche.

Le bourrage doit être en plus assez long pour que le détonateur de cav. puisse le traverser.

MISE DE FEU PAR CORDEAU.

501. — *Chaque charge ne reçoit qu'un détonateur.* On doit, autant que possible, l'introduire au milieu de la charge dans le canal d'amorçage du pétard qui s'y trouve, *mais seulement après que la charge aura été placée contre l'objet à détruire.* Aussi dans la confection de la charge, on veillera à ce que l'un des canaux d'amorçage des pétards qui se trouvent en son milieu reste libre. Dans les charges concentrées qui se rapprochent de la forme cubique, on placera le détonateur à peu près au milieu de la face opposée à l'objet à détruire (par ex. fig. 253), parce que les effets sont notablement diminués, si la détonation a son origine près de l'objet à détruire.

Dans l'*introduction du détonateur dans le canal d'amorçage, il ne faut pas le saisir par la mèche lente,* mais par l'amorce fulminante pour éviter absolument une détonation prématurée qui pourrait se produire par le frottement de la mèche sur le fulminate. Fixation de l'amorce fulminante dans le canal d'amorçage (v. 490).

502. — Pour provoquer sûrement la détonation d'une charge particulièrement longue, on recommande d'intercaler, outre l'amorçage proprement dit, quelques amorces fulminantes dans les parties extérieures de la charge, mais, en principe, *seulement après que celle-ci a été mise en place.*

503. — Suivant le temps dont a besoin le détachement chargé d'exécuter la destruction par les explosifs pour se mettre en sûreté et éviter les projections des débris de l'explosion et suivant la plus ou moins grande facilité d'accès à l'emplacement de la charge, on emploie le détonateur de cavalerie ou le détonateur long. (Mesures de précaution dans la mise de feu, V. 508 à 510.)

504. — Pour la **mise de feu,** on enlève le manchon en caoutchouc, d'une quantité telle que le pulvérin soit mis à jour.

Celui-ci est allumé avec une allumette, un cigare ou une mèche à briquet. Le pulvérin transmet le feu à la composition fusante de la mèche lente, ce que l'on reconnaît à un sifflement particulier joint à un vif dégagement de fumée.

MISE DE FEU PAR TRANSMISSION DE DÉTONATION OU PAR ALLUMAGE SIMULTANÉ DE PLUSIEURS DÉTONATEURS.

505. — Dans beaucoup de cas, on peut produire une destruction suffisante en faisant exploser plusieurs charges en même temps.

La mise de feu simultanée des charges à faire exploser en même temps, se fait, soit par transmission de détonation, soit par l'allumage simultané des détonateurs adaptés aux différentes charges.

506. — La **transmission de détonation** d'une charge à une charge voisine n'est possible que si les différentes charges sont placées à l'air libre, et qu'entre elles il n'y ait aucun objet pouvant lui faire obstacle — exception 522 — et si l'on a introduit dans les charges auxquelles la détonation doit se transmettre, des amorces fulminantes ouvertes.

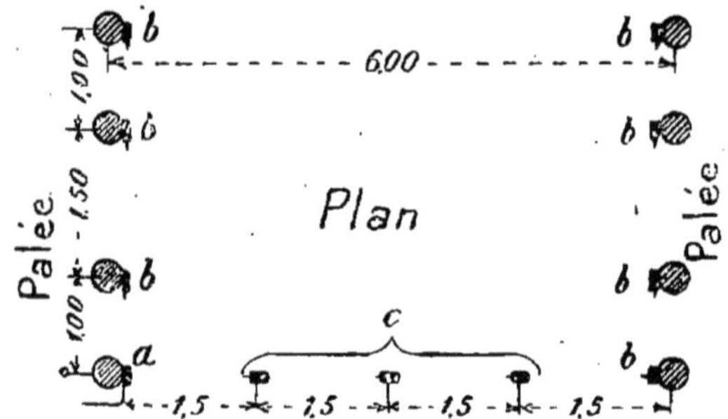

Fig. 236. — Disposition des charges contre des palées pour la mise de feu par transmission de détonation.

LÉGENDE.

a Charge initiale amorcée.
b Charges successives avec amorces fulminantes ouvertes.
c Pétards avec amorces fulminantes ouvertes pour la transmission de détonation.

Dans la mise de feu par transmission de détonation, on distingue donc la charge initiale *a* et les charges successives *b* (fig. 236).

La charge initiale reçoit un détonateur, chaque charge successive, seulement *une amorce fulminante ouverte, dont l'ouverture doit être exactement dirigée vers la charge précédente.*

Par la mise de feu à la charge initiale, la détonation est

transmise aux charges successives, de telle sorte que toutes les charges produisent leurs effets presque en même temps.

Un pétard transmet la détonation à 1 m. 50, une charge de deux pétards et plus à 2 mètres. Si les différentes charges sont plus éloignées les unes des autres, il faudra disposer pour la transmission de détonation des pétards spéciaux *c* (fig. 236) à des distances de 1 mètre à 1 m. 50. Ces pétards seront munis d'amorces fulminantes.

507. — **Si la transmission de détonation n'est pas possible** d'une manière simple et si l'on ne peut pas, sans en compromettre les effets, *disposer les charges et leur donner le feu, les unes après les autres*, on affecte un sous-officier à chaque détonateur et la mise de feu est donnée simultanément au pulvérin au commandement. On mettra préalablement à jour le pulvérin comme il est dit au 504 (mesures de précaution 508 à 510).

Naturellement, la plupart du temps, on n'obtiendra pas ainsi une détonation tout à fait simultanée.

MESURES DE PRÉCAUTION DANS LA MISE DE FEU.

508. — Comme surtout dans les destructions exécutées au moyen de fortes charges, le terrain environnant dans un large rayon est rendu dangereux par les projections des débris, il faut *faire retirer* de l'emplacement où ont lieu les explosions *avant la mise de feu* tous les hommes, à l'exception des sous-officiers désignés par la mise de feu. Ces derniers se mettent en sûreté le plus rapidement possible, dès que le pulvérin est allumé (504).

On ne peut donner des indications précises sur les distances jusqu'où les débris peuvent être projetés. Les démolitions dans le bois sont les moins dangereuses; *avec le fer et la maçonnerie, les morceaux arrachés peuvent souvent être entraînés à des distances auxquelles on ne s'attend pas.*

509. — Dans les **démolitions d'objets en fer,** les hommes se mettront en sûreté dans des espaces recouverts ou tout contre les murs, remblais de terre, etc.

Dans les **destructions de rails,** à la guerre, il suffit de se tenir à 300 mètres de l'emplacement où s'exécute la destruction, sur le côté ou même dans la direction du rail; dans les cas extrêmes, on peut placer les hommes à 200 mètres, à condition qu'ils se couchent.

510. — Dans les **exercices du temps de paix,** on exécutera, si toute chance d'accident n'est pas exclue, les destructions dans le fer ou dans la pierre dans des *fosses* ou entre des *remblais de terre* ou tout autre dispositif, que l'on recouvrira d'une couche de fascines, d'épaisses bottes de branchages, de forts madriers, etc.

CONDUITE EN CAS DE RATÉ.

511. — Si un amorçage donne un raté, il faut *agir très prudemment*; ce n'est qu'après que 15 minutes se seront écoulées que l'on pourra s'approcher de la charge.

Dans le cas de charges accessibles, on place un nouveau détonateur et on procède à une nouvelle mise de feu.

Dans le cas de charges difficilement accessibles, on recommande, au lieu d'exécuter l'opération délicate du déchargement et de la mise en place de nouvelles charges, de les faire détoner par l'explosion de nouvelles charges, placées le plus près possible ou, au moins, de les rendre inoffensives.

Si en campagne, il se produit un raté dans la destruction d'un rail, on dispose de suite une nouvelle charge à une distance convenable.

EXÉCUTION DES DESTRUCTIONS PAR LES EXPLOSIFS.

(*Complément des articles 185 à 191, tenir compte du 173.*)

DESTRUCTION DES PONTS EN BOIS.

512. — Le nombre des **pétards nécessaires** se déduit, dans les bois en grume, du diamètre, dans les bois équarris, de la plus grande dimension de la section.

On prend :

jusqu'à 0,40 m. de diamètre ou de la plus grande dimension	1	pétards
— 0,45 m. — —	2	
— 0,56 m. — —	3	

pour le bois vert, dur ou noueux, 1 pétard en plus.

513. — Dans la destruction des *ponts en bois*, il suffit en général de faire sauter un ou plusieurs corps de support (palées).

A chaque pilot, on fixera ou on attachera, le plus près possible de l'eau, autant de pétards qu'il est nécessaire pour le briser en tenant compte de 512. La mise de feu de toutes les charges s'effectue simultanément, le mieux, par transmission de détonation (505, 506).

Souvent, on peut placer les charges sur une traverse existante (fig. 237). Dans d'autres cas, on cloue une tringle en travers sur

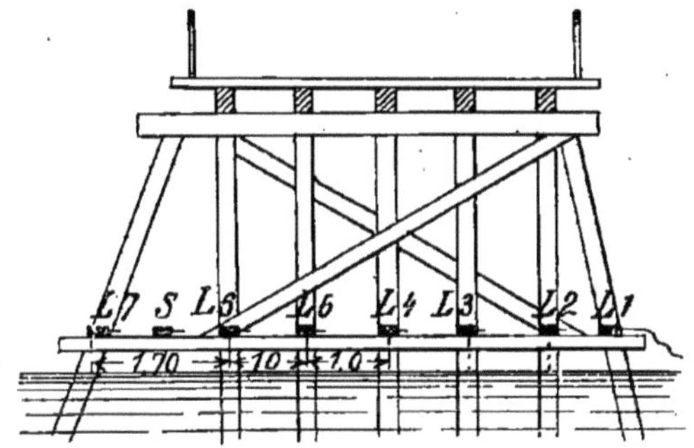

Fig. 237. — Charges dans une palée.

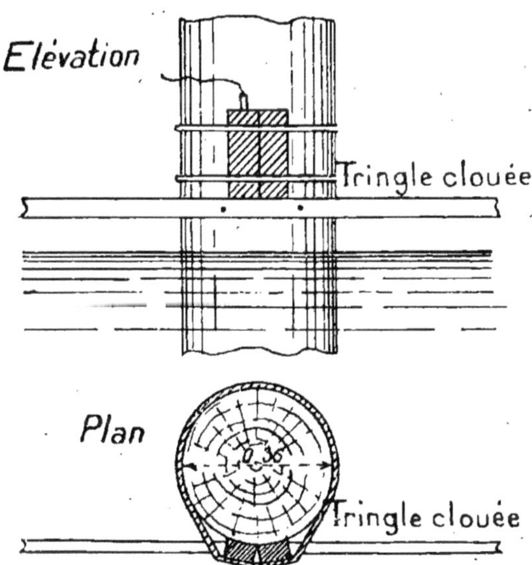

Fig. 238. — Charge disposée contre un bois en grume (pilot).

tous les pilots (fig. 238) ou l'on met un bout de planche sous chaque charge.

Dans les bois équarris, on place les pétards en travers sur le pilot, de manière toutefois à ce qu'ils ne dépassent pas (fig. 237); dans les bois en grume, les pétards sont fixés par leur plus grande dimension le long du pilot (fig. 238).

514. — Si les portées ne sont pas trop faibles, il est avantageux de détruire aussi la superstructure en démolissant toutes les poutrelles par les explosifs.

Les pétards calculés d'après 512 sont placés au contact des poutrelles, soit par en-dessus (après avoir enlevé aux endroits voulus le tablier, suivant les circonstances, le pavage, etc.), soit par en-dessous (par ex., sur une tringle).

515. — Si la **destruction** *doit être exécutée très rapidement*, on disposera en travers du pont une charge allongée. Au-dessus des poutrelles, dont la position probable est facile à reconnaître, on

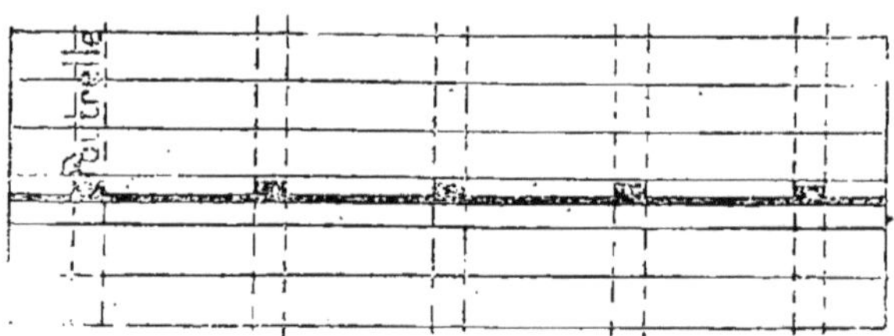

Fig. 239. — Charge allongée pour la destruction de la superstructure d'un pont en bois.

placera toujours plusieurs pétards côte à côte, tandis que dans les intervalles, une file suffit (v. fig. 239), les pétards étant placés en long.

516. — On trouve souvent des ponts en bois avec plus d'un rang de poutres, dont les poutres principales (519) consistent en des assemblages de bois construits latéralement par rapport au tablier (ponts à contrefiches, *ponts suspendus*), qui souvent portent en même temps le garde-fou. Il suffit pour leur destruction de faire sauter les poutres les plus importantes des deux poutres principales (autant que possible en même temps). Mais si les poutrelles de ces ponts vont d'une rive à l'autre, il faudra détruire les poutres principales et les poutrelles.

DESTRUCTION DES RAILS DE CHEMINS DE FER.

(*V. aussi 192 à 195.*)

517. — On fera sauter les rails; en principe, aux joints, dans les courbes et sur la voie extérieure.

Un pétard suffit, il arrache le rail sur une longueur d'environ 25 cm. Si, exceptionnellement, on veut obtenir une brèche plus grande, à côté du premier pétard; on en place un second à 1 m. environ de distance et on y met le feu simultanément par une transmisssion de détonation (505, 506).

On place le pétard suivant sa longueur contre le côté extérieur du joint, devant les têtes des vis d'éclisses, de manière que l'arête supérieure du pétard soit à peu près à la même hauteur que la tête du rail, mais jamais plus haut. Dans cette position, le pétard est fixé par de la terre ou des gazons.

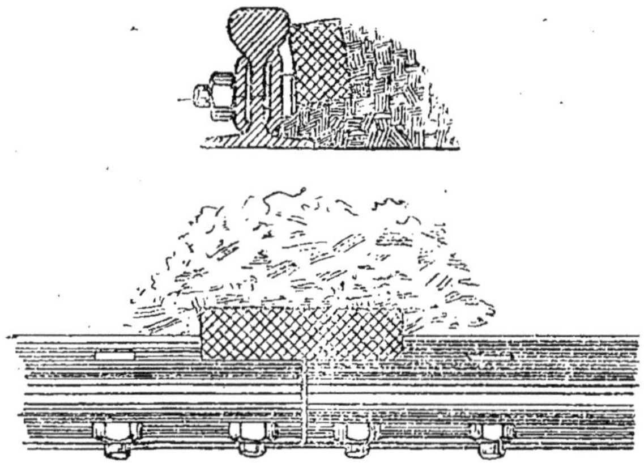

Fig. 240. — Placement d'un pétard pour la démolition d'un rail.

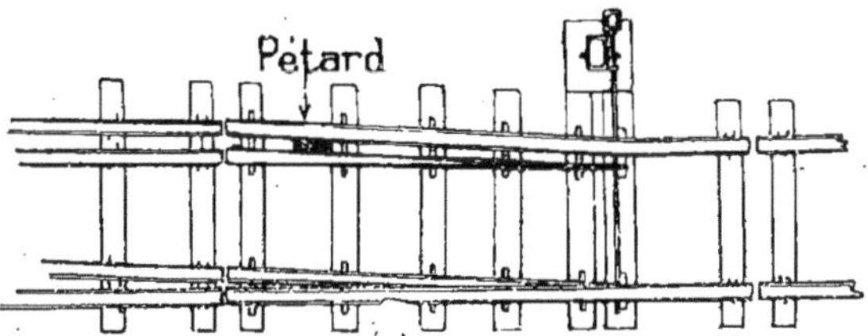

Fig. 241. — Placement de pétards aux aiguilles et aux croisements.

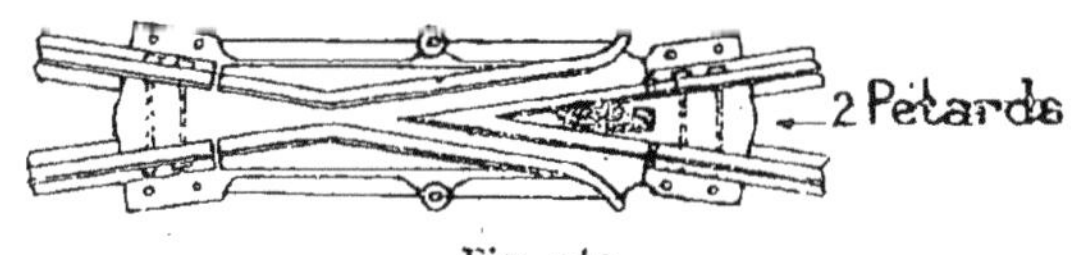

Fig. 242.

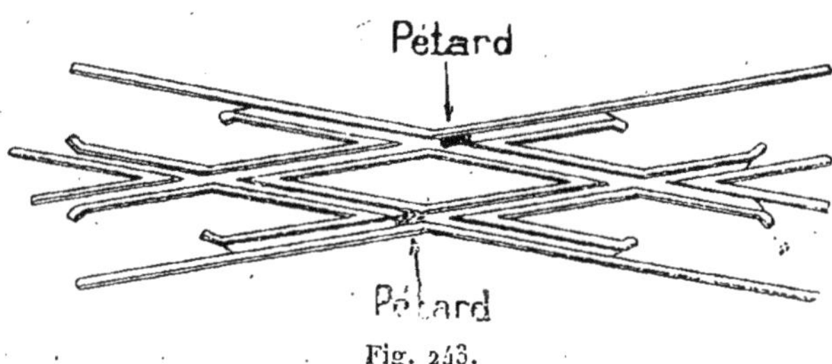

Fig. 243.

Personnel : 1 off. ou 1 s/off., 2 h.

Destructions dans les gares et destruction du matériel d'exploitation (v. 197 à 200).

DESTRUCTION DES PONTS MÉTALLIQUES.

518. — Les **petits ponts métalliques** ne consistent souvent qu'en poutres à fer à I qui servent de longerons et sur lesquelles reposent le tablier (platelage ou chaussée).

Dans ces ponts, on fera sauter toutes les poutres, si on veut interrompre la circulation.

519. — Les **grands ponts métalliques** possèdent en général *deux poutres principales* (à droite et à gauche du tablier), entre lesquelles sont fixées des *traverses* (fig. 244). Sur ou contre celles-ci sont fixées, la plupart du temps, de nouveau, des poutres en fer I

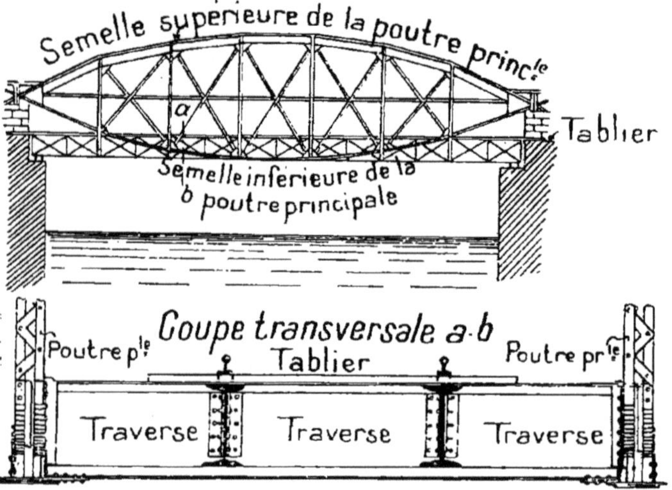

Fig. 244.

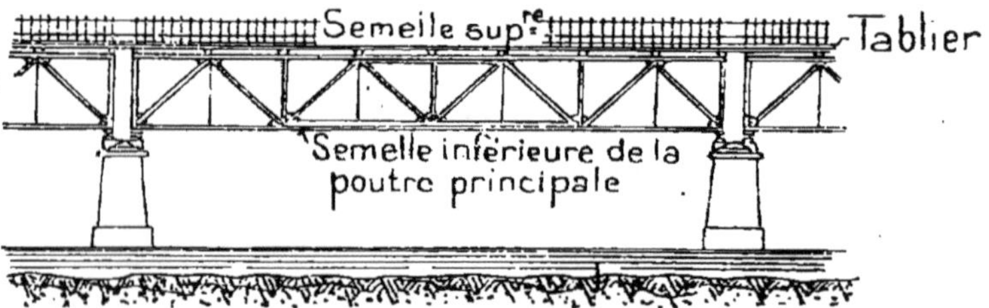

Fig. 245.

servant de longerons; sur ces derniers enfin, on installe le tablier. Les poutres principales consistent ordinairement, pour les petites portées, en des poutres métalliques; pour les grandes portées, la plupart du temps, en une semelle supérieure et une semelle inférieure qui sont réunies par un treillis (fig. 244 et 245).

Comme tout dépend des poutres principales, on obtient une destruction durable en faisant sauter *une* des deux poutres principales; dans les ponts à grande portée, il suffit de rompre seulement *une* semelle de la poutre principale pour renverser le pont ou au moins pour empêcher toute circulation de véhicules. On choisit à cet effet les endroits où la section purement portante n'est renforcée par aucun couvre-joint ou aucune partie d'assemblages. La destruction des diagonales isolées, si elle n'est pas exécutée sous la direction de personnes compétentes, sera, la plupart du temps, sans succès.

520. — Si l'on n'a en vue qu'une **interruption temporaire** de la circulation, on ne fait sauter que un ou plusieurs longerons (v. fig. 244, coupe *ab*).

521. — **Dans toutes les destructions faites par les explosifs dans les objets métalliques,** on placera les charges, dans la plupart des cas, de l'extérieur, de telle sorte qu'elles recouvrent, autant que possible, toute la section à rompre, mais que cependant elles n'agissent sur celles-ci que d'*un seul côté*. Des fers rivés sont considérés à cet effet comme une section. **Dans les sections d'inégale épaisseur,** on répartira les pétards de manière qu'il y en ait plus sur les parties fortes que sur les parties faibles (fig. 249 à 255).

522. — Dans la destruction par les explosifs des poutres en fer, la mise du feu simultanée à plusieurs charges par transmission de

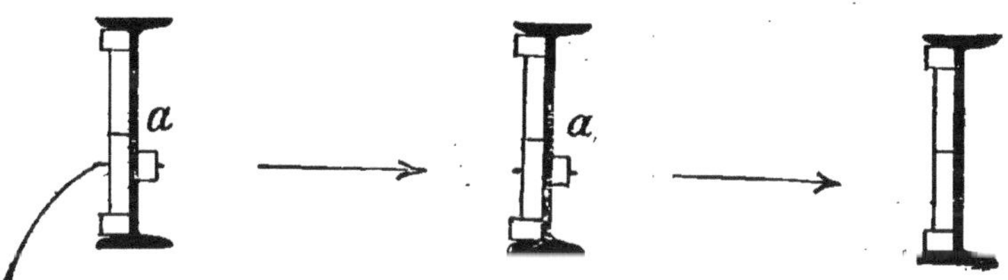

Fig. 246. — Placement de la charge dans la destruction par les explosifs des poutres métalliques et amorçage par transmission de détonation.

détonation n'est possible qu'autant qu'on aura placé sur le côté opposé à la charge un pétard avec une amorce fulminante ouverte (*a* dans la fig. 246).

523. — Dans les destructions mentionnées ci-dessus, il s'agit toujours seulement de rompre des plaques métalliques, en fer en L ou à I, ou d'assemblages constitués par ces fers rivés.

524. — Pour le **calcul des charges** (L), on établit approximativement la section totale (F) à rompre en additionnant les sections des différentes parties (épaisseur × largeur ou hauteur) et l'on divise cette somme par 40. Le nombre obtenu donne celui des pétards.

$$L = \frac{F}{40} = \text{nombre des pétards.}$$

525. — Les *figures* suivantes donnent la valeur des charges (= **L**) et la manière de les fixer aux poutres en fer à I les plus **usuelles. Les dimensions sont en** *cm*.

DISPOSITION DES CHARGES.

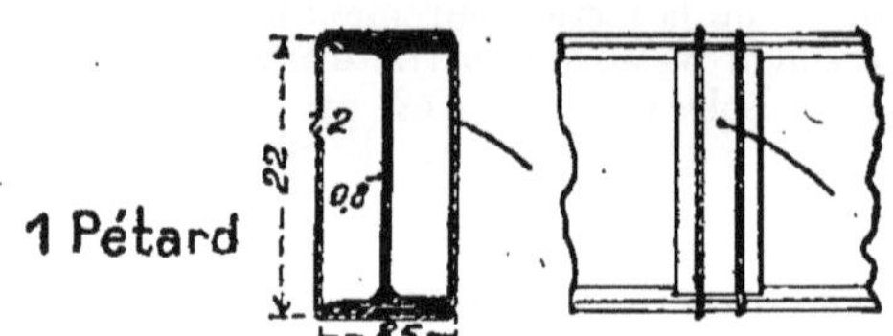

Fig. 247.

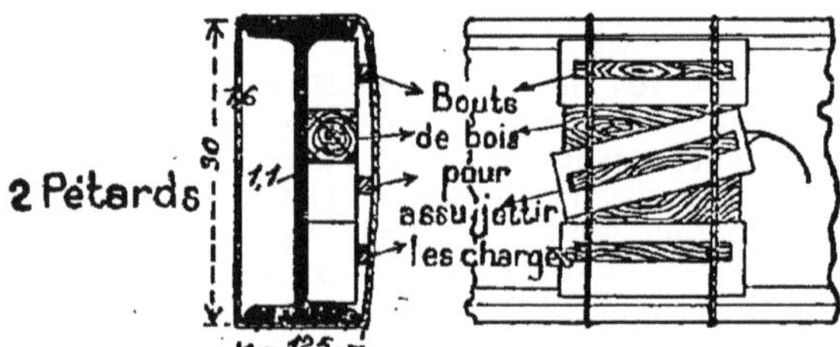

Fig. 248.

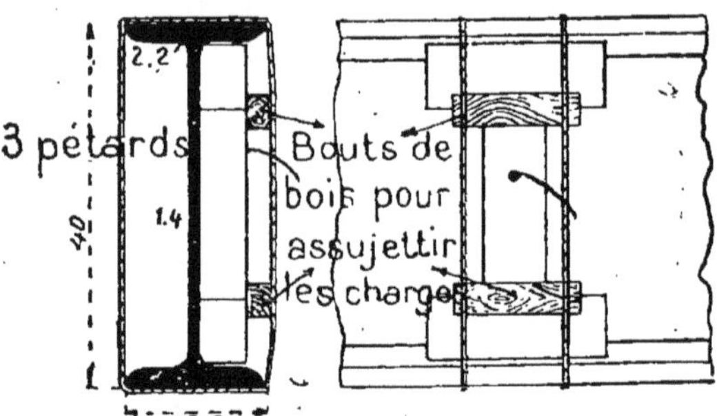

Fig. 249.

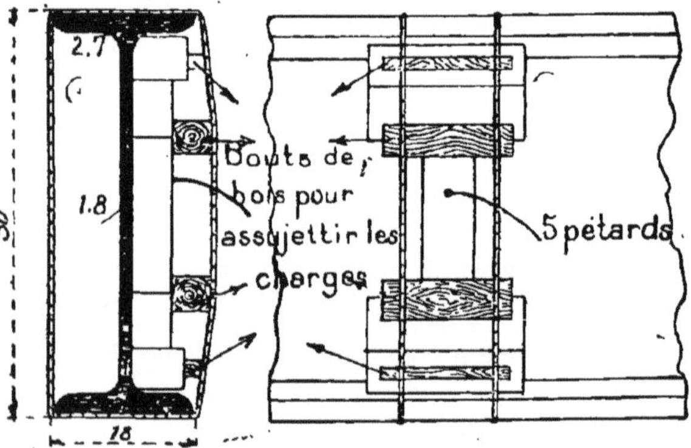

Fig. 250.

526. — Pour les poutres composées, la valeur des charges nécessaires se détermine soit par les figures de 525 ou se calcule d'après 524.

Exemples :

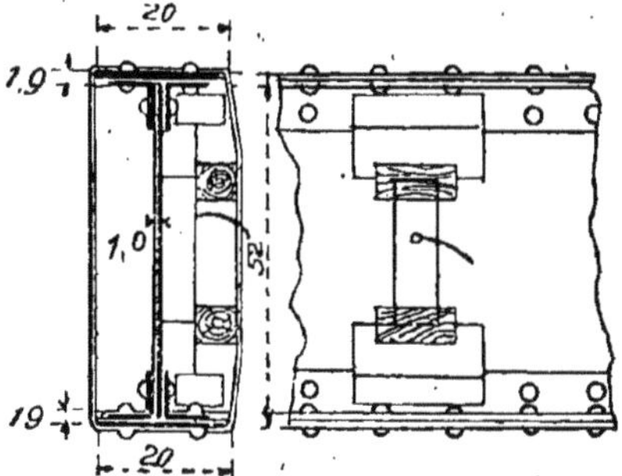

Fig. 251. — Poutre métallique.

Application de 525.

Pour une hauteur de 50 cm. en nombre rond, on a :

L = 5 pétards.

Calcul d'après 524.

La **poutre composée** consiste en 2 parties horizontales, chacune d'une épaisseur totale de 3,5 cm. et d'une largeur de 20 cm. (section = 3,5 × 20 = 70 cmq) et en une partie verticale qui possède

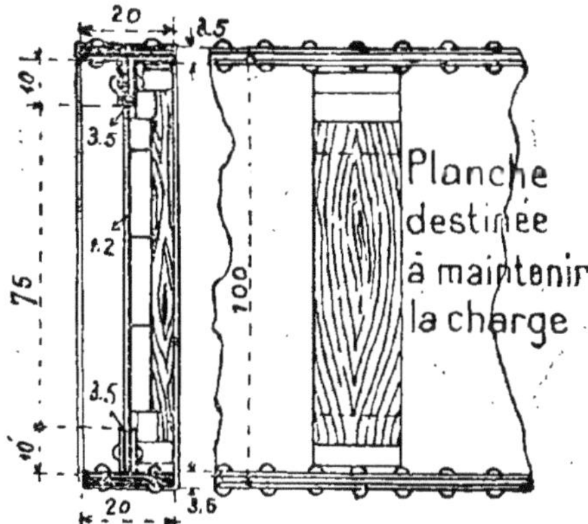

Fig. 252. — Poutre métallique.

sur 75 cm. de longueur, une épaisseur de 1,2 cm. et sur 10 ÷ 10 = 20 cm., une épaisseur de 3,5 cm. (section = 1,2 × 75 + 3,5 × 20 = 160 cmq.)

$$F = 2 \times 70 + 160 = 300 \text{ cmq.}$$

$$L = \frac{300}{40} = 8 \text{ pétards (en forçant).}$$

Calcul d'après 524.

La **poutre-caisson** consiste en 2 parties horizontales de 5,2 cm. d'épaisseur totale chacune et de 32 cm. de large (section $5{,}2 \times 32 = 166{,}4$ cmq) et de 2 parties verticales de 2,6 cm. d'épaisseur et de 24 cm. de hauteur (section $= 2{,}6 \times 24 = 62{,}4$ cmq).

$$F = 2 \times 166{,}4 + 2 \times 62{,}4 = 457{,}6 \text{ cmq.}$$

$$L = \frac{457{,}6}{40} = 12 \text{ pétards (en forçant).}$$

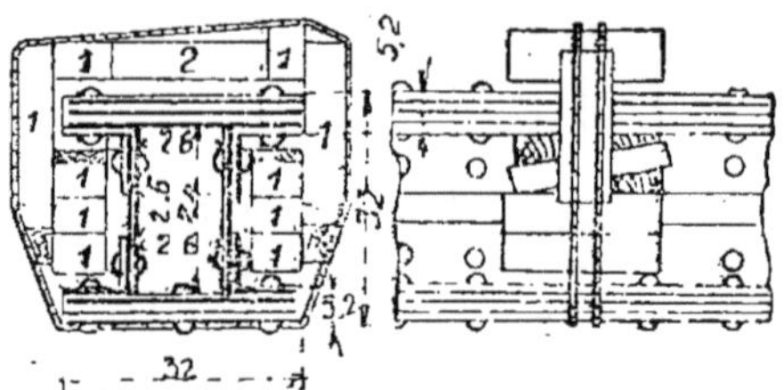

Fig. 253. — Poutre-caisson très épaisse.

Mise en place, *si possible*, à l'intérieur, après avoir fait sauter une paroi, si besoin est, ou à l'extérieur (d'après 521), comme on l'a représenté figure 253.

(Les nombres inscrits sur les pétards donnent le nombre des pétards *placés l'un derrière l'autre* dans la file correspondante et qui ne sont pas visibles sur la figure).

Calcul d'après 524.

La **semelle** consiste en une partie horizontale de 5,5 cm. d'épaisseur totale et de 105 cm. de largeur (section $= 5{,}5 \times 105 = 577{,}5$ cmq)

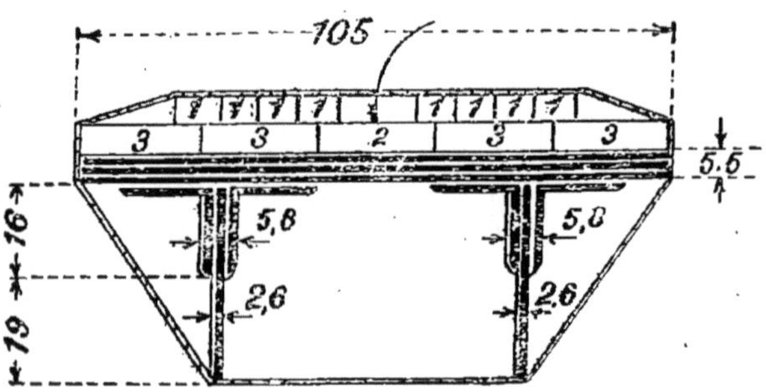

Fig. 254. — Semelle supérieure d'un pont à grande portée.

et en deux parties verticales qui, sur 19 cm. de longueur, ont une épaisseur de 2,6 cm. et sur 16 cm. de longueur, une épaisseur de 5,8 cm. (section $= 2{,}6 \times 19 + 5{,}8 \times 16 = 142{,}2$ cmq).

$$F = 577{,}5 + 2 \times 142{,}2 = 861{,}9 \text{ cmq.}$$

$$L = \frac{861{,}9}{40} = 22 \text{ pétards (en forçant).}$$

Calcul d'après 524.

La **semelle** consiste en une partie horizontale de 5,2 cm. d'épaisseur totale et de 90 cm. de largeur (section = 5,2 × 90 = 468 cmq)

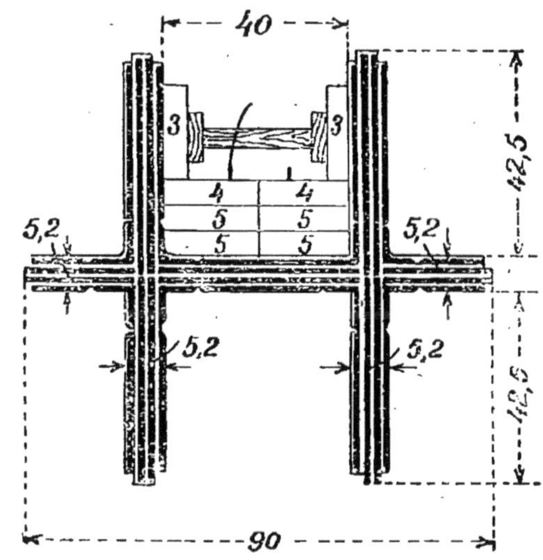

Fig. 255. — Semelle supérieure d'un pont à très grande portée.

et de 4 parties verticales de 5,2 cm. d'épaisseur totale chacune et de 42,5 cm. de hauteur (section = 5,2 × 42,5 = 221 cmq).

$$F = 468 + 4 \times 221 = 1352 \text{ cmq.}$$

$$L = \frac{1352}{40} = 34 \text{ pétards (en forçant).}$$

---

527. — Les exemples ci-dessus montrent que chaque Rgt. de Cav. emmène avec lui une quantité d'explosifs suffisante pour rompre une semelle d'un grand pont de chemin de fer et ainsi interrompre l'exploitation.

DESTRUCTION DES PONTS EN MAÇONNERIE.

Piles de pont.

528. — La destruction des ponts en maçonnerie, la plupart du temps, ne peut être exécutée que si l'on y trouve des dispositifs de mine (forages, galeries, puits) (fig. 256 à 258). L'endroit où la charge est placée, (dans les fig. 256 à 258) s'appelle la chambre.

Si les accès aux dispositifs de mine sont masqués par des murs de faible épaisseur (fig. 256, à droite en bas), ce qui empêche de les découvrir de suite et au cas où il est impossible d'interroger les employés de chemins de fer ou de la voie, on examinera les piles.

Cet examen s'exécute en frappant avec un lourd marteau les maçonneries ou les plaques de fermeture (fig. 256 en haut aux

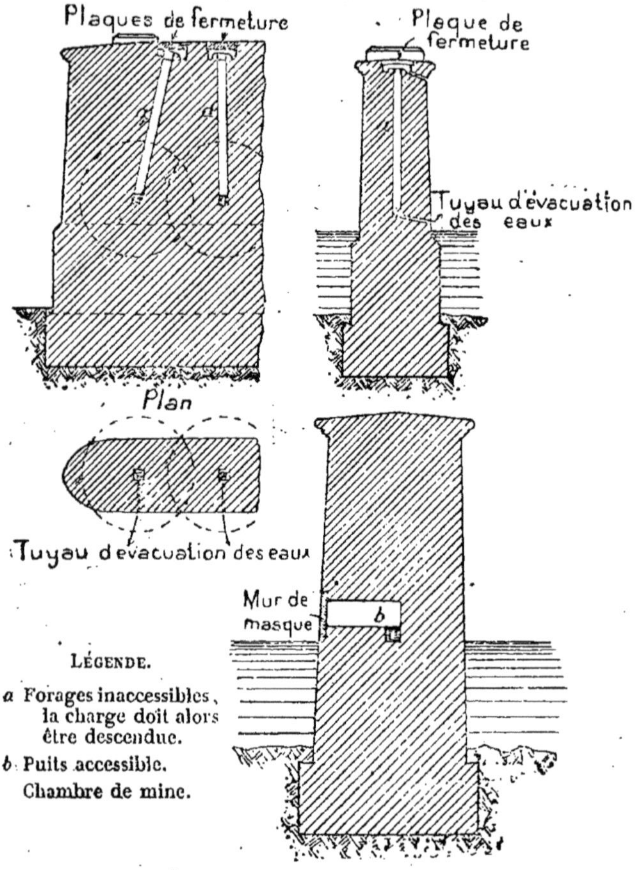

LÉGENDE.

a Forages inaccessibles, la charge doit alors être descendue.

b Puits accessible. Chambre de mine.

Fig. 256. — Piles de pont avec chambre de mine.

endroits où des débouchés de galeries ou des orifices de puits peuvent se trouver. Si cela sonne le creux, on peut supposer que derrière ou en dessous, il y a une cavité. On brise les pierres avec le marteau et le burin pour libérer l'entrée des mines.

Si, dans les chambres des ponts, on trouve des récipients qui servent à recevoir les charges d'explosifs, on peut en conclure qu'il existe des dispositifs de mine. De même, des tuyaux d'évacuation d'eau débouchant sur les faces des piles (fig. 256), ou des inscriptions, par ex. des numéros, sur les murs de masque, signalent l'existence de dispositifs de mine.

529. — Si l'on a **trouvé les dispositifs de mine** d'une pile, on mesurera l'épaisseur des piles, la distance des chambres et, d'après cela, on déterminera les charges. La valeur de la **charge** concentrée (L_1) **sera tirée du tableau A.**

TABLEAU A. — *Charges pour la démolition des piles.*

ÉPAISSEUR DE LA PILE à démolir.	NOMBRE DES CARTOUCHES NÉCESSAIRES POUR UNE CHARGE (L_1), la distance des chambres étant de :						
	1m50.	2m00.	2m50.	3m00	3m50.	4m00.	4m50.
0m75.	3	—	—	—	—	—	—
1 00..............	4	6	—	—	—	—	—
1 25..............	4	6	11	—	—	—	—
1 50..............	—	6	11	18	—	—	—
1 75..............	—	6	11	18	25	—	—
2 00..............	—	6	11	18	25	37	—
2 25..............	—	8	11	18	25	37	45
2 50..............	—	11	11	18	25	37	45
2 75..............	—	14	14	18	25	37	45
3 00..............	—	18	18	18	25	37	45

Suivant la forme des chambres, on donnera aux charges, la plupart du temps, une forme cubique.

Si l'on ne trouve qu'*une* chambre dans une pile, on prendra, dans le tableau, la charge qu'on emploierait s'il y avait une deuxième chambre à une distance double de l'épaisseur de la pile.

Si les épaisseurs des piles et les distances des charges ne coïncident pas exactement avec les nombres du tableau, on choisit les charges données pour les dimensions immédiatement supérieures.

Exemple 1 pour l'emploi du tableau A.

Détruire une *pile* telle que celle de la figure 257.

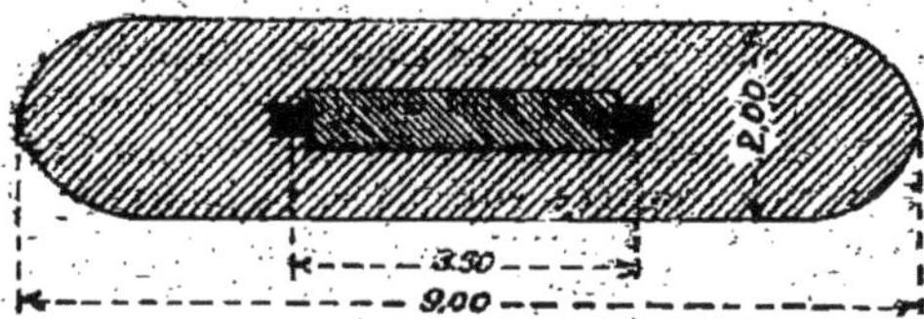

Fig. 257. — Plan.
Les chambres de mine sont accessibles du haut par un puits.

Pour une épaisseur de pile de 2 m. et une distance des charges de 3 m. 50, on a $L_1 = 25$ pétards, donc, en tout pour $L = 2 \times 25 = 50$ pétards.

Exemple 2 pour l'emploi du tableau A.

Détruire une *pile* telle que celle de la figure 258. Il n'y a qu'une chambre de mine. (529-al. 3)

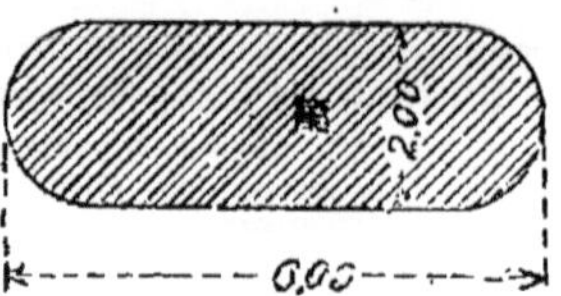

Fig. 258.

Pour une épaisseur de pile de 2 m. et une distance de charges à placer conformément au calcul de $2 \times 2 = 4$ m., on a en tout : L = 37 pétards.

---

530. — Toutes les charges mises en place dans *une* pile reçoivent un détonateur de cav. ou un détonateur de cav. long, et la mise de feu se fait simultanément au commandement d'après 507.

Arches (plateformes de chemins de fer).

531. — Pour obtenir une interruption efficace, l'arche doit être détruite sur toute sa largeur. A cet effet, on place les charges *sur* la clef de voûte, si elle est accessible ; mais si celle-ci se trouve dans une masse de terre élevée, il est souvent préférable de placer les charges *en dessous* de la clef de voûte.

532. — **A la clef de voûte,** on placera les charges concentrées ou allongées, après avoir creusé le remblai immédiatement au-dessus de la clef de voûte.

On disposera les pétards, dans les charges allongées en couches, dans les charges concentrées en une ou plusieurs couches, suivant le cas, et on les recouvrira avec les terres provenant de la fouille ou avec des traverses trouvées sur place. Ce bourrage ne doit pas compromettre la sécurité de l'amorçage.

533. — La *valeur des charges* à placer à la clef est donnée dans les tableaux B. et C.

CHARGES A PLACER SUR LA CLEF POUR LA DESTRUCTION PAR LES EXPLOSIFS DES VOÛTES.

TABLEAU B. — *Charges concentrées.*

ÉPAISSEUR de LA VOÛTE À ROMPRE y compris la maçonnerie de remplissage.	DISTANCES des CHARGES.	NOMBRE DES PÉTARDS NÉCESSAIRES				
		dans UNE CHARGE $(=L_1)$.	POUR TOUTES LES CHARGES $(=L)$ et une largeur du pont de :			
			5m00.	6m00.	7m00.	8m00.
0m50...............	1m00	4	20	24	28	32
0 75...............	1 50	13	39	52	65	65
1 00...............	2 00	24	72	72	96	96

REMARQUE. S'il est possible de bourrer sur une hauteur à peu près égale à l'épaisseur de la voûte, des charges moitié moindres suffisent.

TABLEAU C. — *Charges allongées.*

ÉPAISSEUR de VOÛTE À ROMPRE y compris la maçonnerie de remplissage.	NOMBRE DE FILES de pétards à placer l'une à côté de l'autre.	NOMBRE DE PÉTARDS NÉCESSAIRES $(=L)$ pour une largeur d'un pont de :			
		5m00.	6m00.	7m00.	8m00.
0m50..................	2	50	60	70	80
0 75..................	3	75	90	105	120

REMARQUE. S'il est possible de bourrer sur une hauteur à peu près égale à l'épaisseur de la voûte, des charges moitié moindres suffisent. Si on ne peut former des files entières, les pétards en excédent seront reportés également le long des files entières.

Les charges allongées exigent, si l'on compare les deux tableaux ci-dessus, beaucoup plus de pétards (approximativement le double) que les charges concentrées pour produire le même effet. Par suite, leur emploi se bornera aux voûtes peu épaisses et aux cas où une mise de feu simultanée des charges concentrées rencontrerait de grandes difficultés.

Exemple pour l'emploi du tableau B.

Détruire une arche de pont (fig. 259) au moyen de charges concentrées.

Pour une épaisseur de voûte de 0 m. 50 et une largeur de pont de 8 m. on a :

$L_1 = 4$ pétards et $L = 32$ pétards. Par conséquent 8 charges de 4 pétards, chacune	sans bourrage.
$L_1 = 2$ pétards et $L = 16$ pétards. donc 8 charges de 2 pétards chacune	avec un bourrage de 0 m. 50.

Pour obtenir la mise de feu simultanée de toutes les charges *bourrées* par transmission de détonation, il est nécessaire de recou-

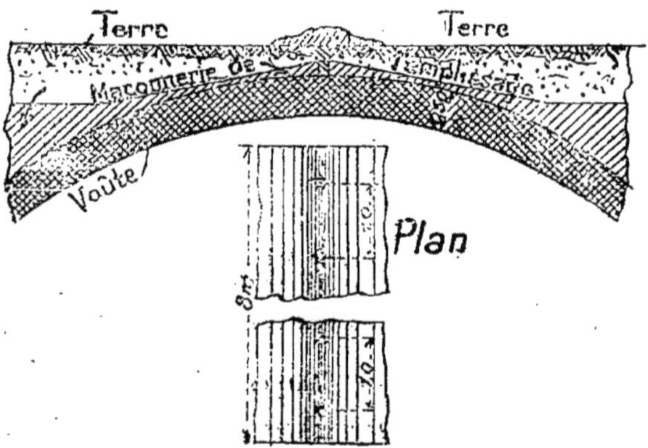

Fig. 259. — Destruction d'une arche de pont par des explosifs.
(Les quatre autres charges n'ont pas été représentées).

vrir tout d'abord soigneusement avec un madrier ou une planche épaisse les charges munies d'amorces fulminantes d'après 505 et 506 et placées dans une rigole pratiquée en travers de la voûte ; on ne masse la terre qu'après.

Exemple pour l'emploi du tableau C.

Détruire la même **arche de pont** avec une charge allongée.
Pour une épaisseur de voûte de 0 m. 50 et une largeur de pont de 8 m., on a $L = 80$ pétards, sans bourrage, ou seulement 40 pétards, avec un bourrage de 0 m. 50.

---

534. — Sous la clef de voûte d'une arche de pont, on placera les charges *concentrées* sur un support fixe et on les appliquera contre la voûte.
On déterminera les charges d'après les tableaux B et C, si on n'envisage que la chute de l'arche.

Mais s'il y a **au-dessus de l'arche** un **massif de terre élevé** et si celui-ci doit également sauter, comme par exemple dans la destruction par la mine d'un aqueduc dans un remblai de chemin de fer, on déterminera la charge en se servant du tableau D.

TABLEAU D.

Charges pour la destruction des remblais de chemins de fer (aqueducs)

DISTANCES des CHARGES à la partie supérieure du remblai.	DANS LES REMBLAIS pour une voie unique (largeur du sommet 4^m50).		DANS LES REMBLAIS À 2 VOIES (largeur du sommet 8^m50).			
	Nombre des charges.	Nombre des pétards d'une charge (= L).	Nombre de charges.	Distances des charges entre elles.	Nombre des pétards d'une charge (= L_1).	Total des pétards (= L).
2^m50	1	64	2	5^m00	45	90
3 00	1	88	2	5 00	64	128
3 50	1	117	2	5 00	88	176
4 00	1	152	2	5 00	117	234

REMARQUE. On suppose que les deux ouvertures latérales des aqueducs sont complètement fermées avec de la terre, des pierres, des traverses, etc. Si cela n'est pas possible, les nombres du tableau seront multipliés par 4.5.

Exemple pour l'emploi du tableau D.

On doit détruire un **remblai de chemin de fer** un utilisant un aqueduc temporairement sec, d'après les indications de la figure 260.

Pour une distance de 4 m. de la charge à la surface supérieure du remblai, on a pour une voie unique L = 152 pétards, s'il y a un

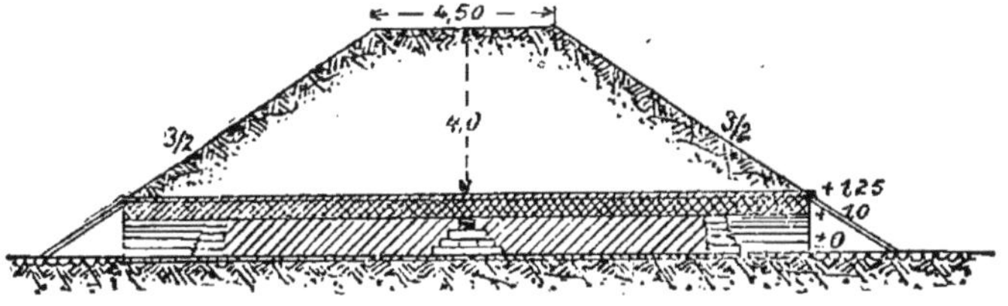

Fig. 260. — Aqueduc préparé pour la destruction par des explosifs.

bourrage comme l'indique la figure 260. Une mise de feu électrique est seule possible avec un tel bourrage.

Sans bourrage, on aurait L = 4.5 × 152 = 684 pétards. — Une telle destruction n'est pas possible même en réunissant tous les explosifs dont dispose une DC.

Ponts en béton armé.

535. — Les parties portantes de ces ponts consistent en fer (la plupart du temps en fers ronds à l'intérieur) autour duquel on coule du béton (mélange de ciment, sable et petites pierres). Extérieurement, on reconnaît les ponts en béton armé à leur construction simple et élancée et aux surfaces supérieures des parties portantes qui sont lisses, la plupart du temps, et ne portent pas des imitations d'appareils en pierre. Ils ont, la plupart du temps, la forme de ponts à voûtes plates d'une grande portée ou de ponts métalliques, cependant ils ne présentent que peu de poutres en treillis.

La résistance que ces ponts offrent à la destruction par les explosifs est très grande; une section en béton armé exige environ une quantité double d'explosifs comparativement à une section égale au maçonnerie. Les parties voisines ne sont souvent pas renversées après l'explosion. Il faut toujours avoir recours aux officiers de pionniers ou aux ingénieurs qui se trouvent dans la troupe.

Tunnels.

536. — La cavalerie ne peut envisager la destruction de fond en comble d'un *tunnel*, mais elle peut toujours empêcher son utilisation pendant un certain temps en faisant sauter les entrées ou une entrée au moyen de charges concentrées placées sur la voûte (531 à 533) ou bien, si les voûtes des entrées ne sont pas accessibles par le dessus, en détruisant les rails dans le tunnel sur une grande longueur

MISE HORS SERVICE DES PIÈCES D'ARTILLERIE.

537. Si les pièces conquises ne peuvent pas être mises en sûreté, on doit les détruire ou, si on n'a pas d'explosifs sous la main, les rendre au moins inutilisables pendant un certain temps.

538. On **détruit** les tubes, le plus rapidement et le plus sûrement, en poussant à l'intérieur une charge d'explosifs; mais, dans ce cas les débris du tube sont projetés très loin. Si on veut limiter ces projections, on brise le tube par une charge de 3 à 5 pétards que l'on place et que l'on ficelle sur la partie antérieure ou postérieure du tube. On placera les pétards de manière qu'ils soient en contact, le plus possible, avec le tube.

Si l'on doit détruire en même temps plusieurs tubes, la mise de feu à tous les détonateurs doit se faire au commandement. (507.)

539. — Pour **rendre** les pièces **inutilisables**, on place une cartouche sur la partie médiane de l'essieu ou dans les appareils de pointage en hauteur et en direction, ou encore contre le frein récupérateur; l'enlèvement de la culasse suffit même. Si on ne réussit pas, on cherche à l'ouvrir, à abattre les filets de la vis de culasse et à enlever les pièces qu'on peut détacher. Si on peut ouvrir la culasse, on détruit le mécanisme de détente. On trouve, à cet effet, des haches et des pioches en général, sur les affûts et sur les caissons des batteries. Même des détériorations apportées avec des outils trouvés sur place aux appareils de pointage, dans les pas de vis, au frein récupérateur, dans le berceau, ainsi que dans les cylindres du frein, sont efficaces.

L'opération qui consiste à abattre ou à détruire le guidon ne rend pas la pièce inutilisable, mais elle rend son emploi difficile.

Pour empêcher une réparation rapide, on enlève également des avant-trains et des caissons les pièces de rechange qui s'y trouvent.

MISE HORS SERVICE DES COMMUNICATIONS TÉLÉGRAPHIQUES ET TÉLÉPHONIQUES.

(Complément à 206 à 209.)

540. — Pour **l'interruption** d'une ligne, il faut une patrouille d'au moins 6 hommes, y compris 2 hommes pour tenir les chevaux.

Si on ne peut abattre ou faire sauter les poteaux télégraphiques, on grimpe dessus. A cet effet, on fait passer une corde à fourrage sur la poulie [1] (fig. 223) et on suspend celle-ci au moyen d'une lance à un isolateur ou à une traverse ou à une console. Dans le cas de poteaux très élevés, on assemble deux lances l'une au bout de l'autre. Un homme est hissé avec la corde à fourrage et sépare les fils. A l'extrémité inférieure de la corde à fourrage, on fixe un baton sur lequel il peut s'asseoir.

On peut couper les fils les plus minces au moyen de ciseaux de jardinier qui sont fixés à une longue perche.

---

(1) Les patrouilles de télégraphistes de cavalerie se servent, au lieu de la poulie, de grimpettes avec corde de sûreté ou crochets avec une corde à fourrage.

Création des défauts cachés.

541. — On obtient une perturbation d'une certaine durée dans l'exploitation en créant des **défauts cachés,** qui peuvent être:

Une mise à la terre;

Une jonction de tous les fils d'un poteau;

Une interruption des liaisons métalliques des conducteurs.

Ces défauts seront provoqués simultanément en plusieurs endroits et de manière, autant que possible, différente. Les endroits les plus indiqués sont ceux où l'examen de conducteurs à la vue est rendu difficile par suite de l'existence de couverts du terrain.

542. — Pour organiser une **mise à la terre,** un homme portant une lime, un couteau, une baguette et un rouleau de fil mince — si possible du fil de cuivre ou d'argent — grimpe sur le poteau, décape le fil tout contre un isolateur, enroule autour le fil de cuivre, les tours étant étroitement serrés, amène ce dernier contre l'isolateur et son support, lui fait suivre le poteau jusqu'au sol.

Pour rendre le fil de cuivre le plus invisible possible, on pratique sur le poteau une petite rigole dans laquelle on chasse le fil au moyen de la baguette. Si celui-ci, même sur une faible longueur, est à l'air libre, l'endroit où se trouve le défaut est facile à trouver, surtout s'il fait du soleil.

Au pied du poteau, on enfouit dans un trou un gros morceau de métal — fer blanc ou autre — autour duquel on enroule plusieurs fois le fil de cuivre. Si le sol à proximité du poteau est sec, on cherche un peu plus loin une place le plus humide possible et on y amène le fil au moyen d'une rigole. Après qu'on a recouvert le métal de quelques pelletées de terre, on dame l'emplacement et on l'arrose, la mieux avec de l'urine.

Avec les conducteurs de campagne en fil nu, on peut organiser des mises à la terre analogues.

Avec les **conducteurs en câble de campagne,** qui la plupart du temps sont placés sur des arbres, on enfonce à une place cachée une aiguille dans l'enveloppe isolante de manière qu'elle soit en contact métallique avec le conducteur et on s'en sert pour faire la mise à la terre.

543. — Un homme équipé comme dans le cas précédent exécute **la jonction de tous les fils** qui se trouvent sur un poteau. Il décape tout d'abord tous les fils contre les isolateurs. Le fil mince est placé sur le fil supérieur, amené autour de tous les fils d'un même côté du poteau, puis autour des fils de l'autre côté en lui faisant faire quelques tours autour de ceux-ci et enfin on réunit les deux brins libres. Le fil mince doit toujours courir aussi invisible que possible contre l'isolateur et son support pour arriver de nouveau au poteau.

544. — Pour l'**interruption des liaisons métalliques** des conducteurs, l'homme est muni, d'un palan (1) d'une tenaille ou d'une pince coupante ou encore d'une lime, d'une pince plate et d'un rouleau de fil de fer pour ligatures, avec quelques petits morceaux de cuir et de la ficelle noircie.

Avec le palan, le fil est tendu. A cet effet, le palan est fixé avec une de ses extrémités au fil et avec l'autre à un poteau, on le tend et on coupe le fil entre le palan et le support. Ses

Fig. 261.

extrémités sont entourées de cuir ou d'une autre substance isolante et la liaison est rétablie au moyen d'une ligature ressemblant le plus possible à une jonction normale (fig. 261). On enlève ensuite le palan.

Lorsque plusieurs lignes reposent sur des appuis communs, l'interruption ci-dessus doit être faite pour toutes ces lignes au même endroit.

545. — Dans tous ces travaux ayant pour but de créer des défauts cachés, il faut **effacer** soigneusement les **traces** extérieures du travail, tant à la surface du sol que sur les poteaux.

Le fil et les outils nécessaires pour l'exécution de ces travaux se trouvent ordinairement chez les cantonniers de la voie et des routes, ainsi que dans les bureaux de télégraphe.

---

(1) Les patrouilles de télégraphistes de cavalerie se servent au lieu du palan de l'appareil de mise en circuit.

ANNEXE.

DISPOSITIONS POUR L'INSTRUCTION DES TROUPES DANS LE SERVICE DU PIONNIER.

GÉNÉRALITÉS.

546. — L'instruction dans les travaux qui *doivent être demandés à chaque homme.* suit la même progression que son instruction militaire.

Dans l'infanterie et la cavalerie, les régiments et les bataillons formant corps, s'instruisent auprès des *détachements de pionniers* dans l'exécution des travaux qui n'incombent, en général, qu'à des détachements isolés; les détachements de pionniers sont également utilisés pour diriger les travaux techniques quand toute la troupe doit y participer. Les commandants de régiment (1) déterminent l'effectif des détachements de pionniers (un par bataillon d'infanterie et par escadron).

547. — Le *but de l'instruction* est de mettre la troupe en mesure d'exécuter, elle-même, les travaux les plus fréquents qui peuvent se présenter à la guerre et de se passer le plus possible de l'aide des pionniers. A cet effet, les commandants de régiments règlent la marche de l'instruction, principalement celle des pionniers et passent des inspections. — Les régiments, etc., poursuivent cette instruction par des cours et des exercices faits comme en temps de guerre. Ce développement de l'instruction, s'adresse surtout aux officiers, même à ceux des réserves; car, de leur compétence, dépend, en première ligne, le rendement de la troupe.

548. — Dans les exercices sur le polygone comme sur le terrain, il faudra développer la spontanéité, l'habileté et la force des hommes, mais surtout la compréhension du but de ces travaux au point de vue du combat. La discipline et l'ordre augmentent le rendement.

Près des travaux terminés, on instruira, autant que possible, tous les sous-officiers et les hommes du régiment, etc. qui n'y ont pas pris part.

(1) Il faut sous-entendre également les commandants de bataillon formant corps, de même, quand il s'agit des régiments, il faut sous-entendre ces mêmes unités. (N. d. T.)

Les troupes de toutes armes qui tiennent les mêmes garnisons que les pionniers s'entendront avec eux pour l'emploi éventuel des polygones, du matériel et des matériaux.

Il est important pour l'artillerie de campagne et les sections de mitrailleuses de s'entendre, en ce qui concerne l'emploi du matériel d'exercice et des matériaux, avec l'infanterie et la cavalerie de la garnison ou de s'unir à celles-ci sur les polygones.

549. — Dans l'infanterie et la cavalerie la *formation d'un personnel d'instruction* dans le service des pionniers est faite par *des officiers de cette arme.* Le principal devoir de ceux-ci est d'adapter les exigences au caractère des autres armes et à faire exécuter l'indispensable à fond, comme on le ferait en campagne.

On poussera l'instruction des officiers et sous-officiers de manière qu'ils puissent exécuter d'eux-mêmes les missions même les plus difficiles prévues dans le service du pionnier en campagne et diriger l'instruction des régiments.

Pour pouvoir utiliser avec fruit le cours d'instruction qui n'a que peu de durée, ceux qui y prendront part devront, auparavant, posséder à fond le règlement susvisé.

550. — Les *bataillons de pionniers* avertissent les troupes de leur garnison des exercices les plus importants et cherchent, sur les terrains d'exercices, l'occasion d'exécuter des travaux intéressants pour toutes les armes.

DISPOSITIONS PARTICULIÈRES.

I. — Infanterie (chasseurs, tirailleurs).

551. — Au 1er juin, chaque *régiment d'infanterie*, tous les ans, et chaque *bataillon de chasseurs* (ou *de tirailleurs*), tous les deux ans, détachent un lieutenant ou sous-lieutenant, puis chaque bataillon d'infanterie et de chasseurs (ou tirailleurs) détache 2 sous-officiers, tous les ans, pendant une durée de quatre semaines, près des pionniers du corps d'armée.

Il ne faut pas considérer ces détachements comme des « cours d'instruction » dans l'esprit de la remarque préliminaire 6 de l'instruction sur les voyages.

Les éléments de troupe qui se trouvent avec un bataillon de pionniers y font aussi des détachements, même s'ils n'appartiennent pas au corps d'armée. Les commandements s'entendent à ce sujet entre eux et avec l'inspection du corps des ingénieurs et pionniers. L'affectation aux différents bataillons de pionniers peut être changée après entente avec les autorités militaires susvisées, s'il ne doit pas en résulter des frais supplémentaires.

Dans le corps d'armée sous le commandement desquels les pionniers sont placés, c'est à ce dernier qu'incombe l'affectation de ces détachements aux bataillons de pionniers.

552. — Les officiers doivent avoir au moins trois ans de grade de sous-lieutenant. Les sous-officiers doivent posséder de l'adresse et de l'habileté; il est avantageux de choisir ceux qui doivent encore rester longtemps au service.

553. — Le détachement est affecté pour le service et la discipline à une des compagnies du bataillon de pionniers.

Les hommes détachés de garnisons extérieures reçoivent leurs prestations du bataillon de pionniers.

554. Le commandant ou le capitaine adjudant-major dirige l'instruction d'après les ordres du chef du bataillon. Un lieutenant ou un sous-lieutenant, quelques sous-officiers et pionniers ayant des aptitudes, lui sont adjoints.

555. — Dans l'instruction, il s'agit de familiariser les officiers et les sous-officiers dans la connaissance des travaux de pionniers importants pour l'infanterie et visés dans le règlement sur le service du pionnier en campagne, dans l'enseignement des manœuvres indispensables avec leurs détails et dans la pratique des travaux que l'on ne peut faire exécuter à la troupe que d'une manière limitée par suite du manque d'occasion et de ressources.

L'instruction pratique, pendant laquelle les sous-officiers travaillent eux-mêmes, est complétée par des cours, même en ce qui concerne les travaux dont l'exécution est interdite par suite des considérations du temps de paix (par exemple : mise en état de défense des localités, barrages de chemins, réquisition de matériaux de construction). Ils seront exercés à la lecture et à l'exécution des croquis techniques.

Pour les officiers, les reconnaissances et les travaux sur le terrain sont d'une importance toute spéciale. Le commandant du bataillon de pionniers leur confiera, à l'occasion, le commandement dans les exercices des pionniers.

556. — En fin de cours, le détachement sera *inspecté* par le commandant des pionniers ou le commandant du bataillon.

Fonds et matériel d'instruction.

557. — Chaque commandant de corps d'armée reçoit annuellement une allocation proportionnelle au nombre des bataillons du corps d'armée; il la répartit suivant les besoins.

L'intendance du corps d'armée signale aux corps de troupe, les allocations qui leur sont consenties sur les fonds : Exercices de la troupe dans le service du pionnier. Les comptes sont ouverts sur le registre de comptabilité B sous la rubrique : « Fonds pour les exercices de pionniers. »

558. — Le matériel et les matériaux nécessaires pour les exercices peuvent être achetés sur les fonds dont on dispose ou être prêtés. Pour l'utilisatiou du matériel d'instruction des pionniers contre abandon partiel ou total de l'allocation V. 548.

II. — Cavalerie.

Instruction de la troupe.

559. — Dans la deuxième quinzaine de juin ou dans le courant de juillet, le commandant du corps d'armée, après entente avec l'inspection générale de corps des ingénieurs et pionniers, détache dans chaque régiment de cavalerie un officier des bataillons de pionniers comme instructeur (1) pendant quinze jours. Un sous-officier ayant des aptitudes et deux gefreite (2) lui sont adjoints.

560. — Le commandant du régiment désigne les officiers et sous-officiers qui doivent suivre le cours d'instruction.

Les officiers de pionniers feront porter l'instruction sur les points suivants :

Effets et maniement des explosifs et des artifices ainsi que leur emploi dans des cas simples ;

Emploi du matériel de destruction, navigation et prescriptions concernant le franchissement des cours d'eau et la construction des ponts.

Quand les officiers et sous-officiers sont parvenus à la connaissance complète des détails, ils reçoivent des missions simples qu'ils doivent exécuter eux-mêmes.

Instruction à l'école d'application de cavalerie.

561. — A l'école d'application de cavalerie a lieu, tous les ans, dans la deuxième quinzaine de juin ou au commencement de juillet, un cours et des exercices du service du pionnier pour les officiers, sous-officiers et gefreite de la cavalerie.

Pour l'instruction dans le service du pionnier, après entente entre le commandant de l'école d'application et l'inspection générale du corps des ingénieurs et des pionniers et des fortifications, un

---

(1) Les détachements doivent être considérés comme « cours d'instruction » dans l'esprit de la remarque préliminaire 6 de l'instruction sur les voyages pour les personnes de l'état militaire. Par suite, on paiera aux officiers, pour l'aller et le retour, les indemnités de déplacement réglementaires.

Les dépenses personnelles provenant du détachement des officiers de pionniers et des hommes n'incombent pas aux allocations pour les exercices de la cavalerie dans le service du pionnier (chap. 24, titre 25) ou pour les tirs de combat ou les écoles à feu (chap. 24, titre 21), mais, suivant la nature des dépenses, aux chapitres correspondants du budget de l'Empire. V. 568.

(2) Grade intermédiaire entre soldat et caporal. Ne pas confondre le sous-officier avec le sergent : le sous-officier a les mêmes attributions que le caporal dans l'armée française avec une situation un peu plus relevée, toutefois. (N. d. T.)

détachement du 10ᵉ bataillon de pionniers composé de : 1 lieutenant ancien, 2 vice-feldwebel, 8 sous-officiers, 8 gefreite ou pionniers, est mis pendant huit jours à la disposition de l'école d'application de cavalerie.

Pour l'instruction, dans les travaux de destruction de voies ferrées après entente avec le commandant de l'école d'application et l'inspection générale des troupes de communication, un détachement d'un régiment de chemins de fer composé de : 1 capitaine ou lieutenant ancien, 1 sous-lieutenant, 4 sous-officiers, 5 gefreite ou pionniers est mis pendant 7 jours à la disposition de l'école d'application. Ce détachement sera pourvu des outils nécessaires dont l'école ne disposerait pas.

Le but de ces instructions est le même que celui des détachements de pionniers dans les régiments de cavalerie.

Moyens et matériel d'instruction.

562. — L'*instruction* dans les travaux de destruction a lieu, si c'est possible, sur les lignes des chemins de fer, sur les ponts, les écluses, etc.

Même pour l'exécution de travaux avec des charges simulées, en particulier, sur la superstructure des voies ferrées, il faudra s'entendre avec l'administration des chemins de fer, parfois sur les lieux.

563. — *Pour les exercices de destruction de rails*, chaque régiment de cavalerie devra posséder une *voie d'exercice*, d'après les indications des fig. 262 et 263.

Avant de masser la couche de cailloux et de sable, on devra aplanir soigneusement le sol naturel de manière que la ligne médiane (A dans les fig. 262 et 263) soit d'environ 10 cm. plus haute que les deux côtés, pour que l'eau de pluie ne puisse pas filtrer à travers le ballast.

Pour les destructions avec les explosifs, il suffit d'avoir un bout de rail, court, provenant de vieux rails, une vieille pointe de cœur, etc.

Par raison d'économie dans l'installation d'une voie d'exercice, on emploiera, à l'exception des traverses en bois, du vieux matériel, qui, d'une manière générale, rend les mêmes services que le neuf.

Pour la conservation des traverses, dans le cours des exercices, les trous qui subsistent après l'enlèvement des crampons et des tire-fonds seront bouchés avec des tampons de bois ; on pourra aussi riper les rails sur les traverses, en maintenant toutefois l'écartement normal de la voie.

Les rails que l'on a fait sauter, en redressant à la masse les extrémités brisées et en perçant de nouveaux trous pour les vis d'éclisses, pourront servir de nouveau.

564. — Dans les exercices de destruction d'installations télégraphiques, on utilisera les lignes d'exercice, dont, d'après 330 et

331 du règlement sur le maniement et l'emploi des télégraphes de cavalerie (1) chaque régiment doit disposer.

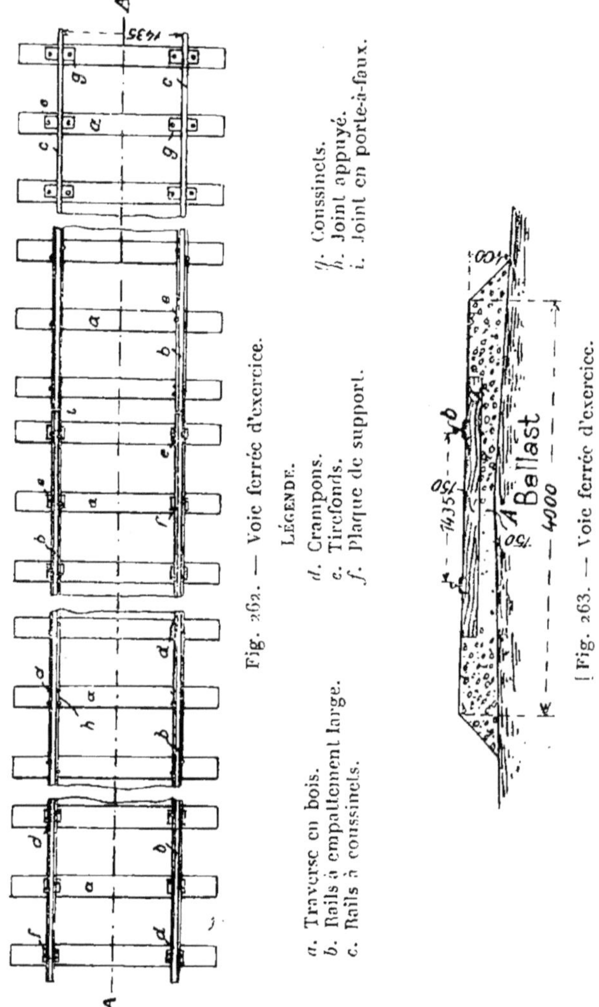

Fig. 262. — Voie ferrée d'exercice.

LÉGENDE.

a. Traverse en bois.
b. Rails à empattement large.
c. Rails à coussinets.
d. Crampons.
e. Tirefonds.
f. Plaque de support.
g. Coussinets.
h. Joint appuyé.
i. Joint en porte-à-faux.

Fig. 263. — Voie ferrée d'exercice.

565. — *Explosifs et artifices.* — Chaque régiment de cavalerie reçoit annuellement pour l'instruction : *15 pétards, 24 dé-*

---

(2) N°ˢ 330 (Extrait) et 331 du Règlement sur les télégraphes de cavalerie.
330. Dans chaque garnison de régiment de cavalerie, *une ligne télégraphique sur poteaux* construite comme les lignes télégraphiques de l'empire esti ndispensable.. S'il y a plusieurs régiments de cavalerie, chacun aura une iigne d'exercice.
Cette ligne comprend quatre conducteurs les deux supérieurs servent à

tonateurs de cav., 6 détonateurs de cav. longs et *30 amorces fulminantes.*

En outre, on met à la disposition de chaque commandant de corps d'armée jusqu'à 60 pétards, 24 détonateurs de cav., 6 détonateurs de cav. longs, 50 amorces fulminantes pour en doter les éléments de troupes à qui on doit faire exécuter des destructions par les explosifs sur une plus grande échelle.

566. — *Outils de destruction.* — A chaque régiment de cavalerie sont affectés, pour l'instruction des outils de destruction (assortiment 486) qu'il doit entretenir.

Les pelles, haches de campagne, scies et maillets, cordes à fourrages, clameaux et clous sont en partie prélevés sur la dotation des troupes ; on se procure le reste, soit directement, soit en le faisant exécuter dans les ateliers du corps (pour les frais, v. 568).

567. — Dans les *exercices de construction de ponts* et les *exercices de natation des chevaux,* on dispose du matériel de pont affecté au régiment et on le met en œuvre aussi souvent qu'il est nécessaire et que son maniement reste garanti. Pour ménager le matériel, qui doit *doit être maintenu dans un état tel qu'il puisse être utilisé à la guerre,* on fera appel le plus possible aux embarcations et au matériel de circonstance.

Fonds d'instruction.

568. — Dans les exercices de la cavalerie dans le service du pionnier, de même que pour les exercices de natation de la cavalerie, des sections de mitrailleuses et de batteries à cheval, il est mis à la disposition de chaque commandant de corps d'armée, annuellement une allocation du chapitre 24 proportionnelle au nombre des régiments de cavalerie, des sections de mitrailleuses et des batteries à cheval placés sous son commandement.

Les commandants de corps d'armée en font la répartition. Les intendances de corps d'armée signalent les allocations que les différents éléments de troupe prendront en comptabilité dans un compte spécial : « Fonds d'instruction dans le service du pionnier » sous la rubrique : Chap. 24, Tit. 25.

Les dépenses telles que : frais d'achat et d'entretien du matériel d'instruction et des matériaux, location d'embarcations, dégâts, etc., seront couvertes au moyen de ces fonds. Les dépenses *personnelles*

---

l'exploitation et aux exercices de mise en circuit et doivent rester intactes ; les deux inférieurs sont employés pour des exercices de destruction et de réparation. Parmi ces derniers, l'un est en fils de 5 millimètres d'épaisseur, tous les autres ont 4 millimètres.

Aux deux poteaux d'extrémité, on installe une bonne conduite de terre.

331. Outre la ligne d'exercice, on recommande d'installer dans les cours de caserne, six ou huit pieux de l'épaisseur d'un poteau télégraphique, espacés de 2 mètres, émergeant de terre de 1 mètre à 1 m. 20, munis de un ou deux rangs d'isolateurs et représentant la partie supérieure d'une ligne télégraphique. On peut, avec ces pieux, exécuter à une hauteur commode les diverses destructions de détail des lignes télégraphiques, organiser des défauts cachés, faire des réparations, des mises en circuit.

résultant des déplacements pour se rendre du lieu de la garnison aux exercices ne sont pas payés, par contre, sur ces fonds, mais sur ceux du chapitre 24 titre 21 — allocations pour les tirs de combat et les écoles à feu. — Pour les prestations des détachements de pionniers dans les régiments de cavalerie, v. p. 255. et 236 Les dépenses occasionnées par la coopération des haquets de cavalerie à des grandes manœuvres de troupes (1) seront couvertes au moyen des allocations du chap. 34 titre 2 — Frais d'attelages et de moyens de transport — si le matériel de pont est emmené, parce que la direction des exercices en prévoit l'emploi. Dans tous les autres cas, en particulier, quand des régiments de cavalerie isolés emmèneront le matériel exclusivement pour le motif d'utiliser l'occasion qui s'offre de faire des exercices pendant les marches d'aller et de retour, les frais seront supportés par les allocations susvisées faites aux troupes du chap. 24, titre 25.

Au cas où il y aurait lieu de demander des secours, en cas de dépassements des allocations budgétaires, on adressera des demandes jusqu'au 1er décembre au Ministère de la guerre. Ces secours ne peuvent être alloués qu'exceptionnellement.

569. — Dans les fonds budgétaires alloués d'après 568 au commandant du Xe corps d'armée au titre du chap. 24, il faudra tenir compte d'une allocation pour l'école d'application de cavalerie, au moyen de laquelle cet établissement couvrira les frais d'instruction y compris ceux d'entretien des outils de terrassement.

(1) Si les exercices des divisions de cavalerie ont lieu sur des emplacements appartenant au fisc ou loués, il n'est, en général, pas nécessaire d'emmener les haquets.

TABLE ALPHABÉTIQUE.

Les nombres désignent les numéros des paragraphes du règlement.

Fig. = fig. Les noms et les nombres écrits en *italiques* renvoient à l'appendice : TRAVAUX EXÉCUTÉS PAR LA CAVALERIE SEULE.

NOTA. — Pour les *abréviations*, on s'est conformé à celles en usage dans *l'Aide-mémoire de l'officier du génie en campagne.*

A

13...

D

F

M

N

O

Q

R

S

T

U

V

W

Z

IMPRIMERIE NATIONALE. — 7-436. — 1916.

www.ingramcontent.com/pod-product-compliance
Ingram Content Group UK Ltd.
Pitfield, Milton Keynes, MK11 3LW, UK
UKHW020310230726
13925UKWH00001B/335